凶人之王 阿提拉

东方游牧领袖的席卷欧洲的

[德]克劳斯·罗森 著 万桎兰 译

ATTILA
DER SCHRECKEN DER WELT
by KLAUS ROSEN

北京联合出版公司
Beijing United Publishing Co., Ltd.

目录

第一章　阿提拉在当下　1
第二章　扫荡欧洲　13
第三章　谁是匈人　23
第四章　入侵　47
第五章　在罗马帝国与野蛮王国之间　63
第六章　罗马帝国：自助仓库　77
第七章　匈人国王与罗马皇帝　83
第八章　第一次匈人双王共治：奥克塔和卢阿　99
第九章　第二次匈人双王共治：布列达与阿提拉　111
第十章　独裁者阿提拉　133
第十一章　拜访阿提拉　157
第十二章　阿提拉帝国　195
第十三章　与西方的战争　213
第十四章　尾声　239
第十五章　回忆没有尽头　263

致　谢　280
注　释　281

缩　写	327
资料来源	329
参考文献	333
时间表	342
帝王姓名表	346
出版后记	347

第一章

阿提拉在当下

《致共和国总统与教育界的"阿提拉"的公开信》，法国著名作家让·奥梅松（Jean d'Ormesson）于2015年5月9日在巴黎的《费加罗报》上发表了这样一封书信。这封公开信是对法国文化部部长大力推行高级中学教育改革的一次激烈抗议。奥梅松用铿锵有力的言语抨击道："（这位部长）是一位笑面阿提拉。在她之后，历史记忆的原野再无生机。"

　　每一个法国人都在历史课上听说过阿提拉的故事：这个匈人王[*]、欧洲的噩梦，于公元451年带领他的野蛮军队侵入法国。他们一路烧杀抢掠，直到同年在法国香槟区卡太隆尼平原的一次多民族会战中战败并被驱逐出境。

　　公开信中大量的文学与史学典故不禁让人猜测，它的作者在选择发表日期时也动了一番心思：公开信发表的前一天，整个欧洲陷入了对1945年5月8日的回忆当中。刚好在70年前，德国

---

[*] 匈人（Hun）是古代生活在亚欧大陆的游牧民族。他们在4世纪西迁到了欧洲东部，并入侵东、西罗马帝国。欧洲的古文献对此一民族及其在欧洲的事迹有若干叙述。现代中文书籍有时也把他们同"匈奴"混淆，但学术界主流观点认为没有足够的证据能证明"匈人"与"匈奴"之间存在联系。为了谨慎起见，本书中的翻译都采用"匈人"的称谓。本书脚注均为译者注，以下不再特别说明。

国防军无条件投降，5月9日，也就是公开信发表的同一天，德国的投降条约正式生效。德国人，这些20世纪的匈人，如同451年的阿提拉一般，在1914年和1939年入侵了法国，随后也遭遇了他们自己的"卡太隆尼平原之战"。欧洲与欧洲文化得以从纳粹的魔掌下解脱出来。而在70年后的现在，法国政府却将利斧砍向了欧洲文化之根。意大利作家、拉丁语言学家卢卡·卡纳利（Luca Canali）在六年前出版了一本名为《阻止阿提拉》的专著。该书通过漫谈拉丁文学阐述了古代文化与思想史在当下还有何种意义，而文化流失又带来了何种后果。卡纳利还为该书带有呼吁性质的标题添加了一个副标题——"古典传统作为抗击野蛮入侵的工具"。[1]

让·奥梅松的公开信其实还参考了一份历史更久远的作品，而那位学识渊博的作者或许也与他所见略同。他所参考的就是法国作家罗曼·罗兰在1914年8月29日写给格哈特·霍普特曼的公开信。德军于1914年8月25日入侵比利时后，炮击了鲁汶城，著名的鲁汶图书馆被焚毁。在得知这个消息后，罗兰写了上述公开信。霍普特曼此前不久曾为德国的战争进行过辩护。同奥梅松一样，罗兰也是位"德国通"，而且同样热爱德国文化，彼时他正在日内瓦的红十字会工作，并在《日内瓦杂志》（*Journal de Genève*）上发表了这封信。他愤怒地质问霍普特曼和其他德国人："你们是谁的后代，是歌德还是阿提拉？"他要求霍普特曼声讨犯下这些罪行的"匈人"。[2]

霍普特曼在1914年9月10日的《福斯日报》上回应了罗兰。他谈及了他的选择题"是歌德还是阿提拉"，回答："相比在墓碑上刻上'歌德的后代'的铭文，德国人更乐意被称作阿提拉的后代。"[3]这话出自霍普特曼这位歌德的崇拜者与效仿者之口，可以说相当骇人听闻。年轻的弗里德里希·贡多尔夫（Friedrich Gundolf）于1914年在海德堡大学任文学史编外讲师，他更是恨不得扇罗兰一巴掌。他在1914年10月11日的《法兰克福日报》上的一篇文章里宣称："比起萧伯纳、梅特林克、邓南遮等类似人物，阿提拉和文化更有关联。"[4]

接下来，写给"文化界"的《九三宣言》在世界范围内引起了轩然大波。1914年10月4日，所有的德国大型报纸都发表了这篇宣言，随后它又通过10种外语的译稿进一步传播。如《宣言》引言所述，93位知名科学家、艺术家和作家认为："德国被迫为了生存进行斗争，我们的敌人竭力用谎言与诽谤来玷污这种生存斗争的纯粹性，对此我们在整个文化界面前做出严正抗议。"《宣言》分为六段，每段都以加粗印刷的"这不是事实"开头，其签署人借此抗议那些对德国的指责。第一个也是最有影响力的指责，是关于战争罪责问题与威廉二世皇帝在这个问题上所扮演的角色："威廉二世皇帝在他在位的26年中已经充分证明，他是世界和平的支持者。我们的敌人自己也经常会承认这一点。是的，就是这位你们现在胆敢蔑称为阿提拉的皇帝，数十年间因对和平坚定不移的热爱而受到敌人的嘲弄。只有当长年在边境潜伏的三方霸权欺压到我们民族的头上时，他才像男子汉一般奋起反击。"[5]在最后一句话中，威廉二世似乎还是成了"阿提拉"。《宣言》的起草者们有一种近于执拗的骄傲，93人之一的霍普特曼在面对罗兰时也是带着这种傲气将德国人归为匈人王的后裔。而当德国的敌人把威廉皇帝称为阿提拉时，那93人却认为这是一种对君王的亵渎。

在《九三宣言》向全世界发布的同一天，意大利杂志《驴刊》(L'Asino)则刊载了这样一幅讽刺漫画：阿提拉站在兰斯大教堂的废墟前，向德国士兵祝贺他们的"成功"。[6] 1914年9月，比利时报纸《比利时独立报》(L'Independance Belge)就在其当时的发行地巴黎发布了檄文："如同匈人曾干下的勾当那样，20世纪的德国军人挑起了战争。"[7]

威廉二世皇帝自己也给了别人把他的功过与阿提拉，也就是《尼伯龙根之歌》中的埃策尔*做对比的机会。1900年7月27日，他在不来梅港为前去镇压中国的义和团运动的士兵发表送行演讲时，即兴援引了一个他最喜欢的历史典故："就像一千年前匈人在埃策尔国王的带领下留下至今不朽的声名一样，让德意志这个名字在中国打出威名，打得中国人再也不敢蔑视任何一个德意志人。"此前他还要求士兵们："绝不手软，不留战俘，格杀勿论！"[8] 这篇演讲不仅背离了国际法精神，还背离了威廉二世在通常情况下十分强调的基督教道德，它激起了愤怒，尤其在国会的社会民主党反对派当中引起了众怒，威廉二世的讲话也被贴上了"匈人演讲"的标签。从中国寄回的或真或假的士兵家书被刊登在了社会民主主义杂志《前进》(Vorwärts)上，这些信被称为"匈人书信"。颇具影响力的牧师、社会政治家弗里德里希·瑙曼(Friedrich Naumann)在他创办的杂志《帮助》(Die Hilfe)里坦言，"如果匈人王埃策尔没有从沉睡中醒来就好了"。但是他认为德国的军事干涉是事出有因的，因此他的对手们唾骂他是"匈人牧师"，与威廉·拉贝(Wihelm Raabes)的"饥饿牧师"相对。[9]

---

* 埃策尔是13世纪英雄史诗《尼伯龙根之歌》中的匈人君主，其原型正是阿提拉。

在"一战"期间的反德宣传中,"匈人"这个民族名称被完全用来代指德国人。英国作家鲁德亚德·吉卜林(Rudyard Kipling)在1914年9月2日的伦敦《泰晤士报》上发表了一首诗歌,并在其中提出了此种论调。他呼吁人们抗击德国,并警告人们:"匈人来了!"[10]对于一些法国人来说,威廉二世皇帝现在比以往任何时候都更像匈人王阿提拉。阿提拉于451年在卡太隆尼平原的失败似乎在"马恩河奇迹"中重现了,当时,已经推进至马恩河的德军在法军的反击下不得不于1914年9月10日到12日撤退。[11]在美国,尤其是在美国于1917年参战后,大量描绘丑陋的德意志匈人的书籍、电影、海报和漫画涌现出来。[12]在1918年11月10日周日,即停战前一天,畅销的伦敦周报《世界新闻报》(News of the World)上使用了这样的标题——"匈人肯定要投降了"。[13]

甚至在战后,匈人的形象依然与德国人挂钩。马蒂亚斯·埃茨贝格尔(Matthias Erzberger)于1919年带领德国使团参加巴黎和会,约翰·梅纳德·凯恩斯(John Maynard Keynes)在他们抵达凡尔赛时曾刻薄地形容:"作为一个集体,他们完美契合了大众对于匈人的设想。但特别的是,这个民族中每个人的外貌都与匈人正好相反。谁知道呢,或许这才是战争真正的起因。"[14]弗里茨·朗(Fritz Lang)在1924年执导了具有纪念意义的历史电影《尼伯龙根之歌》,其副标题为《致德意志民族》。他似乎意图借此来消除德意志作为"匈人"的邪恶形象。弗里茨版本的匈人王埃策尔有着"野蛮的天真",这位导演也在电影第二部分的大量场景中"让匈人在大草原上狩猎或者庆祝真正的匈人节日"。[15]

在德国,有很多人拒绝接受"耻辱的"《凡尔赛和约》,他们愤慨于德意志人在国际上仍被看作"匈人"。阿道夫·希特勒便是其中一员。他在1921年5月8日的《人民观察家报》(*Völkischen Beobachter*)上发表了一篇题为《以讹传讹》的文章,并在其中怒骂道:"德意志帝国被认定且被反复宣传为野蛮王国,德意志民族被认定且被反复宣传为匈人,对于不列颠帝国内外的数百万民众来说,二者无疑皆是人类文化的耻辱。"[16]

后来,阿提拉与匈人却对希特勒非常有用:在占领法国后,他在1940年12月10日发布了19b号指令《绝密突击令:阿提拉行动》。该项指令为"迅速占领尚未被占领的法国领土"做了准备,并规定"若有反抗,立刻毫不留情地镇压"。[17]阿提拉本人的很多"指令"也是以同样的形式下达的。然而,没人向希特勒指出,这位匈人王只推进至奥尔良,即德国占领区的南部边界,而且他在卡太隆尼平原的战败也不是什么好兆头。

随着对苏作战展开,德国人不再被称为"新匈人",而苏联人变成了"新匈人"。在法国的希特勒拥护者口中,斯大林成了"亚洲之鞭"阿提拉,那个"曾横扫萨尔马提亚平原"但却"被埃提乌斯打败"的人。[18]熟知历史的希特勒肯定很喜欢埃提乌斯这个类比,作为国防军的最高统帅,希特勒强调了另一重类比:俄国人妄图像当年的匈人那样摧毁欧洲。通过发动苏德战争,他会成为欧洲的救世主。1941年12月11日,希特勒在柏林体育宫的讲话中宣称:德国和它的盟友——其中还包括罗马尼亚人和匈牙利人,他们是昔日匈人领地的居民——共同发起了一场欧洲十字军战争。"正如古代那样,如今的欧洲也面临着匈人与蒙古人的侵略。"[19]

希特勒对苏联的意图深信不疑。在一次桌边谈话中,希特勒展现了自己的历史知识素养并提示他的宾客：如果没有罗马在卡太隆尼平原战役的胜利，"彼时的文明世界必将在劫难逃，正如同苏联现今将带给我们的灾难一般"。[20]

与此相应，1942年5月30日，在向"新一代军事领袖"的秘密讲话中，希特勒概述了德国在生存斗争中的任务：抵抗接连不断的来自亚洲的侵袭，"最先到来的是匈人造成的侵扰，接下来是蒙古人，如今我们又要再次面对来自亚洲内部的力量的侵扰"。[21]当然，在希特勒进行桌边谈话时，没有哪个听众敢于指出他的历史知识中存在诸多谬误。希特勒一度设想着把林茨（他在那里上过中学），而非"埃策尔的后人和匈人的首都"[22]维也纳设计为新的世界大都市。或许与会的一两名军官会暗自思忖，当希特勒迷失于虚拟的历史中时，他是否读过爱德华·吉本的著作：如果基督教没有出现，罗马就会征服整个欧洲，"而且匈人的入侵会被罗马军团瓦解"。[23]

1943年2月2日，斯大林格勒战役失败，六天之后，约瑟夫·戈培尔在日记中记录了希特勒对这场灾难的看法，并借此为自己脱罪："我们在东方面对的苏联势力在整个世界上都是空前的。为了描绘他们的特性，我们必须回溯尘封的历史往事，比如，成吉思汗或者阿提拉的进攻。"[24]历史也被希特勒用作号召德国人无条件投身于战争的利器。在1943年3月21日的"英雄纪念日"讲话中，他展现了德国可能会面临的命运：不仅是城市会被焚毁，众多百姓也会"被残忍屠杀，成为内亚洪流中的亡魂，正如匈人与蒙古人入侵时那样"。[25]

1945年2月25日——苏联红军已经越过奥得河，正在向柏林推进——希特勒向"纳粹主义者与党员同志们"发表了"纪念建党 25 周年宣言"。希特勒无视现实地夸夸其谈:"埃策尔的力量不是在国际联盟的会议上,而是在卡太隆尼平原战役中被击碎的。亚洲的布尔什维主义不会在日内瓦的会谈室里或者在其他任何大会中被击退,而只会被我们反抗的必胜意志与我们的武器的力量击退。"[26]

匈人令人闻风丧胆,但数百万德国人现在在东方体会到的恐惧远胜于此。难道纳粹的宣传都是骗人的吗?而且,当大群难民看到与苏联红军一道推进的不仅有坦克,还有驾着马车的哥萨克骑兵[*]时,阿提拉的游牧部落仿佛重返世间。而另一方面,德国国防军以及尤其是党卫军在占领区的种种行径不断地为"德国人是匈人"这一指控添加佐证。

斯大林和苏联领导层很清楚战时的德国宣传活动将俄国人比作了什么。因此,在 1945 年之后,"阿提拉"和"匈人"在苏联及其"兄弟国家"中引人不悦。[27]

只有一个国家例外,在这个国家里,人们仍喜欢给孩子起"阿提拉"这个名字。这个国家就是匈牙利。很多人继续维护着匈牙利人源自匈人的神话。但即使在匈牙利,匈人也不免遭到非议。2011 年 6 月 11 日,《世界报》的周六副刊《文学世界》上刊登了一篇匈牙利记者克里斯蒂娜·克嫩(Krisztina Koenen)写就的大篇幅社论,题为《回归匈人》。它尖锐地同匈牙利政府算了笔账:如同副标题批判的那样,政府背弃了"启蒙思想"。这篇文章引发了激烈的争论。

---

[*] 哥萨克是生活在东欧草原上的游牧社群,以骑术精湛与骁勇善战著称。17 世纪开始哥萨克骑兵为俄国效力。

匈牙利的"神圣匈人教会"不想回归匈人，它的成员把自己就视为匈人。在教会自封的神父和"信使"的带领下，这个教会在匈牙利议会中争取让自己被认可为少数族群，并且提出加入"欧洲保护少数民族框架公约"。阿提拉对他们来说便是"大萨满"，他们还严肃地把耶稣称为"半个匈人"。

与此同时在德国，在足球比赛前，一些小流氓会自称为匈人并相互致意。

莱茵河畔的欢愉气氛中止了人们在历史、政治以及伪宗教层面上对"匈人"之名的接受。1958年，一个"阿提拉"受到杰克·帕兰斯（Jack Palance）主演的电影《匈人王阿提拉》的启发，在科隆成立了"科隆第一匈人部落"。他的举动在科隆及其周边地区引发了诸多效仿。许多匈人组织接二连三地出现了，其中包括1982年成立的"埃策尔匈人部落"。[28] 匈人社团生活的高潮是一年一度的科隆狂欢节和暑假期间的"匈人野营"，这时候，现代匈人会全家前往郊外野营。然而，他们使用的交通工具不再是匈人的大篷车，而是汽车。他们穿着奇特的服装，欢度无忧无虑的"匈人节日"，还会邀请公众前来参与。

自己的科研题目借由烤肠和科隆啤酒重获生机，这让我这位波恩历史学家非常高兴。

第二章

扫荡欧洲

"匈人进攻阿兰人，阿兰人进攻哥特人，哥特人进攻泰法尔人和萨尔马提亚人，而哥特人的流亡也迫使生活在巴尔干的我们离开故乡。"

米兰的安布罗斯主教（Ambrosius von Mailand）在描述这串连锁反应时，正值390年。在大约二十年前，在罗马帝国之外的东方，这串连锁反应引发了匈人的继续入侵。但是不久之后，这场雪崩越过多瑙河，横扫巴尔干半岛上的罗马省份。安布罗斯在注解《路加福音》时对这场猛攻做出了评论，他同时也提到了被耶稣预示为末日之兆的恐怖景象。[1]

对于这位主教来说，无疑，随着匈人在4世纪70年代的西进，耶稣的预言开始成为现实。因此，在他的注解中，他用预言的形式做了简要的历史评述："我们，即走向世界末日之人，证明了圣言。因为我们听说了多么残酷的战争，听到了多么可怕的战报啊！"安布罗斯首先想到的是378年8月9日的阿德里安堡之战。这次战斗是罗马在其近1200年的历史中最惨烈的败仗之一，瓦伦斯皇帝在此次战斗中丧生。哥特人曾和匈人、阿兰人结盟以对抗罗马人。教会史学家鲁菲努（Rufinus）在400年左右写道，他在阿德里安堡的落败中看到了"罗马帝国的厄运的开端——彼时和随后的厄运"。[2] 安布罗斯认为，哥特人这个名称已经暴露了，他们便是公元前 6 世纪初的先知以西结在《旧约》中提过的"歌革"的民族："你必从本地、从北方的极处率领许多国的民来，都骑着马，乃一大队极多的军兵。"[3]

拉丁教父哲罗姆（Hieronymus）在 396 年详细描述了民族迁徙给普通百姓——无论是基督徒还是非基督徒——带来的苦难。无数骇人听闻的消息传入他在伯利恒的书房中，这些消息令他坐立不安："罗马人的鲜血洒在君士坦丁堡和朱利安阿尔卑斯山之间。这一切的发生不过在二十余年间。哥特人、萨尔马提亚人、夸迪人和阿兰人、匈人、汪达尔人和马科曼尼人毁坏、屠戮并抢夺了斯基泰、色雷斯、马其顿、色萨利、达尔达尼亚、达基亚、伊庇鲁斯、达尔马提亚和潘诺尼亚所有地区。这些凶徒侮辱了多少已婚妇女与修女、自由民与贵族！主教被囚禁，各个等级的神父与教士都被杀害，教堂被摧毁，基督祭坛被改作马厩，殉教者的遗骨被掘出。哀鸣与叹息不绝于耳，疮痍满目。"哲罗姆的结论与安布罗斯、鲁菲努的结论如出一辙："罗马世界崩塌了。"在随后的一封信中，哲罗姆恳求："愿耶稣让这些巨兽远离罗马世界。"[4]

当不信仰基督教的希腊历史学家尤内皮乌斯（Eunapius）在 380 年左右发表他的那部现今残缺的历史著作的初版时，他并不担心罗马的衰落。在他对 3 世纪和 4 世纪的描绘中，他常常充分记述那些侵入罗马帝国并对其造成重大伤害的外来民族。但是他们从未成功地将罗马推至深渊的边缘。当这位历史学家谈及匈人时，他提出了一个新的观点："他们扫荡了整个欧洲。"[5] 4 世纪 70 年代，亚洲与欧洲迎头相撞，而首当其冲的是哥特人。他们当时还没有定居罗马帝国境内，但也生活在欧洲的土地上。

大概 15 年后，也就是约 395 年，历史学家阿米阿努斯·马尔切利努斯（Ammianus Marcellinus）完成了他的拉丁文历史著作，这是他的第31本书，也是最后一本。该书记述的内容从375年匈人出现开始，到378年阿德里安堡之战及其直接后果结束。他在书中不止一次强调他在努力地进行忠于史实的描写。然而，他必须让自己仅记述大事件及其结果而略掉很多细节。因此，任何人都无法从他那里得知具体的死亡人数，这些数据是他不可能通过亲身经历而了解到的。[6] 阿米阿努斯·马尔切利努斯的这一缺憾却比那些无从考证的言论更为可信，因为在375到378年的这四年间，丢掉性命的人如恒河沙数。他自己也感受到了同时代人的恐惧，这当中包括那些坚信世界末日已经来临的基督徒。这位历史学家无意减轻当前的恐惧。但这种恐惧需要放在更广阔的背景中去看待："那些不了解历史的人宣称，这个国家从未陷入这般困厄的黑暗之中。但是他们错了，因为他们只盯着最近的苦难。其实，如果人们仔细地回顾古时和近期的历史，他们便会发现，这种悲惨的剧变经常上演。"[7] 接着，这位历史学家援引了辛布里人和条顿人入侵的事件。他们起先在几次残忍的战斗中击败了罗马人，但最终在公元前102—前101年被彻底打败。罗马皇帝马可·奥勒留也不得不在多瑙河畔征战多年，从公元168年到他去世的180年，直到那些胆敢侵略罗马帝国的敌对部落被打败。[8] 和尤内皮乌斯一样，阿米阿努斯·马尔切利努斯想向他的读者传递这么一个令人欣慰的信息：匈人和那些被驱赶至此的部落不会终结罗马，更不用说灭亡罗马帝国了，"只要还有人，罗马帝国就会继续存在"。[9]

尤内皮乌斯必须承认，没有人能告诉他匈人的起源以及他们此前的活动地带。难怪对于这些几乎前所未闻的匈人究竟是什么人的解答很快就落入了传说的窠臼。他们是如何突然从东方的草原上出现、侵袭哥特人并引发一场蹂躏欧洲的战争的？一个朴实的解释是：哥特人在米欧提斯湖（亚速海）的西边，匈人在米欧提斯湖的东边，而且二者都相信，湖岸是有人居住的世界的尽头。

一个巧合事件改变了匈人的看法：一天，一名匈人牧民的母牛被一只牛虻叮咬了。它冲过了显然不是很深的米欧提斯湖畔沼泽地，跑到了对岸。这个牧民追着母牛跟了过去，却发现这片水域的彼岸有另一片天地。[10]

希腊人听到这个故事会不禁莞尔：亚速海的东西两岸竟然生活着直到最近才知晓对方存在的民族。近一千年的时间里，在本都北部地区，希腊人和蛮族毗邻而居，城邦与部落交错而建，他们保持着政治、经济和文化往来。这个故事参照了伊娥的神话传说。众神之父宙斯爱上了美丽的伊娥，但他善妒的妻子赫拉实施了报复，她将伊娥变成了一头被牛虻叮咬的母牛。这头狂躁的母牛游过了辛梅里亚博斯普鲁斯海峡（Bosporos），或者刻赤海峡。这条海峡沟通着亚速海与黑海。这个传说于公元前458年在悲剧作家埃斯库罗斯的《被缚的普罗米修斯》中首次出现，根据通俗词源学，"Bos-poros"相当于"Cow ford"（意为"牛渡"）。[11]

在另一个传说中，匈人被描述为猎人而非牧人，母牛变成了鹿。鹿这种动物在草原上随处可见。[12] 因此它们是一种常见的猎物，也是草原民族中受欢迎的艺术表现主题：某次匈人在米欧提斯湖边狩猎，他们看到了一头走入沼泽，在沼泽中走走停停的鹿。猎人们跟着这头鹿，沿一条当时已淹没在水下的小路走到了对岸。在那里，他们见到了哥特人的肥沃土地，感受到了当地温和的气候。他们回家后立刻向同族讲述了这次经历。先是只有一小群人掀起了同对岸的哥特人的战争。接着，整个部落都攻打了过来，战胜了哥特人并占领了他们的土地。这个故事的流传始于历史学家普利斯库斯（Priscus），他可能是在阿提拉的宫廷里听说这个故事的。一些作家稍加改动地借用了普利斯库斯的故事，因此，就像历史学家阿加提阿斯（Agathias）所评论的那样，这个故事在后来广为流传。[13] 这个故事的传播还要归功于在传说、神话故事和圣徒传说中很受欢迎的动物主题：它们会突然出现，然后为人类指路。[14] 在那些故事中，通常是神将动物派来的，而匈人的猎人也将这头鹿视作神迹。[15] 希腊人之所以愿意接受这个故事，或许是与匈人的旧名"Nebroi"有关，希腊人很容易会将这个词和"nébros"（小鹿）联系在一起。[16]

对于撰写哥特历史的哥特人约达尼斯（Jordanes）来说，给自己的民族带来厄运的鹿无疑是一首哥特式的序曲。这个故事意在解释野蛮的匈人的来源和他们的可怖外貌，他们的对手哥特人自己讲述了这么个故事：在哥特人从斯堪的纳维亚南下迁移到黑海附近后，他们的第五任国王菲利默在他的人民中发现了几名女巫，这些女巫在哥特语中叫作"haliurunnae"。在她们造成破坏之前，国王将她们驱往了蛮荒之地。在那里，她们四处游荡，遇上了不洁的恶灵。她们与恶灵交媾，诞下了迥异于人类的、矮小丑陋的后代。他们说着一种和人类的发音大相径庭的陌生语言。这些生物就是那些起先与世隔绝地在米欧提斯湖的沼泽地带生存的匈人的祖先。约达尼斯认为，这些恶灵由于憎恨哥特民族而将那头鹿派往了匈人那里。甚至历史学家普罗科匹厄斯（Procopius）也猜测，有魔鬼想要伤害哥特人。[17]

牛又一次扮演了重要角色，这次不是在传说中，而是在清晰的历史记录中。它不再向匈人展现新土地，而是向国王阿提拉暗示他将统治世界。彼时正在阿提拉的宫廷中的罗马使节见证了这一切：匈人历代先王都供奉着一把献给战神阿瑞斯的宝剑。它被视作"御敌护卫者"。有很长一段时间，这把宝剑下落不明，但后来它奇迹般地再次出现了：一个牧人注意到他的牛群中有一头跛脚的小牛，它身后拖着一条血迹。这个牧人循着血迹走，发现了其中的缘由：这头小牛在吃草时踩到了一把宝剑上。他立刻把剑献给了阿提拉。而阿提拉意识到这把宝剑给了他称霸整个世界的军事力量。[18] 鉴于匈人更愿意把弓而非剑当作崇拜的对象，匈人诸王想要借助这种姿态，和他们的老对手——将剑视作战神化身的阿兰人——一较高下吗？[19]

按照传统观点，像阿德里安堡战败这样的重大灾难，通常都会由某些征兆预示着它们的到来，或者更确切地说，由同时代之人——大多是在事后——为其添加的附会了不祥意味的事件预示着它们的到来。在378年的阿德里安堡灾难后，就出现了事后诸葛亮般的预言。在阿米阿努斯·马尔切利努斯的第31本也是最后一本著作中，他在详细介绍匈人之前，就提到了一连串不祥之兆：人们听到狼嚎；鸟儿在夜间悲啼；朝阳昏沉；在安条克的叛乱中，人群要求烧死瓦伦斯皇帝；那些被皇帝处死之人的魂灵在夜晚吟唱着死亡之歌，将人们拖入惊恐之中；一头被割喉的小牛躺在地上，预示着一个血腥的未来；在卡尔西顿，拆除一堵旧墙以用其石料在该城对面的帝都君士坦丁堡建造一座浴场时，人们发现了一块方石，上面刻着一段预言即将到来的入侵的铭文：擅用长矛的武士将越过多瑙河，令城池变作断壁残垣，让人间遍布死亡与悲惨。

在写完这些凶兆之后，阿米阿努斯·马尔切利努斯开始介绍匈人：他们是"一切不幸的种子，各种灾难的源头，借由一场前所未有、毁天灭地的大火引燃了战争的怒火"。[20] 390年后的几年间，当阿米阿努斯写完他的历史著作时，有关匈人的传说已流传甚广，但阿米阿努斯用沉默的态度表明了他对其内容真实性的怀疑。另一方面，对于当时大部分异教徒和他这个非基督徒历史学家来说，先兆出自诸神。[21] 因此他一再地在他的早期著作中提及预兆。[22]

基督徒也相信，他们的上帝通过预兆警示他们要为匈人入侵的黑暗时代做好准备。毕竟耶稣自己也预言过"大地震、瘟疫、饥荒和从天上显现的大神迹"。[23] 教会史学家菲洛斯托尔吉乌斯（Philostorgius）在430年左右回顾那些他不得不记录的灾难时也不寒而栗。那些灾难大部分是由匈人引起的，因为他们"实施了在以往的历史记录中都未曾出现过的屠戮"。他们先是"大举攻入罗马帝国，在席卷色雷斯后，他们扫荡了整个欧洲"。[24] 这些暴行由天象和自然灾害预示或者伴随其间。菲洛斯托尔吉乌斯便以400年出现的一颗彗星为开头编写了一本编年目录；这是因为彗星一直被看作是不祥之物。其实，早在389年已经出现过一颗大彗星，同时还伴随着一个星群，它们在天空中构成了一把巨剑的形状，并维持了40天的时间。[25] 后来出现的这颗彗星也呈现出剑的形状，它指明："在我的时代，丧命之人的数量比哪个时代都多，这正是那剑形的天体所预示的。以往的战争里，只有战士们丧生，而现在，整个整个的民族被灭绝，整个欧洲陷入衰败，不少亚洲地区被破坏，而由罗马帝国统治的很多非洲地区也难逃厄运。因为野蛮人的兵锋所及之处，无不生灵涂炭。此时还出现了饥荒、瘟疫与成群的野兽。震塌了城市与屋宇的可怕地震带来了无可避免的毁灭。在一些地方,居民脚下的土地裂开大口,突然成了墓穴;暴雨引发的洪水、热浪引发的旱灾以及接踵而来的狂风带来了各种各样令人无法承受的损害。在很多地方,比卵石大的冰雹从天而降,人们将冰雹捡起来称一称,发现其竟重达八磅。那些还没有丧命于其他厄运的人,则被宣示上帝之怒的暴雪和极寒夺去生命。"菲洛斯托尔吉乌斯总结:"人类之力无法对此做出详细的描述。"[26]

其他基督徒作家的反应更加令人吃惊。他们把匈人视作体现基督教不可抗拒的吸引力的最新和最有力的证明。哲罗姆教父在396年还惊诧于匈人的暴虐,四年后,当他为出人意料的信仰转变寻找历史先例时却写道:"匈人在学习《圣经》中的《诗篇》。"[27] 而身处西班牙、远离是非的基督徒诗人普鲁登修斯(Prudentius)的诗句更加离谱:"匈人的嗜血野性促使着他们在用鲜血清洗过的杯盏中掺入纯奶和基督的圣血,以此为饮。"[28] 匈人——普鲁登修斯称他们为"格罗讷",出自希罗多德描写过的一个草原民族——不仅像哲罗姆所说的那样学习《诗篇》,还作为受洗的基督徒接受圣餐礼。这位诗人为全世界皈依基督教的野蛮民族欢呼喝彩,只把犹太人排除在这个圈子之外,他认为匈人是新皈依者中不可或缺的一员。[29] 若是这位教父和这位诗人的说辞含有一丁点的事实,那至多就是某些传教士曾私自前往匈人的区域,并在译员的帮助下传播教义。然而,除了摇头,他们一无所获。如果他们能毫发无损地返回并在故乡谈论他们的冒险经历,他们就该感到庆幸了。[30]

第三章

谁是匈人

和之前的尤内皮乌斯、阿米阿努斯·马尔切利努斯以及哲罗姆一样，菲洛斯托尔吉乌斯也在神话传说之外思索匈人的起源。之后的历史学家也在研究这个问题，比如普罗科匹厄斯和卡西奥多罗斯（Cassiodorus）——约达尼斯借鉴过他已失传的哥特历史著作。奇怪的是，和前人相比，一百多年后的研究并没有什么太大进展，或许这是因为那些历史学家对已有的研究成果太满意了。但是所有人都在某一点上达成了一致：匈人之所以如此粗野残暴，是因为他们来自遥远的北方。他们的故土位于北冰洋的海岸或者附近。按照古代的观点，北冰洋属于包围世界的大洋的一部分。[1] 在5世纪的高卢诗人圣希多尼乌斯·阿波黎纳里斯（Sidonius Apollinaris）看来，451年的阿提拉大军是从北方而非东方侵入高卢的。[2]

古希腊大学者波西多尼（Poseidonius）在公元前1世纪提出了一个理论。5世纪以来，持有这个理论的人认为气候与民族性格存在关联：在寒冷的北方，日照稀少，霜冻令躯体紧缩，这导致血液过量，进而使人勇气大增，同时严寒还会使人思维迟钝。因此，北方人总是不顾及自身的状况，不经考虑就进行野蛮的战斗。[3] 罗马帝国时期的许多学者都采纳了这一理论。[4] 神学家居鲁士的狄奥多勒（Theodoretus von Kyrrhos）在5世纪上半叶就谈到了"北方的野蛮人"。[5] 希腊人与罗马人幸运地居住在气候宜人之地，直至此时都把高卢人和日耳曼人的野蛮看作是"气候影响民族性格"一说的佐证，现在匈人又成了这一理论的最新证据。他们怀着同样强烈的兴趣去侵袭、掠夺南方的居民，因为那里自然条件更好，生活更为舒适，占用他们的财富只是一种带有补偿意味的公正行为，在这种公正下，即使最穷凶极恶的暴行也被当作是理所应当的。

公元前5世纪，历史学家希罗多德在介绍生活在黑海与米欧提斯湖之滨的斯基泰人时，便遗憾地说道，他至今没有碰到任何人能依据自己的亲眼所见告诉他更北区域的详细情况。[6] 公元前4世纪的史学家埃福罗斯（Ephorus）和公元1世纪的地理学家斯特拉波（Strabo）也没有更加聪明，不得不承认他们对此一无所知。当斯特拉波谈及流入米欧提斯湖的塔奈斯河，也就是今天的欧亚边界——顿河时，他认为宽阔的顿河河口外的区域之所以几乎不为世人所知是有两点原因的：一是严寒，二是贫瘠的土地。那里只有依赖肉奶生活的游牧民族。[7] 自公元前8世纪荷马的记载以来，牛奶就是游牧民的主要饮品，因此，饮用葡萄酒的南方居民嘲笑他们为"酗奶者"，游牧骑兵则是"挤奶骑士"。[8] 后来，斯特拉波意识到，多亏了罗马人和帕提亚人，人们至少对高加索山脉另一边的地理情况有了更多的了解。[9] 369年，罗马元老叙马库斯（Symmachus）在献给瓦伦提尼安一世的讲话中奉承道："皇帝将会把罗马帝国在黑海的边境推进至冰冻的斯基泰部落之地和寒冷的顿河流域，并在河上追捕逃亡的流民。"[10] 那时还没人知道匈人，也没人想到几年之后，罗马帝国在黑海之滨的处境会发生翻天覆地的变化。

124 年，希腊诗人、地理学家狄奥尼修斯（Dionysius）在一首六音步诗中描述了一场地震，并把匈人"移居"到了北冰洋和里海之间。[11] 在 2 世纪下半叶，希腊地理学家克劳狄乌斯·托勒密（Claudius Ptolemaeus）提到了居于多瑙河下游的巴斯塔奈人和黑海西岸的罗克索拉尼人之间的民族"库诺伊人"（Chunoi）。[12] 狄奥尼修斯和托勒密经常被视作古代文献中最早提及匈人名字的人。然而狄奥尼修斯文献的来源并不十分可靠，因为流传下来的手写稿中还有好几个不同的名称。[13] 同样有争议的是，托勒密笔下的那个生活在一个为人熟知的地区的"库诺伊人"和 370 年左右突然从北方草原冒出的匈人是否真的有关联？数年后，人们对入侵者有了足够认知，然后才意识到："库诺伊"常常被同时用来指代这两个民族，并从中推论出，这两个分别位于亚洲和欧洲的部落在人种上有关联。来自赫拉克利亚的地理学家马尔西安（Marcianus aus Herakleia）则在 5 世纪初谨慎地做了推断，他采用了托勒密的观点并进行了补充，提到了所谓的"欧洲库诺伊人"这一称呼。[14]

和流行的观点一样，阿米阿努斯·马尔切利努斯认为米欧提斯湖和北冰洋是相连通的。有一次他注意到（依照希罗多德和斯特拉波的说法），在米欧提斯湖的周围，除了已知部族之外还生活着未知的部族，"因为他们在所有部族中是最穷的"。[15] 这位历史学家在他关于匈人的补充附录中继承了希腊哲学家的气候学理论和对于北方民族的推论："流传下来的古代文本中鲜少提及的匈人民族生活在北冰洋边缘、米欧提斯沼泽地带的另一端，生性跋扈粗野。"[16] 谁能用历史学家修昔底德（Thukydides）的理论——表面动机和深层原因（aitia and próphasis）——来分析某一历史大事件，谁就能为震动欧洲的匈人狂潮找到深层原因："寒冷及其带来的贫穷迫使人们释放出了极端残忍的本性。"[17]

当匈人入侵的消息传到罗马帝国境内时，就有传言说攻来的是斯基泰人。按照希罗多德的说法，他们生活在黑海和米欧提斯湖的北边——塔奈斯河和波律斯铁涅斯河（今天的顿河和第聂伯河）之间。希罗多德将斯基泰人分为四个部落，他们最可能是其中的游牧部落。[18]尤内皮乌斯想在他初版的历史著作中给出有关匈人来源的令人信服的信息，然而这是徒劳的。希罗多德提到过，在"游牧斯基泰人"的东边生活着"王族斯基泰人"，尤内皮乌斯便在考察匈人是否和这群"王族"有关系。[19]斯基泰这个名字一直和匈人有着千丝万缕的联系，哲罗姆也把斯基泰人和匈人画了等号，而拜访过阿提拉宫殿的普利斯库斯则在这两个名字之间摇摆不定。[20]这偶尔会造成一些困惑，因为"斯基泰人"也是对哥特人的通行称谓。罗马诗人奥维德（Ovid）被流放至黑海之滨的时代，那里聚居着哥特人，在奥维德看来，那里便是"斯基泰世界"（Scythicus orbis）。[21]在这之前，"斯基泰"已经成为游牧民族的代名词。教会作家凯撒利亚的安德烈（Andreas von Caesarea）在6世纪的头三十年中写了《新约·启示录》的评论，谈及了歌革和玛各这两个末日民族。不只是安布罗斯，其他的基督教作家都认为阿德里安堡之战的胜利者就是先知以西结所预言过的歌革人。《启示录》的作者也接着先知的预言说道："那一千年完了，撒旦必从监牢里被释放，出来要迷惑四方的列国，就是歌革和玛各，叫他们聚集争战，他们的人数多如海沙。"安德烈意识到："有些人将歌革和玛各看作来自北方的、被我们称为'匈人'的斯基泰民族。如我们所见，这些人的数量和战力能够毁灭世上的每一个帝国。"[22]

马萨革泰人是里海东边的另一个草原民族。公元前6世纪，波斯人试图把他们纳入帝国版图，希罗多德也因此对马萨革泰人展开过详尽的描述。[23] 亚历山大大帝同他们进行过交战，但是和斯基泰人一样，他们的族名也被视作北方草原游牧民的通称（尽管没有广为流传），这致使人们认为他们存在着生物学上的亲缘关系。因此阿兰人应该是马萨革泰人的后裔，而谈及过马萨革泰人好几次的历史学家普罗科匹厄斯则认为他们是匈人。[24]

尤内皮乌斯对于普罗科匹厄斯这种草率地将匈人归为斯基泰人的做法十分不满。毕竟王族斯基泰人生活在一片为人熟知的区域，他自己也在这期间碰见过匈人，他们的长相有蒙古人的特征。他的第二版著作继续采用了希罗多德的理论："在斯基泰人生活的平原——哈萨克草原西部——的另一边，人们在跋涉过碎石遍地的土地后，便能遇见生活在高山脚下的一个民族。这个民族中的男人和女人生来就是光头，塌鼻宽下巴。他们说着自己的语言，服饰风格和斯基泰人很像。"[25] 这位历史学家描述的显然是蒙古人种。他们胡须、体毛都很稀疏，被误传为秃头。而高山则可能是乌拉尔山或者阿尔泰山，[26] 阿尔泰山前便是布满石块的山麓地带——绵延1000千米的哈萨克丘陵，而南部则是半沙漠地带。尤内皮乌斯还提到了第三种常见的说法：匈人是一支来自亚洲，越过辛梅里亚博斯普鲁斯海峡抵达欧洲的民族。尤内皮乌斯的著作已经失传，这些文字都是后人从佐西姆斯（Zosimus）那里摘录的，而佐西姆斯收集整合的尤内皮乌斯初版和再版的著作文稿也是比较粗略的。[27]

417年，教会作家奥罗修斯（Orosius）秉持着这样一种传统观点，他认为匈人的故乡还要在更北的地方，在奥托罗格拉河的发源地和同名的城市那里。[28] 依照地理学家托勒密的观点，这片区域在伊莫迪山或塞尔山，即喜马拉雅山脉的南端。[29] "被群山包围，难以通行"，匈人在那里世代居住，直到"突然为狂躁所驱"，攻打哥特人——奥罗修斯如是说。[30]

俄罗斯的考古学家认为，匈人的祖先生活在贝加尔湖南岸。在公元元年前后，那里较大的聚居点已经有了城市的雏形，有一些聚居点还修建了围墙。有一支民族在此定居，他们以畜牧业和种植业为生。从陪葬品可以看出，他们已经有了社会化的组织。在公元前55年左右，他们分裂为南北两个部落联盟，南部归顺中国，北部西迁，而匈人就是西迁部族的后代。研究者从相对一致的考古成果中得出了"人种相同"的结论。[31] 经过漫长的迁徙后，北方部族抵达了阿尔泰山脉和更北边的叶尼塞河中游流域。因为那里在铁器时代末期（4世纪中期左右）出现了匈人的踪迹。[32] 第聂伯河、北顿涅茨河以及顿河、伏尔加河流域也都出现了匈人的踪迹，这说明匈人在不断地西迁。[33] 语言学研究也证明，匈人的迁徙始于阿尔泰地区。[34] 作为畜牧者，他们不得不进行季节性迁徙。因此对他们来说，到草原上去过游牧生活绝非难事。

如上所述，古代时期的作者已经解释了北方寒冷气候区的民族迁移理论。诗人、地理学家狄奥尼修斯补充道，"当马匹、骡子和羊群都死于严寒时，居民就会扬鞭远行，背井离乡"，任由土地和郁郁葱葱的山头被冬季的风暴蹂躏。[35] 人们发现，气候变化有时也导致了匈人西迁。气候学、地理学和植物学的研究证明了这一猜想。[36] 日益寒冷的气候导致了旱灾。338到377年，有一场旱灾前后共持续了40年。[37] 除了气候变化，还有从蒙古推进到阿尔泰山脉的各部落带来的军事压力。[38]人们毕竟不能低估好战的山区居民在更为富裕的平原居民身上为家乡恶劣的自然条件寻求补偿的欲望。因其掠夺天性而臭名昭著的匈人,便带着这种欲望走出了故乡。

阿尔泰地区的居民属于一个更大的文化圈,这个文化圈受到中国北方区域的影响,混居着有蒙古人种血统的人群。[39]这种混合涉及一个250年来争论不休的问题,那就是匈人和匈奴(一个数百年来威胁着中国北境的蒙古人种游牧民族)之间存在着哪些联系。有一种说法认为匈人是匈奴的后代,或者至少和匈奴有着亲缘关系。但现在这种说法被大多数考古学家和语言学家否定了。[40]然而匈人和匈奴这两个名称在发音上是相近的,可以说,这两种名称在源头上都不是专有的民族名,它们只是对草原骑马民族的统称。外来名随着时间推移会变成专有名,这一过程在其他案例中也有迹可循。[41]生活在6世纪后半叶的拜占庭历史学家阿加提阿斯描写过"匈人"这一名称的变化过程:"斯基泰人"或者"匈人"本是对生活在顿河和喜马拉雅山之间的所有草原民族的通称,而各个民族有着自己传统的专有名。[42]

另一个相似的例子便是哈萨克草原的游牧民族"阿兰人"的称谓。阿米阿努斯·马尔切利努斯在附录中介绍了匈人的情况后,又对"阿兰人"做了富有启发性的评论:"分布在两片大陆——也就是古时欧亚分界线顿河的东西两岸——的阿兰人有着许多不同的部族,这里不再逐一列举。他们尽管在地理空间上相隔甚远,并且作为游牧民族不得不在广阔的区域中迁徙,但'阿兰人'这个名字在时间长河中逐渐固定为一个专有名。现在所有的游牧民族因其相似的习俗、未开化的生活方式和武装形式被统称为'阿兰人'。"⁴³"阿兰人"因此是不同民族的集合名,他们在广袤的区域中基于相同的生存条件而发展出了相同的生活方式,对手总是有着相同的武器和相同的游牧民族作战策略。这位历史学家没有提及他们有相同的起源和语言,反而通过复数名词"不同的部族"(gentes variae)默默地把这个可能性排除在外。他借用被动句式"被统称(cognominantur)为阿兰人"来点明,这个名字一开始是个外来名,后来逐渐变为一个含义广泛的专有名。类似的语言例子"他们接受了单独的专有名"(ad unum concessere vocabulum)也表明了这种发展趋势。⁴⁴

匈人还生活在阿尔泰地区的时候,最迟在西迁之中,就已经发展成了一个多民族联合部落,这使得"匈人"这个称谓和"阿兰人"一样,更容易从外来名转变为专有名。人们估计,他们中百分之二十到二十五的人是蒙古人种。⁴⁵在这样的部落中,通常情况下都有一个主导民族或者霸主民族。⁴⁶来自阿尔泰地区,并带来了自己语言的匈人便是这样的主导民族,他们继承了"匈人"这一称谓。⁴⁷他们是后世希腊文献中记载的"王族匈人",这个概念与希罗多德的"王族斯基泰人"以及地理学家斯特拉波和托勒密笔下的"王族萨尔马提亚人"相一致。⁴⁸其他大大小小的部族在加入或者臣服于他们后,即便没有舍弃原有的语言,却也将自己称作"匈人",这时他们便成了王族匈人。因此历史学家普利斯库斯依照自己的经历把这些匈人称为"大杂烩"。他逗留在匈人部落的时候,不仅听到了匈人语,还听到了哥特语和拉丁语,甚至还有人讲希腊语,这令他相当吃惊。⁴⁹在民族大杂烩中还有其他普利斯库斯听不懂的语言,这些语言在他耳朵里和陌生的匈人语别无二致,因此他自己也无法将它们区别开来。因为在西迁的过程中，匈人早就碰上了很多说着迥异语言的民族。若有人想要穿越哈萨克丘陵地带去经商，必须至少带上7个不同语言的翻译。[50] 若这人想去南边的高加索山脉，他甚至能体验到26种不同的语言。[51] 匈人的军事首领诞生于说着原始匈人语的王族匈人中。他们随后在西方会发展羽翼，增长势力，登上王座。[52]

"大杂烩"也是现代语言学从流传下来的匈人人名中得出的，有关匈人语言来源与归类的结论。匈人语是否和蒙古语或者古突厥语、伊朗语或者古保加尔语相近？即便人种上没有关联，但在语言层面上匈人和匈奴是否有联系？ 375年，在进攻哥特人的多民族联合军中，那些匈人部族是否说着这种语言？[53]

375年的民族大杂烩告诫人们，在把匈人和其他所谓的匈人部族——比如巴克特里亚和粟特的嚈哒人，或者在357年至359年和波斯人结盟对抗罗马人的匈尼特人——相提并论时要慎重些。[54] 普罗科匹厄斯把嚈哒人称为"白匈人"，但是他自己也觉得这个称呼有些怪异，因为这个定居民族在生活方式、外貌特征和政治制度上和其他的匈人毫无共同之处，他们的生活区域甚至都互不相邻。[55] 最可能的解释是，他们的这个绰号使人回想起了他们从北方出发、长途跋涉后在波斯帝国的北境找到了新家园的时代。这个绰号又暗示了"匈人"这个指代北方和东方游牧民族的通称的初始含义。

地理学家狄奥尼修斯的一位不知名的传抄者把4世纪或5世纪末北方民族中的徐诺伊人（Thynoi）和彼时名声大作的匈人对换了，或许他把通称"匈人"（等同于"野蛮的北方人"）和后来的民族称谓融合在了一起。[56] 之前他便发现了狄奥尼修斯谈及的"斯基泰人"也有双重含义。因为这位地理学家在2世纪撰写地理学方面的地形测绘专著时，历史上的斯基泰人早已消失了。在罗马帝国时代，他们的名字在希腊人和罗马人看来已经变成对于来自北方的野蛮人和来自东方的游牧民族的通称，正如希罗多德及其许多后继者对斯基泰人的描写。因此，"斯基泰人"在文献中也被用来指代哥特人便不足为奇了。[57] 在哥特人之后，如上所述，匈人也被称作斯基泰人，除此以外偶尔也被称为马萨革泰人（希罗多德在他的第一本著作中提及过的另一个草原民族）。400年左右，哲学家、演讲家、后来的托勒密大主教，昔兰尼的辛奈西斯（Synesius von Kyrene）在皇帝阿卡狄乌斯和君士坦丁堡元老面前做的演讲中，对丑陋的匈人做了一番荒谬的解读。对于听众来说，这番解读并不合理：不管是盖塔人或者哥特人，还是马萨革泰人或者匈人，他们都是同样的草原民族，有的改名换姓，有的刻意改换容貌，为的是以新的民族身份出现去威慑罗马人。[58]

阿米阿努斯·马尔切利努斯默默地否认了"匈人是斯基泰人或者马萨革泰人"这一观点。有一次他把哥特人称为斯基泰人，而波斯人在他看来也有着斯基泰血统。[59] 经过研究后，他对匈人的认知更多地使他想到游牧的撒拉森人——在尤利安皇帝远征波斯的过程中，撒拉森人亦敌亦友。阿米阿努斯·马尔切利努斯也读到过描写其他游牧民族的特征的著作，这使他产生了一个想法：他撰写的历史著作将以375到378年这几年的灾难作为结尾，而他打算在这之前写一篇有关匈人的附录。这么做的原因之一是对于人种的好奇，这种好奇已经驱使他写完了关于撒拉森人、高卢人和波斯人的附录。他在他的色雷斯、黑海区域、埃及和波斯的国家大附录中加入了大量对于其居民和风俗习惯的注释说明。[60] 现在他的读者们也该知道，罗马人要面对的是什么样的恶敌，"各种灾难的源头,复仇女神用前所未有、搅乱一切的毁灭之火引发的灾厄"。[61] 罗马人已经充分认识到了日耳曼人的野蛮,而匈人在野蛮程度上和日耳曼人相比有过之而无不及。"野蛮至极"——附录的引言如是道。与他生活在同时代的人们——无论是不是基督徒——大谈特谈匈人散播的恐慌,而他们是对的。他还想补充一些其他的作家还未涉及的内容,并计划在一篇附录中详细地研究一下这恐慌的始作俑者。他从匈人的外貌着手,这已经能吓坏任何一个文明人了:

> 他们的男婴刚刚出生,脸上就被热铁烙下深深的沟痕,这是为了阻断青春期胡须的生长。因此他们成年后没有胡子,毫无雄性魅力,看起来就像阉人一般。他们所有人都四肢发达,虎背熊腰,相貌十分丑陋畸形,以至于被认为是"双足兽"或者像是桥梁栏杆上草草削斫的石像。和他们令人生厌的外表相匹配的是他们粗糙原始的生活方式。他们既不用火也不烹饪佳肴,而是以野菜根和半生的兽肉为食。他们把生肉夹在大腿和马背之间,短暂地焐热后便即刻吞食。他们从来不把房屋当作栖身之地,反而对其避之不及,似乎在他们眼中房子成了并非日常所需的墓穴。他们甚至没有半所茅舍,只是在高山茂林中游荡,从小他们就习惯了忍受饥寒与焦渴。除非陷入大麻烦,他们绝不会托身于瓦屋之下,因为他们在那里没有安全感。
>
> 他们穿着用亚麻布或者林鼠皮缝成的部族服饰,在家他们穿得和在外面别无二致。他们从不脱下系在脖颈

处的长袍，只有在它肮脏掉色或者变得破破烂烂才会换下来。他们戴着小圆帽，穿着用山羊皮做的靴子，用它来保护毛茸茸的小腿。他们的鞋形状怪异，使他们没法大步疾走，因此他们不适合步行作战。他们快速爬上耐力持久但外形丑陋的战马，有时采用鞍侧骑乘的坐姿，在马背上就可以完成所有的事情。这个民族中的每个人都能在马上不分昼夜地交易买卖、大吃大喝，靠在狭窄的马背上就能沉入多彩的梦乡。

当有要事要做决定时，他们就在马背上一起出谋划策。不受任何秩序森严的王权统治，他们满足于在每件事上接受首领们的指挥，消灭挡路的一切事物。即便没有受到挑衅，有时他们自己也会滋事打架、握拳斗殴，并发出各种可怕的嘶吼声。他们轻装上阵，机动性强，因此可以突然像得到命令一般互相拉开距离，组成松散的战斗阵形四方游走，所到之处无不屠杀殆尽。因为其行动极为迅速，人们甚至都无法意识到他们是如何杀入工事堡垒或者军营里的。人们必须把他们看作是最凶恶卑劣的士兵，因为他们还会用箭进行远程攻击。他们在箭上铆接的不是箭镞，而是工艺惊人、削得尖尖的骨头。短兵相接时，他们不顾自身安危，用剑进行搏杀。当他们见对手拔剑欲砍时，便甩出编织套索套住对方，将反抗者的手脚都绑牢，以免他们逃跑。

他们中间没有人会耕地或者曾摸过耕犁。因为没有固定住所和讲究深居简出的宗教信仰，也没有法律与法规，他们所有人都如同难民一般，不断地驾着大篷车游荡八方。在大篷车里，女人们为他们缝衣、与他们同房、为他们生育，并把小孩养育成人。在他们那里，有关"人从哪里来"的疑问与回答都是多余的：母亲在一个地方怀孕，儿女在另一个遥远的地方出生，然后在更远的地方长大。

在缔结合约时，他们毫无诚信，变化无常。有一丝利益可图，他们便会变得极不可靠，屈服于他们暴躁的天性。如同没有理智的野兽一般，他们不知荣辱，左右摇摆，诡计多端，对宗教或者迷信都没有敬畏，只对黄金狂热贪婪，完全掉进了钱眼子里。他们阴晴不定，以至于经常在这天或者那天毫无来由地背叛盟友，然后又与之和解。没人能安抚他们。

读者在阿米阿努斯对于匈人形象的描述中可以感受到，罗马在其千年的历史中从未遭遇过的这个可怕民族给同时代的人们带来了多大的恐惧。即便是年轻时作为官员巡视过罗马帝国疆域，见过各种野蛮民族的阿米阿努斯也是第一次遇到如此令人厌恶的人群。在他看来，匈人处于人类文明等级的最底端：他们不烹饪，只吃别人无法下咽的生食，没有一丝一毫的乡土情感或者宗教信仰。他们甚至也不屑于使用火——在神话中给人类带来了文明的火。因此他们只把生肉放在大腿和马背之间焐热一下，然后就地吃掉。至于有关匈人无论是在白天还是在晚上，无论是醒着还是睡着，一辈子都在马背上度过的说法，则是这位历史学家依据自身经历的一种夸张。他曾经在一些军事行动中好几周从早到晚都坐在马鞍上。他在对匈人的描述中充分发挥想象力，还给入睡的匈人添上了美妙的梦境，但这其实是没有人见证过的。而骑士不善步行这一点，则源自阿米阿努斯自己痛苦的经验。[62]因此，在他的记载中，匈人们从不步行作战。

由于历史原因，罗马人对于野蛮民族的原始力量从心底感到惧怕，阿米阿努斯正是基于这种心理对匈人骑兵的战斗进行了描述。匈人"极度野蛮"，比莱茵河和多瑙河另一边恐吓过罗马好几次的野蛮民族还要吓人。当匈人的部族以迅雷不及掩耳之势侵入罗马帝国时，帝国的守卫者们能否对付得了这些久经磨炼的战士，应对他们随机应变的战术和冷酷无情的攻势呢？

这是政治历史学家阿米阿努斯·马尔切利努斯在他的匈人附录中探讨的最令人焦虑、最有现实意义的问题。然而，没人能给出答案，阿米阿努斯著作的主题便是默默地抛出这个问题，或许正是因此，他才没有继续研究匈人，而只是选择性地采用了一些本可以提供更多启发的、有关游牧民族的文献资料？这位历史学家自己的一些见解与观点颇为耐人思索，这些观点尽管没有让后人充分认识到匈人的危险，但却加深了人们对匈人社会的认识，而这种认识被现代考古学进一步深化了。比如，他提到了匈人在马上完成买卖交易。他们交易的是什么货物？如果是他们从战场或者袭击中带回的战利品——其中还有战俘——那么他们拿来交换什么？只交换女人们用来为丈夫缝制衣袍的亚麻布？或者还会换来在匈人女性的墓穴中发现的大量金饰？如果按照阿米阿努斯·马尔切利努斯的说法，这群人极热衷于黄金，那他们只是把这些黄金收集起来吗？他们之中肯定还有手工匠人用黄金来装饰弓、剑、箭筒与马鞍等士兵战死后的陪葬品。人们把这些贵重的出土文物归为匈人上层社会的用品。阿米阿努斯提到过"首领"，但也明确地把首领的地位局限于各次军事行动中。然而他的历史经验与研究经历必然让他心知肚明，这些首领在战后不会轻易地做回部落里的平民百姓。他们组成了名为"酋长"的团体，骑在马上谋划着军事行动，缔结合约又随便毁约，令罗马人心惊肉跳。有一种观点认为，整个部族的好几千骑兵会在某种原始的民主程序下东拉西扯很长时间，直到意见达成一致。这种说法难免会使人起疑心。这种商讨方式真的切实可行吗？阿米阿努斯在谈到匈人时，也总是只用复数形式，偶尔才换成有代表性的单数形式。有些下属部落的名字在后来的文献中才出现，对于这些下属部落，阿米阿努斯未有耳闻。

人们批评这位历史学家的匈人附录中有一些细节是将其他有关野蛮人的描述拿过来套在匈人身上，并非史实。在古代文献中，没有任何与之相关的记录提到过匈人将生肉放在大腿与马背之间焐热的习俗。因此，读者大多对此说法不屑一顾，认为这是杜撰。然而后世骑马民族的例子却告诉人们对这一点要谨慎看待。[63] 匈人吃的"某些动物半生的肉"使人想到了草原民族的日常经济基础——牧群——他们为了放牧从一个草场赶往另一个草场。在描述正在游牧化的阿兰人时，阿米阿努斯·马尔切利努斯便谈到了这一点。约达尼斯——6世纪《哥特史》的撰写者——认识他那个时代的匈人部族阿尔兹亚吉尔（Altziagiri），他们夏季把牧群赶往克里米亚，"在那里他们喂养牧群"，而冬季则迁往黑海北滨。[64] 在阿米阿努斯看来，匈人比阿兰人还要低一等。因为文献认为骨箭属于还不会加工铁器的史前社会，[65] 阿米阿努斯草率地把这种武器嫁接到了匈人身上。事实上匈人的墓葬里确实出土了这种骨箭，但是它们主要是用来捕鸟与射杀野兽的。[66] 奇怪的是这位历史学家似乎对三棱铁镞一无所知。这种箭的箭头是嵌在箭杆里的。匈人用这种在欧亚广为传播的箭射出密集的箭雨，覆盖到敌人头上。相应地，它们也经常成为战士的陪葬品。为了避免这种可怕的杀伤性武器被族人用光，匈人的铁匠必须辛勤工作。要制作匈人的复合弓还需要更为精巧的手工技艺，而那些骑手们即使技艺再精湛，也是无法"像女士一样侧坐在马背上"（muliebriter insidentes）完成这项工作的。

上文提到过，阿米阿努斯·马尔切利努斯认为大约百分之二十到二十五的匈人的外貌有着蒙古特征，他把这一点误认为是人种的标志。[67] 他认为这个民族胡须稀疏是损毁婴儿脸部的伤痕造成的结果，然而这种伤痕和阿尔泰山区木乃伊身上的刺青很相似。[68] 蒙古特征的容貌更容易让人想起阉人。尤其显眼的是匈人人为造成的畸形头颅，阿米阿努斯对这一点并不了解：这种畸形在匈人幼年时期便已经开始被刻意塑造出来，并且和刺青一样是上层社会的特征。匈人从故土带来了这种习俗并在日后把它传给了一些日耳曼邻居。[69] 若有人向阿米阿努斯信誓旦旦地说，一边可怕地吼叫着一边扑向敌人的匈人也会唱歌——迎宾时姑娘欢唱致意、宴会上歌手高歌一曲、国王去世时哀悼者悲吟不绝[70]——阿米阿努斯也许会摇摇头，不以为然。

在缔结合约时反复无常和背信弃义是在描绘野蛮人形象时的惯用概念，说他们生性不忠、性格冲动也是常见的说辞。在阿米阿努斯的眼中，匈人品行尤为低劣，令人捉摸不透。然而和他的前辈们一样，他也没有搞懂的是匈人对于合约有着不同的理解：罗马的谈判者代表的是帝国的利益，缔结的合约是超出个人范畴的法律行为，并不受限于某一位皇帝的寿命。但是这种抽象的国家概念对于游牧民族来说却是陌生的。在他们看来,一份合约的有效期至多与缔约的统治者在位时间相等。对方的统治者若是死亡,合约关系便自动解除了。阿米阿努斯还为匈人合约的短命性做了另一个解释:他们缺少一种能使人因害怕上天的惩罚而避免食言的宗教。若自然的伟力与对祖先的追思都不能使一个民族产生宗教的火花,那这个民族就的确和野兽没什么不同了——如果有这种民族存在的话。但是这个显而易见的道理却恰恰被那个和其他希腊或者罗马的同行不一样,学过西塞罗理论的历史学家否定了。因为这个哲学家、雄辩家和他之前的希腊大哲伊壁鸠鲁一样,提出了这个问题:"哪个民族,或者哪个人种不受教化,不知神明?"[71] 阿米阿努斯更愿意在描绘原始社会的神话传说中寻找答案。公元前 7 世纪初,荷马已经在《奥德赛》第九卷中这么做了:"奥德修斯来到独眼巨人、'原始人'、'无法无天者'的国境。他们不信仰永生的神,不用耕犁,不事稼穑。"公元前 5 世纪,柏拉图的舅舅,雅典诗人、哲学家克里提亚斯(Kritias)对文化的产生进行了思考并得出结论:"曾经有过这样的时代,人类生活混乱无序,恰如野兽,一切全凭蛮力。"人们几乎可以假设,阿米阿努斯回忆起了有据可查的历史时代中的某个例子并将其整个套用到了匈人身上。这个例子便是被历史学家李维(Livius)编造出来丑化迦太基人汉尼拔的邪恶形象:"毫无人性的残暴,不忠不义,比布匿人还有过之而无不及。不虔诚,对神没有敬畏,不守誓言,不信宗教。"[72]

阿米阿努斯·马尔切利努斯在匈人附录之后又写了一篇有关阿兰人的附录,这篇内容更长。[73] 阿兰人在来自东方的新敌人的侵袭大潮中首当其冲,两个民族的冲撞开启了匈人的欧洲历史。

因为西边的阿兰人生活在顿河两岸，而顿河是欧亚之间自古以来的分界线。[74] 匈人的侵略证实了这位历史学家之前所描绘的形象："这个好战、放纵的民族受到贪欲的驱使去掠夺他人的财产，一路对邻居们烧杀抢掠，冲到了阿兰人的地界。"[75] 在阿米阿努斯眼中，匈人的西进是缘于他们对抢掠和杀戮的原始欲望，匈人北方故土那寒冷的气候把这种欲望变成了他们的第二天性，他们对阿兰人的侵略无可避免。阿兰人不会是最后一个受害者。这次侵略为欧洲敲响了警钟。

罗马人对阿兰人早已十分熟悉，因此阿米阿努斯·马尔切利努斯可以放心地利用可信的资料来为阿兰人的附录添砖加瓦：[76] 阿兰人"人口众多，部落分布甚广"，他们同时也是游牧民族，是骑兵。阿米阿努斯·马尔切利努斯详细地注解道，阿兰人"在各个方面和匈人半斤八两"。[77] 然而他们的外貌却截然不同：阿兰人普遍比较苗条漂亮，有着金色的头发，但是在恐吓对手时他们也会摆出冷酷凶狠的表情，他们在轻装上阵时迅疾如雷。他们也是掠食者，是猎人。他们的活动范围延伸到了米欧提斯湖，西边的博斯普鲁斯海峡以及南边的亚美尼亚和米底。

诗人克劳迪乌斯·克劳迪阿努斯（Claudius Claudianus）在不久后描绘出了匈人大致的形象，人们认为其原始资料正是阿米阿努斯·马尔切利努斯的匈人附录。[78] 与其说是历史学家和诗人达成了一致，倒不如说是因为他们都在375年听闻了这样的消息：匈人"生活在冰冷的顿河的另一边，在那里，斯基泰人把领土开拓到了日出之境的边缘地带，北方没有比他们更为野蛮的民族了。他们外表鄙陋，形貌不堪。他们生性好斗，猎到什么就吃什么，从不耕作，出于好玩在额头上刺青，并喜欢以死去的祖先的名义起誓。这些云生人、异形人将自己的双重天性与亲密无间的马匹紧密地联系起来"。克劳迪阿努斯把匈人的骑兵比作诞生在云中的神话生物——半人马（一半是人，一半是马）。他把在额头上刺青看作是一种玩乐（ludus），因为依据古代刑法，只有罪犯和逃跑的奴隶脸上才会被打上烙印，直到君士坦丁大帝废止了这项法律。[79]这位诗人最后提到了匈人在罗马人眼中不可揣度、极度危险的特征——没有计划，极为迅速的行动能力，这使得人们必须随时提防他们会出其不意地从哪里冒出来。

468年1月1日，高卢诗人、外交官圣希多尼乌斯·阿波黎纳里斯在罗马元老院里向安特米乌斯皇帝及其第二任执政官献上了赞美诗，他在诗中便提到了匈人。阿波黎纳里斯以前就在高卢遇到过匈人，他向皇帝描述了他们蒙古特征的外貌、他们的身形、他们战斗时的狂怒。这位皇帝自己也提到，他在谢尔迪卡——内陆达基亚行省（Dacia Mediterranea）的首府，今索非亚——城下和匈人交过手："一个无论是躯体还是意志都极具威胁力的民族。就连小孩的神情都相当恐怖。他们借由额头下的两个窟窿看东西，因为他们没有眼珠。即使没有闭眼，光线也很难照进幽深曲折的颅骨里。尽管眼缝狭窄，他们却能看到很远的地方。他们深深的眼窝视线极佳，让他们好像有了一双锐目。为了不让鼻子比颧骨更加突出，他们用条状的带子把鼻子裹住，这样头盔里的空间就更大了。母亲们出于母爱便如此损害儿子们的容貌，以便他们打仗，因为这样鼻子就不会碍事，面部也更为宽阔了。"

"男人们其他的身体部位却相当漂亮：胸膛厚实，臂膀强壮，下肢修长。他们笔直地站立时不高不矮，但他们骑马时高高地耸立其上，因此人们认为他们坐着时也十分伟岸。小男孩刚离开母亲的怀抱，就会上马了。人们可以说，马匹和男人们简直是连体并生的，因为骑士们在马背上如鱼得水。其他民族只是骑在马背上，这个民族就住在马背上。他们的心头肉是精心制作的弓与箭。他们的双手十分可怕，射击更为精准。他们坚信自己能箭无虚发，每击必杀。他们战斗的怒火能让他们大开杀戒，射箭从不射偏。"[80]

约达尼斯参考过的，现已失传的卡西奥多罗斯的文献记载——他同名的祖父曾经被派遣到阿提拉的宫殿中——证实了著名的、古老的匈人文学形象。他也强调了匈人凹陷的眼窝中那骇人的目光。除此以外还有一些细节，比如较深的肤色，在脸上烙疤的目的：孩子在断奶前就要习惯疼痛，但这导致他们在青年时期缺乏魅力。卡西奥多罗斯认为匈人体型矮小，动作迅速，脖颈粗壮，适合弯弓射箭，气焰嚣张，"人皮下藏着兽性"。卡西奥多罗斯文献的引用者约达尼斯总结道。[81]

在有关《旧约圣经·多俾亚传》的宗教手册中，安布罗斯大主教对掷骰子的赌博游戏进行了严厉斥责，他将匈人拿来作为反面例子，以此反对狂热的赌瘾。在他看来，赌博使罗马人陷入高利贷的魔爪，最终破产，蒙受耻辱。安布罗斯写宗教手册的时候是在375或者376年。在那个时代，除了知道匈人也喜欢赌博外，他很难对匈人有更多的了解了。这位经验丰富的说教者便肆无忌惮地用冗长的句子描摹了一幅有关匈人赌瘾的怪异画像："人们说，匈人可以战胜所有的民族，却唯独败在了高利贷的淫威之下。他们无法无天，却唯独遵从赌博的规则。他们准备打仗时也要把骰子和武器一同带上玩个几局。他们更多是死在自己人手里，而非死于敌方的攻击。他们在打了胜仗时也被自己人俘虏并洗劫一空。他们从不会丧失对于打仗的兴趣,因为谁要是在赌博中输掉了所有的战利品,谁就会想再去战场上捞一笔赌资。他们经常被赌瘾牵着鼻子走,赌输后就把唯一珍视的物件——比如武器——抵押出去。然后他们就只能把自己的生命抵押给获胜的一方或者高利贷者,以此作为筹码来孤注一掷。"[82]

匈人挑起战争是为了偿还赌债,为了能继续赌博——后来有的读者便会自问,这位卫道士大主教是不是搞错了。因为在375年,匈人还没有踏上过罗马的土地。历史学家塔西佗也写过日耳曼人爱好掷骰子赌博,大主教或许受到了他的影响。[83] 在阿德里安堡战役之后,安布罗斯首次提到了战役的失败给巴尔干半岛带来的严重后果,而15年后,当他为《路加福音》写评注时,罗马帝国已经面目全非了。匈人不只是狂热的赌徒,也是冷酷的强盗与杀人犯。在大主教看来,他们的出现意味着世界末日的到来。[84]

安布罗斯学识丰富,读过塞内卡的著作。塞内卡用目的论来描述历史,安布罗斯很难通过理性分析摆脱其影响。这位被尼禄皇帝放逐到科西嘉岛的哲学家在公元41年这样安慰留在罗马的母亲赫尔维娅:个体的命运和民族的命运一样,是不稳定的。当人们遍览史册,便总会发现"所有部落与民族都背井离乡"这样的记载,这一点有谁能质疑呢?接着塞内卡简单地探讨了一下他们迁徙的原因,4至5世纪的一位古代历史学家在匈人及其邻居身上也发现了其中几个原因:

> 人们带着妻儿与年迈的父母,果断而坚决地穿越不毛之地。有的人在长途跋涉、乱走一通后,并没有在深思熟虑之下选择一块居住地,而是因为精疲力竭就近驻

扎；其他人则在陌生的土地上用武力谋权。有几个部族在毫无把握的行进中占据了海洋，有些部族因为一无所获，便就地定居了。所有人离开故土寻找新居的原因并不都是一样的。有的人从敌人的刀下逃脱，家园被毁，流离失所，他们被迫迁徙到陌生的国境；其他人由于内部政治斗争而被驱逐。还有一种情况是要迁走过剩的人口来缓解资源压力。而瘟疫、频发的地震和贫瘠的土壤也赶走了一部分人群。有关一片富饶美好土地的传言也吸引着人们前往。有的人出于这个原因，有的人出于那个原因离开故乡，但无论如何都有一点是显而易见的：没有人会留在出生地，人们习惯不断地变更住地。大地上每天都发生着变化：新城市的地基打好了，新民族出现了，旧民族消失了或者被纳入更大的部族中去了。[85]

第四章

入侵

传说通常都有着历史的内核。最开始，几个或者一群匈人被母牛和小鹿指引着渡过了米欧提斯湖，进入哥特人的地界。而在375年，一群游牧民族向东哥特国王厄尔曼纳里克（Ermanarich）发起进攻并毁灭了他的政权。母牛和小鹿的传说使人联想到，这些游牧民族的出现是有预兆的。匈人的队伍越过了顿河和米欧提斯湖的沼泽地带。在冬季，这种迁徙对于习惯了寒冷气候的草原居民来说尤其容易，因为此时米欧提斯湖和博斯普鲁斯海峡已经结冰了。早前住在克里米亚的古代斯基泰人便会利用冬季的这几个月，驾着马车穿过结冰的博斯普鲁斯海峡，进攻对面的辛德人。[1]

如传说所言，开路的匈人骑兵可不会只满足于闲逛观光。北部草原的居民因他们的到来而感到忧虑不安，不得不在362年派遣使者去君士坦丁堡觐见尤利安皇帝。他们提出要每年向罗马进贡，想以此换取罗马的帮助来对抗入侵者。[2]然而尤利安皇帝认为他此时不能接受进贡，也不能给予帮助，因为他正准备攻打波斯，没有更多的军队可以调用了。至少，他推测斯基泰人的安宁日子没有几天了。历史学家尤内皮乌斯对这位皇帝的长远目光惊叹不已。他预见了哥特人——这里写的是斯基泰人——经受不住来自东方的日益增长的压力，将会越过多瑙河进入罗马帝国。376年,也就是14年后,一切果然如期发生。[3]

这两个传说的后半部分甚至就是尽人皆知的真实历史记录:发现新天地的匈人回到故乡后,于375年发起了大规模进攻。传说中没有提到的是,那些开路的匈人骑兵和大部分草原游牧民族在遇到没有戒心的富邻居时一样,做了这样的事:迅速袭击了他们的住处、抢劫掠夺,然后满载战利品而归。阿米阿努斯·马尔切利努斯列举出了去觐见尤利安皇帝的使节,按照他们的说法,法希斯的居民——来自高加索地区的瑞昂人、博斯普鲁斯人——也就是克里米亚的哥特人,以及其他更北边的民族也是受害者。传说的内容可能就此又有所拓展:有关猎物唾手可得的消息令人垂涎不已。这个消息不仅为匈人知晓,还传遍了其他草原部族。在这期间,他们要么已经加入匈人的队伍,要么就像部分阿兰人那样,正准备与他们狼狈为奸。

开路骑兵带回来的不仅是战利品,还有一个消息:顿河对面哥特人的王国并不是省油的灯。阿米阿努斯·马尔切利努斯把他们称为"好战民族",把他们的国王厄尔曼纳里克称为"穷兵黩武的国王","他因为各种各样数不清的英雄事迹而令邻国的居民胆战心惊"。[4]即使约达尼斯为了国王的荣誉,将记录了被国王征服的民族的名录加以美化,但来自阿迈勒王族的厄尔曼纳里克的确率领着东哥特人(格鲁森尼人),向东、向北大幅度地扩张了自己的统治范围。同时,这位哥特历史学家并没有对这样一条记载加以粉饰:被征服的民族也"极其好战"。这证明了格鲁森尼人的军事力量有多么强大,他们国王的战术谋略有多么过人。[5]

想要攻打这样的军队并取得胜利,必须做好万全的准备。匈人将在第一次越过顿河和375年的进攻期间得到的情报牢记在心。

然而，备战工作中最重要也是最棘手的就是攻打那些居住在里海和顿河之间的平原地带的阿兰人。他们成了西进道路上的拦路石，必须要先除掉。匈人做得非常彻底，确保了他们不会再有后顾之忧。此前他们同阿兰人相互冲突已经有段时间了，或许甚至已经有好些年了。因为阿米阿努斯·马尔切利努斯在他的阿兰人附录中一开始就强调："大范围的掠夺或者狩猎行动把阿兰人变成了狡诈老练的战士，多亏了他们的武器和敏捷，阿兰人只略弱于匈人。"[6] 约达尼斯甚至认为双方力量旗鼓相当。[7] 现在，骑兵民族和骑兵民族对垒作战。阿米阿努斯·马尔切利努斯简要地概述了一下结果："在阿兰人死伤无数、财产尽失后，匈人和剩下的阿兰人签订了一个和平协议，互相结盟。"这位历史学家还详细地记录道，匈人稍后还把阿兰人捎带上，"信心大增地"一同攻打厄尔曼纳里克。那些阿兰人主要是生活在顿河边上的塔奈阿兰人，是格鲁森尼人的邻居，已经同格鲁森尼人打过无数次大大小小的攻防战。[8] 相同的作战方式让他们和匈人很容易协调一致。

在进军的过程中，米欧提斯湖之滨和多瑙河下游区域的小部族便被"顺道裹挟"了。约达尼斯列举了阿尔卑祖尔、伊提马尔、图恩卡西和伯伊斯奇等部族，并提到了一股扑向哥特人的"民族风暴"（turbo gentium）。[9] 要是向那个时代的人询问民族风暴的规模，或许会听到诗人维吉尔的一句诗，这句诗在回答这种问题时经常被引用："他想知道，利比亚海滩上有多少沙砾被西风扬起。"[10] 现代的估算也没有准数，无法确定范围。[11]

首先，这股民族风暴由不同部分组成。其中的一部分匈人越过辛梅里亚博斯普鲁斯海峡，侵入克里米亚。他们逼走了克里米亚哥特人，让许多城市沦为断壁残垣。[12]潘提卡彭*和提瑞塔克**这两个繁荣的经济中心的考古挖掘可以证实破坏的规模有多大。出土的文物也能反映匈人人为让颅骨变形的习俗。克里米亚哥特人随后在对面的塔曼半岛定居，完全融入了当地人。[13]而入侵者给了早就开始衰落的博斯普鲁斯王国致命一击，或许他们会前往更远的北方，加入跨越顿河的大部队。[14]

这种时间长跨度大的进攻计划表明了匈人有着强有力的指挥者，那就是站在匈人顶峰的巴兰比尔国王（Balamber）。[15]他来自匈人的首领家族，是后来历任匈人国王的先王。他由一群贵族辅佐，阿米阿努斯·马尔切利努斯把这群贵族称为"酋长"（primates），他们在草原的日常生活中指挥一些小规模行动。[16]有文献记载了骑马游牧民族在北部草原和多瑙河以北区域进行的一些早期作战活动，并提供了一些细节，这些细节和匈人也对得上号：公元前512年和波斯国王大流士一世交过手的斯基泰人带着妻儿和牧群，驾着车远走高飞，直到他们不再为战火所波及。他们只为自己留下了刚刚足够生活需要的牲畜。[17]公元375年，匈人也拖家带口地进行迁徙。[18]

斯基泰人，甚至邻居萨尔马提亚人中的妇女也和男人一同骑马上战场。大量女人的墓穴中发现的武器和辔具便是证据。这也能证明，有关北方好战的亚马孙人的古老传说也有着历史内核。[19]匈人会打破草原民族的这一传统，把他们的女人——如阿米阿努斯·马尔切利努斯所述——限制在马车里和一些女红活计上吗？

---

* 博斯普鲁斯王国首都，位于克里米亚半岛，今刻赤。
** 古希腊城镇，在潘提卡彭南方11千米处。

人们也在匈人女人的墓穴中发现了马具，甚至马的遗体，这便反驳了这位历史学家的观点。[20] 人们甚至还在一个墓穴里发现了一具女人的遗骸，她的大腿上插着一支箭镞。[21] 让普罗科匹厄斯觉得有趣的是，公元元年初的地理学家斯特拉波自己就对亚马孙女人的传说深信不疑，他还解释道，该传说的起源是现实中妇女陪同丈夫一起上阵杀敌的事例。斯特拉波还提到了一个例证——在击退了匈人的进攻后，罗马人经常在匈人的阵亡者中发现女人。[22] 如果阿米阿努斯·马尔切利努斯听说过这个发现，他就不会把传说中的亚马孙女人当作阿兰人东边的邻居了。[23]

匈人还遵循着另一种在骑兵民族中很常见的习俗：斯基泰人和萨尔马提亚人培育了一种小巧、迅疾、精力充沛的马驹。为了驯服公马，它们通常会被阉掉。[24] 夸迪人也这么处理，"为了避免公马一看见母马就冲过去；在埋伏的时候突然撒野；发情嘶鸣，暴露骑兵的位置"。在战争时期以及和平时期，阿米阿努斯·马尔切利努斯骑马在罗马帝国境内来回游荡了数千千米。当他提起夸迪人和萨尔马提亚人在358年侵略潘诺尼亚和默西亚时，便谈到了夸迪人对待公马的办法。阿米阿努斯·马尔切利努斯给读者讲述了一些有关入侵民族的事情，其中他谈到潘诺尼亚和默西亚正苦于一种战术的袭扰，后来的匈人在急袭时也使用了这种战术：夸迪人和萨尔马提亚人"扫荡过广袤的大地，追赶其他民族，然后再次逃走。他们骑着被驯服的快马，同时也在旁边牵着一匹，或者有时两匹马，这样可以通过换骑保存马匹的体力，让它们在交替休息后重获活力"。[25]

厄尔曼纳里克很清楚顿河东边正酝酿着什么样的危险。在匈人征服米欧提斯湖边的几个部落，占领克里米亚后，这种危险正逐步逼近。匈人是不会满足于这几场胜利的，大军压境只是时间问题。当他和同族们"讨论匈人的到来"，并计划防御时，他们和罗索莫纳人，一个名不见经传的部族爆发了冲突。[26]这个部族想要借匈人的东风摆脱哥特人的统治。文献中记载了愤怒的国王厄尔曼纳里克惩罚苏尼尔达——一个来自"不忠民族"的无名男子的妻子——耸人听闻的方式：他将她五马分尸了。苏尼尔达的兄弟绍鲁什和阿米乌斯试图为惨死的姐妹复仇：在一次刺杀行动中，他们重伤了国王。[27]

据说罗索莫纳人把厄尔曼纳里克的境况提前向匈人国王巴兰比尔通风报信了，巴兰比尔便认为这是进行突袭的最佳时机。匈人和阿兰人的骑兵军队"突然袭击了厄尔曼纳里克广阔富饶的领地"。[28]攻击人数处于劣势的敌军是骑兵常见的战术，动词"突袭"早已成为这种袭击方式的专业术语。根据实际情况，它还同时意味着"掠夺"。[29]多次冲锋、向敌人射出箭雨，又快速撤退，正如斯基泰人抗击大流士，波斯人、夸迪人和萨尔马提亚人抗击罗马人时所做的那样，375年，匈人也采取了同样的战法。[30]这让他们在之后的一些战役中也取得了胜利。[31]

然而当快攻的骑兵碰上布好的步兵方阵时，步兵镇定地进行防卫，承受住了骑兵的攻击。此时骑兵尽管人数占优，但也只能咬碎牙齿往肚里咽。斯基泰人在公元前512年对抗波斯步兵军团时便有过这种经历。在公元前110年左右，五万萨尔马提亚的罗克索拉尼人也在克里米亚败给了米特里达梯六世（Mithridates Eupator）的六千名步兵。[32]

作家维盖提乌斯（Vegetius）在他献给狄奥多西一世的《军事概要》中迫切地提出要重新给步兵装备重甲，否则步兵们在骑兵的箭雨之下就如同"裸体"一般。[33]这里主要指的是哥特步兵，他们和骑兵联合起来保卫厄尔曼纳里克，以防他很快就投降了。因为"他长期以来都在勉力试图保持坚定与顽强"。[34]

厄尔曼纳里克不能期望从关系紧张的同族西哥特人——瑟文吉人——那里获得帮助。[35]长此以往，他也没法保卫广阔的领土，因为匈人总是在出人意料的地点进行突袭，入侵者一直比防御者迅速，而且"四处传播的流言讲述着有关匈人的迫在眉睫的危险，也加剧了恐慌"。[36]也因为罗索莫纳人的例子在一些被哥特人征服的民族中还继续产生影响，所以他们不太愿意支持哥特人去抵抗游牧民族。匈人的疲劳战术已经在阿兰人身上取得了成功，在打击哥特人时也没有失去效力。厄尔曼纳里克再也无计可施了。阿米阿努斯·马尔切利努斯和约达尼斯意见一致的是：这位曾被颂赞为"凯旋统帅"、被族里的长者比作亚历山大大帝的国王不想蒙受失败的屈辱，在受辱前便自杀。人们很难接受哥特历史学家约达尼斯的这种辩解式的附注，毕竟国王那时也已经是一个110岁的老人了。[37]厄尔曼纳里克和罗索莫纳人之间的血海深仇和他的自杀行为使他的形象在各种北部传奇故事里经久不衰，一位匿名作者还以此为素材创作了民谣《厄尔曼纳里克之死》。[38]

但是，哥特人并没有立刻放弃抵抗。之前和厄尔曼纳里克一起谋划抗击匈人的贵族在国王死后并没有把他的儿子胡尼蒙德（Hunimund）推上王位，而是让阿迈勒王族的韦迪米尔（Vidimir）成了新王。匈人给了他喘息的机会。厄尔曼纳里克"富饶肥沃的领土"上处处是宝，匈人乘着车不慌不忙地搜刮着战利品，后来战利品甚至多到拖累了他们的移动力，那些待宰的羔羊民族们才得到了片刻的安宁。[39]只要联合大军在行军打仗，巴兰比尔便能让他们同心协力；但若是军队休战，想要他们团结一致就几乎不可能了。果不其然，哥特人的邻居阿兰人想碰碰运气，袭击了韦迪米尔。韦迪米尔想以毒攻毒，雇佣了匈人士兵来抵抗。这一举动预示了他未来的下场。他不仅没能救急，还在一些小战斗中吃了不少苦头，最后在一次更大的战役中丢了性命。[40]

厄尔曼纳里克的儿子胡尼蒙德没有上战场，而韦迪米尔的儿子韦德瑞克尽管还年幼，不能指挥军队，但依旧继承了王位。哥特人并没有对这种阿迈勒王族的王位世袭表示质疑。阿拉提乌斯（Alatheus）和萨弗拉克斯（Safrax）这两位战争经验丰富的将领代替韦德瑞克接手了哥特人和全部族的征兵工作。[41] 这两位将领意在保证新王的继承权，避免以后会有高级将领谋权篡位。如果说一开始两位将领还心存幻想，以为可以击退匈人的话，那么不久后他们便认清了现实——哥特人统治至今的领土很快便保不住了。他们已经放弃了东边的领土，退回到达纳斯图斯河（Danastrus），也就是德涅斯特河之后。[42] 跟随他们撤回的大部分是年轻的战士，而定居下来的格鲁森尼人则向匈人投降。

现在西哥特人的亲属部族瑟文吉人意识到了危险正在逼近。和格鲁森尼人不同，他们没有统帅全族的国王，每个小部落由酋长治理。多年以来，他们最为重要的人物是阿塔纳里克（Athanarich）。作为"法官"（iudex），阿塔纳里克赢得了瑟文吉人的最高权力。[43] 他制定了一个在德涅斯特河河畔进行交叉防御的计划，命令将军蒙德瑞克（Munderich）和拉格瑞马努斯（Lagarimanus）带领其他的贵族和部分军队渡河，在距敌军32千米的地方进行侦察，可能的话甚至可以拦截敌军。他则率领另一部分军队建立营垒。他想从那里向匈人开战，与此同时，蒙德瑞克的军队则从后方袭击匈人,来个腹背夹击。

然而,阿塔纳里克低估了匈人的迅疾与精明,也没料到这些草原居民能不知疲倦地连夜行军。匈人通过当地人或者间谍获悉了这两处军事据点的位置,于是趁着月色越过德涅斯特河,突袭了阿塔纳里克的军营,而阿塔纳里克对此毫无察觉。幸运的是参与这次突袭的骑兵并不多,因此阿塔纳里克损失有限,他迅速撤退,"到险峻的群山中避难"(ad effugia montium praeruptorum)去了。这些高山位于普鲁特河另一边的摩尔多瓦中央高原地区。在高原的西沿和东南部的喀尔巴阡山脉之间流淌着锡雷特河。"从河谷斜坡"(a superciliis)开始,阿塔纳里克筑起了一道土墙,这堵墙延伸到普鲁特河注入多瑙河的河口,封锁了南部的入口。因为他们认为匈人最可能袭击这一片泰法尔人居住的瓦拉几亚平原。不久后,匈人的确驾着马车在瓦拉几亚东部游荡,偶然间会与阿塔纳里克的士兵发生冲突。但是匈人暂时没有兴趣开战,而是更愿意去劫掠战利品。他们缴获了太多战利品,以至于只能拖着满载的、沉重的车辆缓慢地行进。和韦迪米尔一样,阿塔纳里克也受惠于此。[44]

而接下来令阿塔纳里克惊诧不已的不是匈人,而是他的同胞。瑟文吉人直到德涅斯特河的领地都已丢失,粮草供给日益艰难,有关匈人掠夺与破坏天性的传言甚嚣尘上,这使得大部分瑟文吉人和阿塔纳里克分道扬镳,因为他们不相信他能抵御那些游荡的强盗。他们投奔了阿塔纳里克的政敌弗瑞提格(Fritigern)和阿拉维乌(Alaviv)。[45]人们无法断言,在分裂和随之而来的武装冲突中,阿里乌斯教派信徒弗瑞提格和迫害基督徒的阿塔纳里克之间的宗教矛盾起了多大的作用。[46]新首领决定向瓦伦斯皇帝派遣使者，请求他准许瑟文吉人在多瑙河以南色雷斯的部分土地上定居。经过枢密院旷日持久的谈判，瓦伦斯皇帝终于同意了，因为有关匈人的消息也传到了宫廷。从黑海开始，直到夸迪人和马科曼尼人的地界，匈人把各个民族搅得鸡犬不宁，并且引发了多瑙河中下游诸多民族的迁徙。[47]数百年来，历代罗马皇帝通过征伐、谈判和签订条约来主管或协管多瑙河左岸的帝国前沿阵地，但现在他们突然有了强劲的竞争对手。罗马能在多瑙河这座"湿界墙"另一边多远的地方阻挡这股新势力，现在还不得而知。

瓦伦斯的准许令还没有抵达，弗瑞提格和阿拉维乌就已经把瑟文吉人聚集在了多瑙河沿岸。他们给对岸的罗马人呈现了一副极其悲惨的形象："他们站在河岸边，向远方伸出双臂，声泪俱下地喊出他们的请求，为他们所遭受的不幸恸哭，并且承诺他们会提供额外的帮助。"尤内皮乌斯还给他的描述补充了一组数字——他们之中光是可服兵役的青年男子就有二十万人。[48]尽管阿米阿努斯·马尔切利努斯给越过多瑙河的难民大潮写下了一部令人印象深刻的附录，[49]可这个数字显然太高了。但是两位历史学家都默认，即使一支庞大的瑟文吉人军队，也是不敢抵抗匈人的。向距离他们数百公里的同盟国呼救变成了希望之所在。他们自己需要操心的则是，这种呼救听起来是否令人动容。

韦德瑞克和摄政阿拉提乌斯、萨弗拉克斯同样认为，和格鲁森尼人一起逃到罗马帝国去寻求庇护是最好的选择。但是瓦伦斯不希望国境内有更多的野蛮人，拒绝了他们的请求。之后他们便等候时机，用临时拼凑的筏子越过多瑙河，在和弗瑞提格的瑟文吉人有一定距离的地方驻扎下来。[50]

阿塔纳里克先是考虑过逃入罗马帝国境内，但是瓦伦斯拒绝接收格鲁森尼人的做法却吓退了他。他带着自己麾下的瑟文吉人去了森林茂密、不易通行的考卡兰山区，迫使居住在当地的萨尔马提亚人给他们腾出生存空间。在这里，阿塔纳里克避开了匈人草原战士，获得了安身之地。但是在自己的部族斗争中，他却依然没能摆脱刀光剑影。380 年底，族人逼迫阿塔纳里克带着随从去君士坦丁堡的狄奥多西一世那里寻求庇护。[51]

哥特人避开匈人逃向了罗马人，可以说是才出虎穴又入狼窝。因为如大潮般涌过多瑙河的野蛮民族人数众多，罗马当局已经不堪重负。不只是行省人民，罗马的高官也无耻地利用哥特人的窘境与饥饿来中饱私囊。他们收集了很多条狗，一条狗换一个哥特人做奴隶，有些哥特贵族也遭此不幸。[52] 阿米阿努斯·马尔切利努斯在历史著作的最后一册中毫不留情地详细揭露了罗马人的贪婪与无能，腐败与盲目，其结果是：被激怒的哥特人一路烧杀抢掠，穿越巴尔干半岛，直抵爱琴海。[53] 两年的时间内，哥特人和罗马人都无法通过谈判达成一个合理的解决方案。[54] 于是在一些小规模冲突后，378 年 8 月 9 日阿德里安堡战役爆发了。早在 377 年，瑟文吉人、格鲁森尼人和哥特的泰法尔人就已经联合起来了。[55] 匈人和阿兰人期望跟在他们身后收缴巨额战利品，甚至为此越过多瑙河与哥特人结盟。为了压住他们臭名昭著、反复无常的脾性，弗瑞提格承诺重赏他们。[56] 于是在阿德里安堡的战场上，与罗马人作战的是一支联合大军，他们在骑兵战和肉搏中都取得了胜利。[57] 瓦伦斯为他犯下的战术决策错误付出了生命的代价。他三分之二的军队和许多高级将领都永远地留在了战场上。

阿兰人和匈人在死者身上取得了胜利果实后便和哥特人分道扬镳了。因为在哥特人随后对阿德里安堡徒劳无果的攻城战中，他们不见了踪影。当弗瑞提格想要进攻色雷斯城市佩林斯（Perinth）以弥补损失时，阿兰人已经在佩林斯城附近建立了军营，这时他们再次联手行动，但战果仅限于洗劫城市周边区域。[58] 游牧骑兵们对自己的能力有着正确的认知——他们没有能力攻下守备森严的城池。哥特人最后甚至试图攻打首都君士坦丁堡，在这时他们肯定认识到了自己能力的局限，所以还是放弃了。幻想破灭后，他们组成队伍，再次动身上路，开始流浪，在从多瑙河南岸到亚得里亚海之间的广阔土地上寻找家园。[59] 他们坚信胜者为王的不成文法则（东罗马帝国皇帝也是该法则的牺牲品）让他们能够去占有合适的土地，成为那里的新主人。[60]

而匈人和阿兰人却没有这个想法，他们不想抛弃传统的游牧生活方式。他们掠夺来的胜利果实已经足够丰盛，于是便带着战利品离开了他们的哥特人战友，越过多瑙河返回故土。要说他们还带回去了什么，那就是对于罗马帝国能在未来给他们和同族带来何种良机的认知。米欧提斯湖另一边的梦幻之境在匈人面前敞露无余，他们怀着新的目标继续讲述着关于它的古老传说。

在接下来的几年里，匈人的掠夺行径从德涅斯特河开始，遍布罗马尼亚低地平原，蔓延到了南喀尔巴阡山脉的最外沿。在这里，哥特人的切尔尼亚霍夫文化（Santana de Mures Cernjachov）遗迹明显减少了。[61] 但即使在弗瑞提格和阿拉维乌带着瑟文吉人，阿拉提乌斯和萨弗拉克斯带着格鲁森尼人撤退后，两族还是有许多人留在了多瑙河以北的地区。[62] 格鲁森尼人的首领是维尼塔留斯（Vinitharius），他和厄尔曼纳里克一样来自阿迈勒王族。他先是屈服于匈人，后来又向东逃窜，在东方袭击了国王博兹（Boz）统领的安泰人（Anten）。为了显示霸权，镇压反抗，维尼塔留斯把国王和他的儿子们以及70名安泰贵族钉在了十字架上。一年后，匈人王巴兰比尔和同样被匈人征服的哥特王侯葛西蒙德（Gesimund）联手发起了对维尼塔留斯的讨伐。他们吃了两场败仗，匈人损失惨重。在埃拉克（Erac）河畔的一次奇袭中，他们才除掉了维尼塔留斯：巴兰比尔用箭射中了他的头颅。[63]

只有约达尼斯记录了这些事件，它们揭示了匈人的强权政治。在巴兰比尔眼中，居住在米欧提斯湖北滨的安泰人从属于他的势力范围。他们甚至在匈人进军时就已臣服于匈人，现在则向他求助。[64] 令匈人王无法容忍的是，维尼塔留斯不仅宣称不再臣服于匈人，还去欺压匈人的另一群臣民。巴兰比尔要求葛西蒙德提供军事援助，以此来强调他的权力要求。葛西蒙德急忙宣布与匈人签订联盟协约，并在条约中重申了他对巴兰比尔的臣服关系（renovato cum eo foedere）。此外，巴兰比尔还娶了维尼塔留斯的孙女瓦达梅尔卡（Vadamerca），借此来确认对已故的维尼塔留斯麾下哥特人的统治。约达尼斯对巴兰比尔的统治进行了如下的总结："从现在起，他和平地统治了所有臣服于他的哥特民族，其治理方法是允许哥特人拥有自己的小王，但他们还是要服从匈人的决议。"[65] 约达尼斯在表述上并没有使用"rex"（国王）这个词，而是用了缩小化名词"regulus"（意为小王）。因为"整个哥特民族"，也就是说，格鲁森尼人和瑟文吉人的统治者也只是一名领受巴兰比尔恩泽的小王。第一位小王是厄尔曼纳里克之子胡尼蒙德，他的王位由其子托里斯蒙德（Thorismund）继承。[66]

威名扬天下的厄尔曼纳里克国王的后裔们似乎向匈人表了诚心——他们非常满足于匈人的统领。小王们能够得到许多好处，甚至还被允许独立进行征战。胡尼蒙德战胜了苏维汇人，托里斯蒙德在其继位的第二年就取得了对格皮德人的胜利。但令人扼腕的是，他在"美好的青年时代"从马上摔下，英年早逝。[67]东哥特人为他的死亡感到十分痛心，以至于他们在接下来的40年里深深地怀念这位王，都没有再立新王。[68]匈人的首领也对此无所指摘，因为许多哥特人在这期间或自愿或被迫地习惯了为满足匈人饿狼一般的口腹之欲而劳动。数年后，一位服务于罗马皇帝的匈人官员曾对匈人的饥渴做过严厉批判：匈人"不会耕作，如饿狼般扑向哥特人，把他们的食物洗劫一空。哥特人为了匈人能够饱腹而操劳奔波，所以匈人就把哥特人当奴隶使唤"。不仅仅农民，哥特人和当地的手工匠人也一直在劳作，一如往常。[69]现在匈人贵族来了，成了买主，他们也因此获得了报酬。匈人们用金苏勒德斯付钱，这是他们的国王在和东罗马的协约中获得的贡金。这样一部分压榨罗马帝国而得到的金钱就回到了经济循环中。不同文化在不同层面上不停地互相接近，一个突出的例证便是颅骨变形的习俗在5世纪上半叶传播到了下奥地利和南摩拉维亚地区。[70]另一个例子是东日耳曼尼亚和骑兵游牧民族的武器及首饰的社会化。[71]但是在多瑙河下游、黑海和里海的北边也出现了一个单一的匈人文化群。它的特征是墓葬习俗、妇女服饰、复合弓、所谓的匈人锅釜以及饰有铁皮的木鞍。[72]

第五章
在罗马帝国与野蛮王国之间

378年以后，也就是在巴兰比尔的大军瓦解之后，在多瑙河右岸，匈人在文献作品中留下了更多的痕迹。西罗马皇帝格拉提安向他的叔叔瓦伦斯皇帝发誓，只要后者严阵以待，撑住野蛮人的进攻，就一定能等到他率军前来支援。但这誓言没能兑现。阿德里安堡战役惨败后不久，格拉提安前往东部地区，得知了那些四处游荡、烧杀抢掠的哥特人、阿兰人和匈人都干了些什么勾当。这时他清楚地意识到，他急需为已经战死的共治皇帝寻觅一个继承人来力挽狂澜，扶住帝国这座将倾之大厦。因此在378年秋，他任命将军狄奥多西为最高指挥官*，并于379年1月将其册立为罗马帝国的共治皇帝。[1]尽管东罗马军队战力大不如前，但两位皇帝通力合作，一起取得了抵抗野蛮人的首次大捷。[2]然后，入侵高卢的阿拉曼人把格拉提安拉回了帝国西部，而狄奥多西则在379年夏季继续秣马厉兵。首先要为骑兵扩充军备，加强他们的训练，来应对哥特人、阿兰人和匈人骑兵，这是源自阿德里安堡战役的血淋淋的教训。[3]狄奥多西也开了好价钱，雇来了一些哥特人。尽管担忧军队蛮族化的言论不绝于耳，但这些哥特雇佣兵已经不是第一批为罗马帝国做事的野蛮人了。东罗马帝国最高指挥官尤利乌斯在阿德里安堡战役之后得到一个残酷的经验：在一份

---

* 最高指挥官是罗马帝国晚期的最高军衔，也译为军务长、总督等。

秘密指令中，他要求所有的司令官以发军饷为借口诱惑那些驻扎在城里和野外的哥特人到郊区来，并在当天就处死他们。曾经做过军官的阿米阿努斯·马尔切利努斯在他历史著作的结尾处提到了这场大屠杀。他强调，这位最高指挥官"通过这种聪明的、干脆利落的计划"为东边的帝国行省免除了巨大的危险。彼时所有的司令官恰好全是罗马人（这种情况很罕见），该计划才得以顺利实现。[4]

哥特人莫达勒斯（Modares）是个幸运儿。他是王室成员，可能与整个部族一同加入了罗马帝国的阵营。不久后莫达勒斯就带着士兵们，在熹微的晨光中袭击了一群野蛮人。这群野蛮人先前袭击洗劫了好些个色雷斯村落，然后喝得酩酊大醉，在山脚下睡得迷离恍惚。莫达勒斯详细地命令士兵们，只带上剑与盾，并且要和同伴保持距离，以免在潜入时发出声响，吵醒那些醉汉。在血腥的屠杀之后，突击队员们又急忙冲向死者留下的4000辆马车，俘虏了他们的女人与孩童。

佐西姆斯谈及了这次突击行动，但对于被杀害的野蛮人也只是一笔带过。[5] 我们可以给这位历史学家做些可信的补充：在沉睡中死于莫达勒斯和他哥特战友之手的并非他们的哥特族人。被他们侦察发现并奇袭的是一个驾马车四处游荡的匈人部落。后来，酒精也为其他许多匈人带来了厄运。一位国王暴饮暴食以至死亡，而阿提拉也因为饮酒过度在新婚之夜暴毙。[6] 在历史学家普罗科匹厄斯看来，匈人"是全人类中最嗜酒的酒鬼"。[7]

如果佐西姆斯的数据没有夸大的话，4000辆车组成的车队可谓相当可观。这些车能迅速组成一个易守难攻的堡垒。军事作者维盖提乌斯对此印象深刻："所有野蛮人把车辆按照军营的样子连成一圈后，都安安心心进入梦乡，不再害怕突袭。"[8]正如罗马人所知道的那样，哥特语中表示这种"车堡"的单词是"carrago"。[9]匈人也吸纳了一些哥特语词汇。[10]若有人来犯，就会有箭雨从"车堡"上铺天盖地地倾泻下来。罗马人在阿德里安堡战役中遭遇过这种可怕的防御方式。在士兵能进行近身肉搏之前，罗马人就已伤亡惨重。[11]假设一辆车配备一个战士，要想不费一兵一卒就拿下4000名匈人战士，就必须像莫达勒斯那样等候时机。本来匈人躲在车堡里是很安全的，但喝醉后就另当别论了，他们没能及时进入车堡进行防御。

除了匈人妇孺外，莫达勒斯还抓了不少战俘。这些战俘都在车旁步行，他们并不是那些长着O型腿、艰难地踢踏着马靴的匈人。常常有很多匈人的狂热支持者加入游荡的匈人大军，他们中间有贫农、逃债的负债者、逃离主人的奴隶、在军队中经常被欺压的逃兵或者想要在战利品中分一杯羹的投机者。他们勉强跟着满载战利品的牛车前进。匈人没有把骑马的优先权让给这群招之即来的乌合之众，但是他们可以轮流在马车上休息。偶尔会有逃跑的奴隶或者士兵不去加入匈人的军队，而是聚集起来自称为匈人，并通过比匈人有过之而无不及的掠杀行径来让人们对他们的谎言信以为真。[12]

根据佐西姆斯的结论，莫达勒斯打击了巴尔干半岛上的匈人，给色雷斯带来了一段时间的安宁，使其得以免受野蛮人的侵扰。[13]为了嘉奖莫达勒斯，狄奥多西皇帝将这个哥特人任命为最高指挥官（Magister militum）。教父格列高利·纳齐安（Gregor von Nazianz）在两封书信中便用这个名号来称呼莫达勒斯。这两封信也透露了，莫达勒斯其实是个基督徒。[14]

狄奥多西本人也为恢复巴尔干的安宁出了一份力：在379年的夏季和秋季，他进行了几次对抗哥特人、匈人和阿兰人的会战。首都君士坦丁堡和帝国东西部的文人们并没有为他的胜利欢呼喝彩。然而在阿德里安堡战役之后，帝国在打击顽固的敌人时取得一点小小的成功就足以让人们感激不尽了。[15]第二年春季，人们就意识到这些成功简直不足挂齿。当时四处都传言说东部军队的重组困难重重，多瑙河沿岸防御松弛。于是，哥特人、匈人和阿兰人的军队又蠢蠢欲动，不久便越过多瑙河扑过来。而除了他们以外，马科曼尼人、夸迪人、萨尔马提亚人和汪达尔人也汹涌而来。[16]狄奥多西意识到帝国大难临头，他不得不向格拉提安寻求支援。在这位共治皇帝从西部赶来之前，弗瑞提格已经带领着瑟文吉人把伊庇鲁斯和希腊洗劫了一遍，而阿拉提乌斯和萨弗拉克斯则带领着格鲁森尼人把潘诺尼亚搅得天翻地覆。[17]与此同时，哥特人也学会了如何攻破要塞的城墙。由于潘诺尼亚的最高指挥官维塔利安（Vitalianus）是个无能之徒，当地的各个城市开始感受到了哥特人的威胁。[18]色雷斯城市尼科波利斯的居民们则向哥特人敞开了城门。他们被指责为懦夫，但他们用"皇帝的军队没法保护我们"这样的理由为自己的行为辩护。[19]

在接到狄奥多西的求助后，格拉提安首先派遣了最高指挥官包拓（Bauto）和副将军阿波加斯特（Arbogast）这两位法兰克人带着大军去往东方，把弗瑞提格的哥特军队从色萨利和马其顿赶到了色雷斯。[20]格拉提安于士兵之后抵达东方，他在亲临现场后迅速意识到，一时的胜利也并非长久之计，特别在阿拉提乌斯和萨弗拉克斯带着军队再次践踏潘诺尼亚的时候。但至少他还是取得了一定进展：在和抱恙的狄奥多西协商后，他同阿拉提乌斯和萨弗拉克斯签了和平条约。该条约向哥特人、匈人和阿兰人的"三民族大联盟"许诺了潘诺尼亚和瓦莱里亚的定居区,因为这片区域的地理条件适宜养马。[21] 弗瑞提格在376年以及阿德里安堡战役前夕两次向瓦伦斯皇帝提出过的请愿,就这样被格拉提安应允了。[22] 在弗瑞提格带领哥特人渡过多瑙河期间,罗马当局经过深思熟虑,决定只接纳有限的人口。罗马的先帝们在帝国领土上安置异族时就已经很重视这一点了。[23] 376年,由于人口大量涌入,罗马帝国的有关当局无法掌控全局,便进行了人口普查。[24] "三民族大联盟"中,阿拉提乌斯和萨弗拉克斯带领的民众数量便一目了然。同皇帝签订了盟约(foedus)的新移民们便获得了盟友(foederati)的身份。[25] 格拉提安许诺的生活物资由行省人民筹措,这是盟友们履行为皇帝征战的义务所获得的酬劳。而他们还有一项义务——守卫潘诺尼亚的多瑙河边界。他们并没有逃避这条符合自身利益的协议。因为在第二年,斯基利人(Skiren)、卡波达克人(Karpodaker)和匈人的联盟避开了他们,在远远的东边越过了多瑙河。匈人的各个部落依然很克制自己,不会凭一己之力袭击罗马帝国,他们更愿意加入其他部族的军事行动来"浑水摸鱼"。[26] 在一场对抗入侵者的战役中,狄奥多西赢得了胜利,把幸存者们赶回了多瑙河对岸。他对匈人的胜利也使得行省人民松了一口气,让他的年轻军队信心倍增。[27]

狄奥多西也很清楚,眼前的胜利只是暂时的,来自匈人的威胁依然存在。这位皇帝或许也已听闻,匈人正在准备再次大规模入侵。游牧民族的机动性总能使人猝不及防。而弗瑞提格带来的哥特人在帝国内部的危险也显现了出来。在阿德里安堡战役后的三年中,越过多瑙河进入巴尔干半岛后的六年中,这些哥特人四处游荡，一会儿袭击这个行省，一会儿袭击那个行省。由于兵强马壮，暂时没人能对付得了他们。人们参照了380年的和平条约及其双重目标——移民以及全境防御，只找到一种和睦的解决方法。382年秋，狄奥多西和哥特人缔结了协约。他给了哥特人位于多瑙河三角洲对面的、属于色雷斯教区的行省下默西亚（Moesia secunda）和小斯基提亚（Scythia minor）。除了380年的协约之外，移民们可以在那里实行自治，但也要和三大民族联盟一样为罗马帝国履行战时随军义务。狄奥多西基本上满足了弗瑞提格在阿德里安堡战役前给瓦伦斯皇帝的密信中提出的要求：只有当皇帝将整个色雷斯允诺给他时，他才能"成为未来的朋友与同盟者"，作为罗马帝国独立、自治的缔约伙伴来管辖哥特人。在罗马人与哥特人之间将实现"永恒的和平"。[28]

罗马从未给予异族移民自治权，因此瓦伦斯皇帝当时愤怒地拒绝了弗瑞提格的要求。现在狄奥多西却点头同意了。他希望自治权可以有效地鼓舞哥特人去保卫他们各部落得到的新疆土，而这些土地永远属于罗马帝国，并且他们不会同其他蛮族一起对抗罗马。历史学家尤内皮乌斯便有一段相应的摘录："皇帝接纳了他们，分给他们土地，是为了把这些人变成勇猛非凡、战无不胜的保卫者来抵御匈人的入侵。"[29] 383年，瑟米斯提乌斯（Themistius）就在向君士坦丁堡元老院发表的讲话中为皇帝的新政辩护，他这样反驳那些批评者："色雷斯白骨蔽野或者良田千里，哪个更好？"这位学识渊博的元老激情澎湃地演讲着，让其他上层人士想到了生活在他的故乡小亚细亚的那些加拉太人（Galater）。没人再把他们叫作野蛮人，因为他们早就成了真正的罗马人。哥特人也将如此。[30] 在罗马士兵离开军营（Kastelle）之后,这些新盟友就搬了进去。根据考古发现,他们同女人、孩子一起在那里生活。军营变成了拥有筑垒防护的乡村,住宅甚至加装了玻璃窗。这其中还有商业区和工坊。[31]

383年,罗马帝国军队中首次出现匈人和阿兰人雇佣兵。令人关注的是,这些人是最高指挥官、法兰克人包拓招募的——野蛮人招募野蛮人——他的政敌们以此为口实在宫廷中抨击他。阿拉曼的尤东吉人(Juthungen)入侵拉埃提亚,同一时间高卢的篡权者马格努斯·马克西姆斯(Magnus Maximus)也威胁要进军意大利,推翻十二岁的皇帝瓦伦提尼安二世——被谋杀的格拉提安同父异母的弟弟。人们也猜测,这位篡权者要求尤东吉人在拉埃提亚建立第二道前线。包拓用罗马军队封锁了阿尔卑斯山脉的隘口。为了抵抗尤东吉人,他只能依据380年签订的联盟合约把匈人和阿兰人从潘诺尼亚召唤来。这些游牧民族乐得打仗,因为他们在过去的三年中实在难以对农业种植产生热情。384年,骑兵们还没有接近拉埃提亚和高卢,马格努斯·马克西姆斯便已望风生畏。他宣称,如果瓦伦提尼安二世把这些野蛮人打发回家,他就放弃进军阿尔卑斯山。年轻的皇帝同意了,也给他的新盟友们支付了丰厚的报酬。就这样,高卢第一次进入了匈人的视野。[32]

马格努斯·马克西姆斯终究还是和匈人打起了交道。在长时间的犹豫后,狄奥多西在388年决定向这位篡权者进军。马格努斯·马克西姆斯在上一年攻占了意大利,迫使瓦伦提尼安二世流亡。现在狄奥多西将潘诺尼亚的匈人、阿兰人以及哥特人召集起来。阿谀奉承的帕卡图斯(Pacatus)给他拍马屁,称那些野蛮人是如何迫切地想要加入皇帝的麾下。[33]但这不只是奉承之辞,除了对皇帝的忠诚,野蛮人之所以这么热切,还是因为他们想起来,瓦伦提尼安二世四年前付给了他们大把金苏勒德斯，他们期待着狄奥多西也这样慷慨大方。马克西姆斯也预料到了这一点，为了削弱对手，他采取了一个古老的手段：他许诺给予倒戈者重金奖赏。一些野蛮人被金钱诱惑上钩了，佐西姆斯写道。但是他们的异心早早被发现了，当他们逃到马其顿沼泽地时便被逮捕并被处死了。[34] 逃兵不是很多，他们之中的一些匈人只是利欲熏心。大部分匈人和阿兰人还是对狄奥多西忠心耿耿，这主要是因为狄奥多西采用了一个效果显著的方法来针对马克西姆斯：涨军饷。因此他的战士们在进军中能够毫无怨言地忍受军资的匮乏，正如帕卡图斯所惊叹的一样。匈人们靠挂在马鞍下的肉干填饱肚子后，或许就会安稳太平了？[35] 物资匮乏的窘境很快就过去了，因为狄奥多西不久后就发现了马克西姆斯为入侵潘诺尼亚而建造的储备仓库。大主教安布罗斯深信不疑：基督为虔诚的皇帝打开了仓库的大门。[36]

萨瓦河和德拉瓦河的两场战役让篡权者的命运滑向无可挽回的深渊。狄奥多西占了上风，因为他成功地在战术上将罗马军团、哥特步兵和匈人－阿兰人骑兵战士团结了起来。[37] 此外，匈人的吼叫使得马克西姆斯的士兵从一开始就瑟瑟发抖。[38] 匈人还穿过萨瓦河——一条和他们故乡草原的大河相比十分狭窄的小河——成功向敌人发动了奇袭。但在罗马人看来，他们不应该得到太多的荣誉，因此罗马人帕卡图斯并没有提及匈人的名字，他在第二场战斗中提到的箭雨也没有在这里记录下来。[39]

狄奥多西很清楚他能从野蛮人身上得到什么。当他在394年讨伐第二个篡权者弗拉维乌斯·尤吉尼乌斯（Flavius Eugenius）时，他又让哥特人和阿兰人为他效力。"他从色雷斯行省召集了大量的匈人和他们的部族首领。"[40] 在过去的几年里，总是有没被莫达勒斯的攻击吓倒的匈人军队在酋长的带领下越过多瑙河。除了骑兵和步兵，他们还组建了由酋长领导的骑射手部队（hippotoxotaí）。哥特人由盖伊纳斯（Gainas）和阿拉里克（Alarich）指挥，阿兰人则由一个名叫扫罗的人指挥，或许他也是阿兰人。[41] 狄奥多西不得已采用了一种古法：自从共和国一蹶不振以来，罗马将领们反复不停地吸收异族士兵组建军队，这些异族士兵仍然使用原来的武器和作战方式，为他们自己的首领服役。[42] 六年前，非罗马人或许并没有完全成功挤入军队及指挥系统，而现在时间如此紧迫，这也完全无法实现。因此马克西姆斯的胜利使得狄奥多西的士兵们纷纷倒戈。

尤吉尼乌斯也同样招募了一大批野蛮人参军。双方在394年9月5日在冷河（注入伊松佐河的维帕瓦河附近）首次短兵相接，杀戮从黄昏持续到了深夜，这在狄奥多西看来并不乐观。他的后备军队在阵地的最前沿遭受了重大损失，尽管有关哥特人阵亡了10000名士兵的说法可能有所夸大。[43] 篡权者已经在庆祝胜利了，[44] 但是他们高兴得太早了。因为第二天就发生了意外：当狄奥多西于黎明时分再次整兵备战时，他的背后刮起了一阵布拉风——达尔马提亚海岸的一种可怕的冷下行风。皇帝的野蛮人士兵和昨日一样列在阵地前沿，抓住了这个战机。布拉风延伸了匈人三棱箭头的射程，增强了其冲击力，同时又把沙子吹进了尤吉尼乌斯麾下士兵的眼中，使他们无法拔出武器应对敌人。9月6日晚，篡权者输掉了战役，也丢了性命。[45]

"Fortes Fortuna adiuvat"——"命运眷顾勇者"，尤其是当勇者还是合法的皇帝时。狄奥多西和尤吉尼乌斯手下那些受过教育的官员们会想到这句谚语。但是狄奥多西是个严格的基督教徒,他并不认为给他送去布拉风的是异教的命运女神(Fortuna)。最令皇帝尴尬的是,他的胜利和他对整个罗马帝国的统治主要归功于他旗下的野蛮人——其中就有可怕的匈人。[46] 不久后就有一则故事流传开来,该故事或许是从他的军营中传出去的,在虔诚的基督徒中间颇受欢迎:对尤吉尼乌斯的胜利使得罗马元老院中那些异族贵族们心花怒放。上帝以这场胜利证明,异教神明的时代终结了。狄奥多西有如第二位摩西。当他意识到军队陷于不利境地时,便攀上了能让他俯瞰两条战线的高岩,虔诚地祷告,向上帝恳求胜利。而上帝满足了他的请求。[47]

当狄奥多西向西部进发时,他让17岁的儿子阿卡狄乌斯(Arcadius)返回君士坦丁堡去治理帝国东部,并让近卫军长官鲁菲努斯(Rufinus)伴在左右,阿卡狄乌斯此前已在383年被册立为共治皇帝。[48] 393年,他将10岁的儿子霍诺留册立为帝,让这个小毛孩统治帝国西部。因此在战胜尤吉尼乌斯后,狄奥多西便把霍诺留送去了米兰。不久后的395年1月17日,狄奥多西突然死亡。后世的一则传说稍稍宽慰人心:和之前对抗马克西姆斯时一样,狄奥多西在394年也派人探访了埃及沙漠中的隐居者约翰。约翰预言道,他将打败篡权者,但不久后就会在意大利告别尘世。[49]

狄奥多西在驾崩前,还将他侄女赛瑞娜的丈夫,弗拉维乌斯·斯提里科(Flavius Stilicho)任命为幼帝霍诺留的监护人。斯提里科曾在对抗尤吉尼乌斯的战役中同老将军提玛西乌斯(Timasius)一起运筹帷幄。[50] 他曾在色雷斯担任指挥官,或许正是他在那里招募了匈人。[51] 当他在胜利后任命年轻匈人担任护卫时,他同匈人们结下的亲密关系起了很大作用。因为这位在军队中担任高官的汪达尔人后裔无论是在帝国东部还是西部都招惹了不少敌人，而且敌人的数量还在逐年增长。他出现在公共场合的时候都有身骑骏马、装备精良的匈人军队簇拥左右，这一方面是对他最好的保护，另一方面是一种权威的展示，引得一些人颇为不快。[52]

斯提里科在酬劳上慷慨大方，待人亲切和蔼，这使得他广受爱戴，他的护卫们也忘却了自己游牧民族的身份。此外斯提里科还会为不让护卫们太过思念家乡的妻子而操心。与此同时，他在君士坦丁堡的对手——近卫军长官鲁菲努斯也带着一帮匈人随从，穿着哥特式服装。[53]甚至奥古斯都皇帝及其继任者也有日耳曼人护卫。[54]这些男人身强力壮，而他们另一个优势便是不会说拉丁语，因此也不会被敌人策反或者贿赂。皇帝卡拉卡拉（Caracalla）也用斯基泰人和凯尔特人组了一个护卫队，命名为"雄狮"。[55]然而假如敌人谋划了精明周全的暗杀计划，人身安全仅靠这么一支护卫队也不能得到完全的保障。奥古斯都的侄孙和下下任继承者卡里古拉在公元41年就因此尝到苦果，而217年的卡拉卡拉皇帝也是同样。408年的一个深夜，斯提里科的匈人护卫在睡梦中被袭击杀害，斯提里科本人随后便被废黜。他的敌人知道，护卫们会报答他的善行，为了守卫他而誓死作战，"毫不顾及自己"（sine sui respectu）。阿米阿努斯·马尔切利努斯在谈及匈人在作战中无条件的献身时如是说道。[56]斯提里科自己也曾用过这个计策。395年11月，"在鲁菲努斯的匈人卫兵被清理了之后"，斯提里科派人刺杀了这位竞争对手。[57]

第六章

罗马帝国：自助仓库

零零星星的匈人军队越过多瑙河骚扰色雷斯的行为对狄奥多西来说只是恼人的小麻烦，甚至他还能够利用现状来为自己争取优势，因为入侵者们可以为他提供武装支持并获得他发放的酬劳。普通民众则要尽可能地学会自救。386年左右，圣希帕提乌斯（Hypatius）和24位僧侣一同在色雷斯建造了一座修道院。他把这座修道院连同其他建筑物一起改造成了一座小堡垒，"因为附近的匈人没完没了地在这片地区劫掠"。[1] 若匈人进攻帝国东部，那狄奥多西就只有一条退路了：把帝国西部交给尤吉尼乌斯，甚至如他四年前对待篡权者马格努斯·马克西姆斯一般，将尤吉尼乌斯册封为共治皇帝。在这段时期内，也没有匈人国王敢把分散的族群聚拢起来，向作为统帅威名远扬的皇帝发起挑战。

395年1月底和2月，在多瑙河和里海之间的土地上，四处都有传言说狄奥多西已经驾崩。他涉世未深的幼儿阿卡狄乌斯在近卫军长官、重臣鲁菲努斯的辅佐下统治着帝国的东部，而同尤吉尼乌斯作战的罗马军队此时还没返回东部。对于匈人而言，这岂不是在攻打厄尔曼纳里克的哥特帝国25年之后大规模进攻东罗马帝国的大好时机？

至于匈人是否抓住了这个时机，是否商定好了同时出兵，后世的希腊或者罗马文人都没有记载。一篇不怀好意的文献宣称，鲁菲努斯把匈人引入帝国是为了挫败他的死敌和竞争对手斯提里科。鲁菲努斯的鼓吹手克劳迪阿努斯首先坦然承认了这种说法：正如风神埃俄罗斯掀起风暴，鲁菲努斯则为无处不在的野蛮人铺平了道路，并把灾祸散布到了整个帝国，没有地区能幸免。[2] 匈人是多瑙河下游对岸第一个驾车越过冰河的部族，[3] 其他生活在多瑙河中游地区的部族紧随其后。一部分被狄奥多西安置在下默西亚和斯基提亚用以抵抗匈人的哥特人则仓皇逃走。他们若有罗马军队助阵，或许能像在对抗马格努斯·马克西姆斯和尤吉尼乌斯时那样表现得更为英勇一些。然而现在，他们在阿拉里克的带领下——他在394年指挥哥特军队抗击过尤吉尼乌斯——穿越默西亚和色雷斯，直奔君士坦丁堡，并且在376年和378年的前两次劫掠后再一次洗劫了各罗马行省，在这一点上他们和掠夺成性的匈人半斤八两——这也是二者都被称为"斯基泰人"的原因之一。阿拉里克在首都的大门前停了下来，鲁菲努斯为了摆脱阿拉里克及其兵卒，便和他们缔结了新的联盟，并给他们分派了东边伊利里亚的土地，要他们去粉碎斯提里科为西罗马帝国索要马其顿和达基亚辖区的计划。这群哥特人领命而去，并且劫掠和破坏了他们所经过的地区。[4] 阿卡狄乌斯在396年授予了他们的领袖阿拉里克"伊利里亚最高指挥官"的头衔，阿拉里克甚至因此而得意扬扬。

这期间，两位匈人首领巴西克（Basich）和库尔西克（Kursich）在米欧提斯湖边集结起大军，想要去高加索山的另一边捞些好处。文献中首次提到的这种匈人"双王"共治的现象由来已久。普利斯库斯在阿提拉的宫殿里听到了一些有关双王及其行军的近况：巴西克和库尔西克是匈人中的王族，但人们不承认他们"王"的头衔，因为那时匈人没有国王。两位都是阿米阿努斯·马尔切利努斯谈及过的贵族成员。[5]饥荒和关于罗马人深陷战争泥潭不能自拔的消息促使他们在395年起兵。此时东西帝国之间的矛盾、鲁菲努斯和斯提里科之间的争斗引发了君士坦丁堡和阿拉里克及哥特人的纷争。狄奥多西派往攻打尤吉尼乌斯的军队始终没有全部返回,这为匈人再次袭击罗马帝国东部提供了有利的条件。

巴西克和库尔西克越过顿河,穿过草原向南挺进,直达高加索山,然后从里海山口(Caspia claustra)翻越高山。他们的目的地是亚美尼亚和马拉蒂亚。也许他们在那里分道扬镳,有的人进入小亚细亚,有的人沿着幼发拉底河前进,去叙利亚碰碰运气,"运气"在这里指的是抢劫与谋杀。[6]"他们无处不在,奇袭不断,臭名昭著。无论虔诚与否、尊卑与否都不在意,无论对老人还是幼儿都毫无怜悯",伯利恒的耶罗尼米斯如此写道。他出于恐惧应该对此毫无隐瞒。当敌人袭来、意图玷污圣洁的处女时,僧侣和修女们便逃离了隐居之处,急忙赶到海边,想要立刻找到一艘小船逃离此地。[7]但没多久他们便可以稍稍松口气了。因为和往常一样,匈人肆意搜刮猎物、满载而归,活动范围因战利品的拖累而大大缩小。

在叙利亚定居的基督教诗人库里洛纳斯(Cyrillonas)在一次祷告中恳求从蝗灾和匈人之祸中得到解脱。他描述蝗虫时似乎在暗讽更为罪不可赦的匈人:"成群的蝗虫振翅飞行,铺天盖地。我们得到的不是雨滴,而是剑锋;不是露水,而是长矛;我们看见的不是滋润大地的云翳,而是割伤庄稼的斧刃。"这位诗人绝望地向上帝发问:"我的主啊,若匈人将胜过我,我又为何要通过殉教寻得庇护?"[8]人们猜测库里洛纳斯生活在埃德萨。这座城市由罗马人与哥特人混编的军队守卫,此时受到了匈人的进攻。《埃德萨殉教者档案》以匈人的猛攻为开头讲述了这个故事,并补充记载掠夺者们抓走了不少俘虏。[9]匈人继续向底格里斯河和阿米达(Amida)城逼近。当地人都逃进了阿米达周边的数座军事堡垒,但是匈人们攻占并摧毁了堡垒,屠杀了反抗者,俘虏了剩余的人。伪狄奥尼修斯(Pseudo-Dionysius von Tel-Mahre)的《叙利亚编年史》中有关地理的记录详尽可信,作者也为匈人的残暴所震惊。[10]然而接下来,匈人与波斯王叶兹底格德一世统帅的大军爆发了战斗,被波斯军队夺走了大部分战利品。普利斯库斯并没有刻意隐瞒匈人的败绩。[11]用叙利亚语写成的《至726年的世界混合编年史》(又名《哈里发之书》)记载得更为详尽:叶兹底格德释放了18000名被匈人所掳的战俘,并赠予他们面包、葡萄酒、枣椰酒和油。[12]《埃德萨忏悔者档案》还记录道,匈人第二年又攻击了埃德萨,这次他们和波斯人结成了同盟。[13]到397年,耶罗尼米斯告知从伯利恒逃到罗马的罗马女贵族法比奥拉,巴勒斯坦重归安宁——这是在暗中请求她返回故土。[14]

匈人在398年再次翻越高加索山,侵入小亚细亚后,攻占了卡帕多西亚和弗里吉亚。彼时君士坦丁堡的司库大臣欧特罗庇乌斯(Eutropius)——"皇家内宫主管"——逐渐权倾朝野,而匈人离君士坦丁堡已不远了。抗击匈人的军事行动对这位宦官来说是一次绝佳的机会,他可以借此来巩固权力、打击对手。因此他召集哥特骑兵,把匈人赶到了亚美尼亚。作为回报,欧特罗庇乌斯在399年要求出任罗马执政官。他是第一位担任执政官的宦官,这份荣誉却不能为他保住项上人头。欧特罗庇乌斯没等到任期结束便被推翻了,不久后遭到处决。[15]

第七章

匈人国王与罗马皇帝

399年，哲学家与政治家昔兰尼的辛奈西斯在阿卡狄乌斯皇帝和君士坦丁堡元老院面前发表了一次演讲，严厉地批评了军队的蛮族化趋势，要求建立一个由皇帝统帅的、仅由罗马人组成的军队——这是一个几乎不可能实现的幻想。这位演讲者对多瑙河彼岸的匈人有着敏锐的察觉力，他反对用金钱购买和平的"送礼"政策。[1]但是对罗马皇帝来说，安抚异族人的花销其实还没有一次征战的军费开支来得昂贵。皇帝并不会说这是给异族国王的贡金，而是抢在批评家发难之前将其称为"国礼"（dona 或 stipendia）。在批评家们眼中，这种金钱交易是对伟大罗马帝国的侮辱，因为本应该是被征服的民族向罗马缴纳贡品才对。

辛奈西斯所说的金钱并不是狄奥多西给攻打马格努斯·马克西姆斯和尤吉尼乌斯的匈人士兵发的军饷。他口中的金钱交易发生的时间要晚于398年欧特罗庇乌斯击败匈人的战役，或者在匈人入侵默西亚和色雷斯之后。399年，也就是在演讲的这一年，一大笔钱进入了匈人王乌尔丁的腰包，他因此撤回了在多瑙河南岸准备发起新一轮攻势的军队。乌尔丁的名字第一次出现在希腊和罗马的文献里时是在400年。375年，巴兰比尔大王大战厄尔曼纳里克率领的哥特人军队。在巴兰比尔之后，乌尔丁成为第二个著名的"统领匈人"的国王。[2]

君士坦丁堡城内旷日持久的权力斗争使得乌尔丁在400年成为第一个涉足罗马内政的匈人统领,他被后世文献冠以"国王"的名号。乌尔丁不会只满足于招募士兵。哥特人盖伊纳斯——狄奥多西麾下攻打尤吉尼乌斯的一员猛将——在399年除掉了欧特罗庇乌斯,被任命为最高指挥官。第二年他的政治计划失败后,他就带着哥特随从们踏上流亡之路,穿过色雷斯,越过多瑙河。他想在故乡安家落户,但家园已成了匈人的天下,这里的原住民们失去了一切。乌尔丁通过大大小小的战役巩固疆土,逐渐歼灭了盖伊纳斯的追随者,到最后盖伊纳斯也在劫难逃。乌尔丁砍下了盖伊纳斯的首级,给它涂油防腐,送给了阿卡狄乌斯。[3] 此外他还献上了所获的战利品,以此作为对罗马人发放军饷的谢礼。匈人国王满心期待这份礼物能再唤来皇帝的使者,给他送上一大袋(saccus),而非一小包(sacculus)金苏勒德斯。要知道,不止历史学家阿米阿努斯·马尔切利努斯一个人提到过,匈人"对黄金异常贪恋执着"。[4]

乌尔丁如愿以偿。阿卡狄乌斯的使者甚至还带来了更多的奖赏:一份联盟协议。罗马皇帝与匈人国王签订协约,承认多瑙河彼岸的新兴势力,这在史上还是第一次。[5] 盖伊纳斯的首级在401年1月3日在君士坦丁堡被公开展出。显而易见,它是这份协约得以签订的原因。[6] 匈人盟友为阿卡狄乌斯和东罗马帝国除去了一个图谋政变的反叛者。[7] 自罗马共和国晚期以来,在血腥的权力斗争后,胜者往往会展出败者的头颅来与党羽们庆功,同时以儆效尤。基督徒阿卡狄乌斯自然也不例外。[8]

人们可以确定401年协约的某些细节:阿卡狄乌斯需要军事援助时,乌尔丁不得拒绝。为此皇帝承诺会遵循先皇的先例,每年向他送上礼金。这份协约为靠近多瑙河防线前沿的君士坦丁堡带来了一段时间的和平,但却促使匈人把目光转向了西方,他们向西挺进,引发了两次民族大迁徙,一次持续时间短,由拉达盖苏斯(Radagaisus)率领;一次持续时间长,首先进入高卢,不久后进入西班牙,最后抵达阿非利加。

拉达盖苏斯组建了一支庞大的军队,据某一记载称足足有20余万人,而另一部文献中甚至称其有40万人。军队里大部分是哥特人,其中很多人对约达尼斯笔下所谓的"匈人统治下的和平"相当不满。[9]此外大军中还有日耳曼人和凯尔特人。[10]拉达盖苏斯参照阿拉里克的行迹,也带着军队向意大利挺进,并怀着一丝在那里定居的希望。但他们先把北意大利狠狠地劫掠了一通,而最高指挥官斯提里科还需要一段时间才能聚起一支更大的军队。这是因为斯提里科此时正在"尽可能多地招募阿兰人和匈人盟友",其中就有乌尔丁。[11]物资匮乏迫使拉达盖苏斯把他的军队一分为三。他率领着第三支部队进军佛罗伦萨,却在附近的菲耶索莱高地上被斯提里科的军队包围了。现在乌尔丁和他的匈人士兵们给最高指挥官好好地卖了次力:他们骑着快马压制了所有的突围行动。拉达盖苏斯试图逃跑,最后却落入了乌尔丁的手里。[12]在盖伊纳斯之后,拉达盖苏斯成了第二个死在乌尔丁手上的哥特人,他被斩首于佛罗伦萨城门前。那天是406年8月23日。[13]他的头颅被高悬起来,陷入包围、饥肠辘辘的士兵们看见后便立刻投降了。接下来乌尔丁和萨鲁斯(Sarus),一位与斯提里科结盟的哥特人长官,充分展现了他们的商业头脑:他们把俘虏卖为奴隶,一人一个金苏勒德斯。[14]买一个奴隶只需要支付一个金苏勒德斯,这可是赔本价,利欲熏心的乌尔丁本可以要价更高的。但是若商品供大于求，价格自然便上不去，这是有史以来的铁则。在此期间，斯提里科将12000名哥特贵族纳入了罗马军队。[15]拉达盖苏斯的另外两支军队也被袭击了，剩下的残兵败将都死于瘟疫。据奥古斯丁记载，共有10万人殒命。[16]

"为了保卫罗马人"（praesidio Romanorum），乌尔丁和萨鲁斯加入了斯提里科的防御战，奥罗修斯这样注释道。这位历史学家在两种心态之间摇摆不定——一方面他十分惧怕野蛮人的力量，另一方面又心存幻想，期待他们会有一天不仅成为罗马良民，还能成为品行良好的基督徒。[17]他批判斯提里科对野蛮人过于友善，[18]这位最高指挥官也的确如此。在战胜拉达盖苏斯后，他挑选了300名匈人，将他们送去拉韦纳，用以护卫皇帝霍诺留和他的行宫。他们在那里听命于行政长官奥林匹乌斯，并且作为皇家近卫军领取更高的军饷。他们在动荡不安的408年证明了他们的价值：和霍诺留反目的阿拉里克携哥特同族逃入意大利，并组织了向罗马的第一次进攻。当时阿拉里克的姐夫阿陶尔夫在潘诺尼亚集结了一支军队，他便邀请阿陶尔夫一同行动。阿陶尔夫应允后也向意大利扑来。当他的军队路过拉韦纳时，霍诺留命令那300名匈人随军前进。在奥林匹乌斯的率领下，他们在比萨袭击了入侵者，杀敌1100人，自己仅仅损失了17位士兵。敌军死者中必定也有匈人，因为阿陶尔夫麾下有"数量不少的哥特人和匈人"。[19]同年，奥林匹乌斯命人杀害了斯提里科手下那些尚在睡梦中的匈人卫兵，扳倒了他这位竞争对手。为了谨慎起见，他只向哥特人萨鲁斯和他的军队下达了这道屠杀令。[20]

在与阿拉里克和拉达盖苏斯作战后，斯提里科的军队要从莱茵河前线撤退了。[21]西边薄弱的防守和东边来自匈人和哥特人的压力又引发了一场迁徙大潮,汪达尔人首先发难。罗马帝国的汪达尔盟友在335年左右从君士坦丁大帝那里获封了潘诺尼亚的土地,而现在他们宣布要与罗马撇清关系。他们和阿兰人结盟,而这群阿兰人在斯提里科对抗拉达盖苏斯的战役中并不怎么靠谱。[22]多瑙河左岸边的夸迪人也加入了联盟。耶罗尼米斯在一封信中还提到了萨尔马提亚人、格皮德人、赫鲁利人、萨克森人、勃艮第人和阿拉曼人。最后他不无惊讶地谈到了敌对的潘诺尼亚人——"噢,这令人怜悯的民族"——他们也同野蛮人一起踏上了征程。[23]这些潘诺尼亚人来自贫困的农民阶层,而潘诺尼亚的上层人士则向意大利逃去。[24]奥罗修斯和佐西姆斯把目光主要集中在了三个大民族身上:阿兰人、苏维汇人和汪达尔人。他们在406到409年间洗劫了高卢,然后越过比利牛斯山,在西班牙定居下来。然而耶罗尼米斯应该也听说过他的潘诺尼亚故乡另一边的小部族,他们沿着多瑙河迁徙,遇上了更大的群体。勃艮第人在美因河流域也加入了大潮。[25]据普罗科匹厄斯记载,迫使汪达尔人开始流亡的是一场饥荒。[26]

斯提里科并不像他的敌人所批评的那般行事草率。[27]他把防御莱茵河边界的重任交给了法兰克人盟友。[28]他们履行了义务,同汪达尔人针锋相对。在一场战役中,汪达尔国王戈德吉赛尔(Godegisel)和他的两万名同族战死。如果这个数字是准确的,那么大部分在多瑙河北部定居的汪达尔同族们一定也和潘诺尼亚的汪达尔人一起加入了迁徙。若不是阿兰人国王雷斯本迪亚尔(Respendial)及时赶来支援的话,汪达尔人的败军便会被全歼。[29]在406年12月31日,野蛮人们跨过了莱茵河中段,高卢长达三年的受难岁月开始了。[30]在此期间,匈人已经遍布了潘诺尼亚。[31]

十六个月后，408年5月1日，皇帝阿卡狄乌斯在君士坦丁堡逝世。他的儿子，年仅七岁的狄奥多西二世登基，由近卫军长官安特米乌斯摄政。当乌尔丁听闻君主更迭之后，便召集了匈人和斯基利人组成大联盟，在380年后第二次入侵默西亚和色雷斯。[32] 他与阿卡狄乌斯的联盟关系早已脆弱不堪，罗马皇帝的死亡并不能阻止这位匈人国王借挑衅东罗马帝国来巩固自己的领袖地位。这次军事行动迎来了开门红，考古学家发现了70多座在该时期被摧毁的边界城市与罗马军营。[33]

卡斯特拉·马尔蒂斯城因为有人通敌而陷落了。乌尔丁在色雷斯几乎没有遇到抵抗，他甚至轻蔑地拒绝了君士坦丁堡开出的求和价码。乌尔丁自信地驳斥了试图和谈的色雷斯最高指挥官，声称占领日光之下的所有土地对他来说轻而易举。乌尔丁边说还边用手指着冉冉升起的太阳。然后他提出了一个天文数字，表示罗马人可以用这么多金钱来换取和平，否则就得准备迎战了。在教会史学家沙卓门眼中，这位野蛮人会因其傲慢自大而遭受上帝的惩罚。[34] 罗马人替上帝帮了大忙：他们贿赂了乌尔丁的随从和将领，这些人随即倒戈，加入罗马军队。这之前他们互相讨论了罗马的政治制度和皇帝的宽容仁慈，了解到皇帝会给予勇士奖赏。匈人之中早就流传着这样的传闻——为罗马帝国打仗比打家劫舍还赚得更多，尤其除军饷外还有战利品可拿。由于众叛亲离，乌尔丁只好逃回了多瑙河对岸，几乎仅以身免。一位军事首领或者国王的地位并不建立在对王朝的忠心之上，而是建立在他的军事能力和战时运气之上，乌尔丁可以说就是一个活生生的证明。军事能力和战时运气给予了他的战士们胜利的机会，胜利能让他们摆脱过去草原上穷困潦倒的生活。无所谓是攻击还是防御，只要战胜对手就能得到一个有保障的未来——这样的意识大行其道。

失去统领的斯基利人被罗马的色雷斯最高指挥官打得落花流水。409年4月21日颁布的一道诏书则规定了处置这些幸存者的办法。《狄奥多西法典》（Codex Theodosianus）中保留了以狄奥多西二世的名义在这历史性的一刻发表的这份诏书文本："我们征服了斯基利人，一个野蛮的民族。众多与斯基利人结盟的匈人军队也被我们驱逐出境了。"[35] 现在皇帝允许地主把斯基利人买作奴仆，他们的法律地位是"coloni"，即被限制在土地上的隶农。沙卓门还补充道，他们的售价很低，有的甚至是免费的。但是《狄奥多西法典》和沙卓门都强调了一个前提条件：斯基利人不能迁到色雷斯和伊利里亚——在沙卓门的记载中则是君士坦丁堡或者欧洲——也就是他们故乡的附近。斯基利人不会再有机会和匈人结盟了。皇帝首先考虑的是要发展小亚细亚的农业，那里还有很多"未出售"的斯基利人可供驱使。沙卓门后来在山丘起伏的比提尼亚碰见了他们，他们在各个村庄里种庄稼。通过这种定居形式，罗马人也提前规避了他们某一天又再次结盟叛乱的危险。[36]

狄奥多西二世的诏书里没有提到加入罗马军队的匈人。但皇宫里的人都清楚，匈人是不适合做隶农的。阿米阿努斯的结论始终是适用的："他们之中没有人会耕地或者使用耕犁。"[37]

这些匈人倒戈者对于东罗马帝国来说是一把双刃剑。因为在409年爆发了一场大饥荒，君士坦丁堡受灾严重。[38] 从埃及运来的粮食补给中断了，首都周边地区也无力补上亏空。在这期间，西罗马帝国同阿拉里克的谈判在拉韦纳提上日程。阿拉里克再次要求皇帝论功行赏，封他为最高指挥官，此前斯提里科已在405年第二次授予了他这个头衔。他还为他的哥特同族们索要诺里库姆的土地以及岁币和粮食。然而霍诺留却一口拒绝了，为什么他得向阿拉里克妥协呢？他刚刚召集了一万名匈人来制衡阿拉里克。只有佐西姆斯记载了这次调动，但却没有写这一万人是从哪里来的。[39] 那些从乌尔丁手下逃走的是匈人吗？狄奥多西二世的近卫军长官安特米乌斯宁可把他们送去霍诺留帐下，也不愿让他们撤走从而减轻君士坦丁堡的财政和物资压力。这不难理解，因为皇帝事先就在拉韦纳做好了准备：他命令达尔马提亚省提供粮食和大小家畜。对于行省人民来说，这种供给是一种额外的赋税。[40] 但若匈人向西流窜，他们从纳税人那里抢走的财物可就比这种赋税要多得多了。然而文献中没有记载他们究竟缴纳了多少物资，仅仅提到安特米乌斯往拉韦纳送了4000名男子去护卫霍诺留。这位皇帝已经计划好，阿拉里克一打进来就从都城逃走。[41] 他们无法阻止这位哥特人在410年8月24日侵占罗马，震颤整个罗马世界。自从公元前387年高卢入侵以来，帝国辉煌的首都，伟大的象征在800年间从未落入过异族之手。

那一万名匈人拿到赏钱和物资并渡过多瑙河离开罗马后，或许就已经意识到了乌尔丁无力惩处他们的不忠行为？不止他们，匈人首领们在退回多瑙河后就从希腊和罗马的文献中消失了。接下来的时间里，不论是在东罗马还是在西罗马都没有大型军事冲突记载在册。422年，在乌尔丁入侵近15年后，文献才又记录了一起匈人袭击色雷斯的事件。这段时期之所以和平，背后有如下几个原因：罗马人和匈人之间维持的外交关系；精力充沛的近卫军长官安特米乌斯竭力布防；匈人开始尝试放弃游牧生活，在多瑙河以北定居。

奥林匹奥多鲁斯（Olympiodorus）曾经出使过匈人的地界，他在一部希腊文的历史著作残篇中提到过罗马和匈人的外交关系。尽管残篇的大背景存在着一些难以解答的问题，但它的细节十分富有启发意义：[42] 奥林匹奥多鲁斯"谈到了多纳图斯、匈人、匈人国王精湛的弓术以及他的出使经历。他隐去了海上的迷航与危情，讲述了多纳图斯是如何受到誓约的蒙骗被谋杀的，一人之下万人之上的查拉通是如何妒火中烧，又是如何被皇帝的赏赐安抚下来的。十卷本的历史著作便以这样的故事结尾"。

根据残篇记录，奥林匹奥多鲁斯在412年或者413年出使匈人，是拉韦纳的皇帝霍诺留派他去出使蛮族的吗？[43] 如果真是这样，那么他应该横渡了亚得里亚海北部的海角，但在那里人们既不会迷航也不会遭遇危险，只有走陆路碰上四处游荡的哥特人时才可能出现险情。奥林匹奥多鲁斯早前受到君士坦丁堡的狄奥多西委托，前往黑海和亚速海以北同匈人谈判。他带上了他那只养了20年的鹦鹉。匈人对这只草原上没有的小鸟惊叹不已，因为鹦鹉能模仿所有的人类行为，会跳舞、唱歌，会叫人的名字。[44] 奥林匹奥多鲁斯在匈人那里碰上一位名叫多纳图斯的男人时也十分惊讶，因为这是个拉丁文名字。他或许是个逃到匈人那儿去的罗马人，这种事在后来屡见不鲜。[45]

奥林匹奥多鲁斯把领头的匈人称作国王，拉丁语叫作"reges"。但是查拉通只是这群人中的首席，他们之间地位相等，所以这些人不如说是贵族。他们的弓术出神入化，甚至胜过那些被誉为神射手的同族人。作为战场和猎场上的领袖，这些国王必须百步穿杨，能力出众。他们在使者面前无不骄傲地来了一场骑射表演。

奥林匹奥多鲁斯在返回后向皇帝传达了这场表演隐含的警告意义，也在他的历史著作中记载了这次经历。为了保持并提高弓术水平，骑手和马匹都需要不断训练。贵族们的动力来自他们能得到的各类好处：更多的战利品，战败者献上的更多物资，还有大量的俘虏可以用来帮他们处理日常事务。

多纳图斯似乎因卷入了一场匈人的内部争斗而惨死。这件事违背了查拉通的意愿，他怀疑君士坦丁堡的宫廷是否在干扰他的内政。人们猜测，多纳图斯或许曾经是一位罗马官员或军官，他是不是给某个匈人部族指了路，背着查拉通与他们共谋入侵罗马帝国？毕竟多纳图斯不是第一个用这种方式来为自己遭受不公待遇复仇的罗马人。[46] 奥林匹奥多鲁斯的任务是不是给查拉通一大笔钱来认可他的统领地位，在匈人内部息事宁人从而维持罗马帝国边境的和平？誓言给多纳图斯带来了不幸。出于宗教原因，这位匈人国王显然并没有因为誓言被打破而发怒。

用钱来拴住一个匈人首领，其效果正如水滴落在滚烫的石头上，很快便蒸发掉了。罗马人绝不能把多瑙河和界墙的防御任务托付给查拉通。彼时在君士坦丁堡呼风唤雨、玩弄权术的近卫军长官安特米乌斯很清楚这一点。他从378年的事件中汲取了教训，命人在412到417年间修建了君士坦丁堡的狄奥多西城墙。这座城墙能在大范围内保卫首都免遭侵袭。[47] 这座防御工事的外观就足以震慑敌人：宽10米、深5米的壕沟后是一道3米厚、8米高的外墙。外墙上每70米就有一座半圆多面塔楼，它们之间有城墙通道相连。外墙和主墙相距15米，主墙高15米，宽4.5米，十分雄伟。

着为了控制东至黑海，北至多瑙河下游和河口地带的下默西

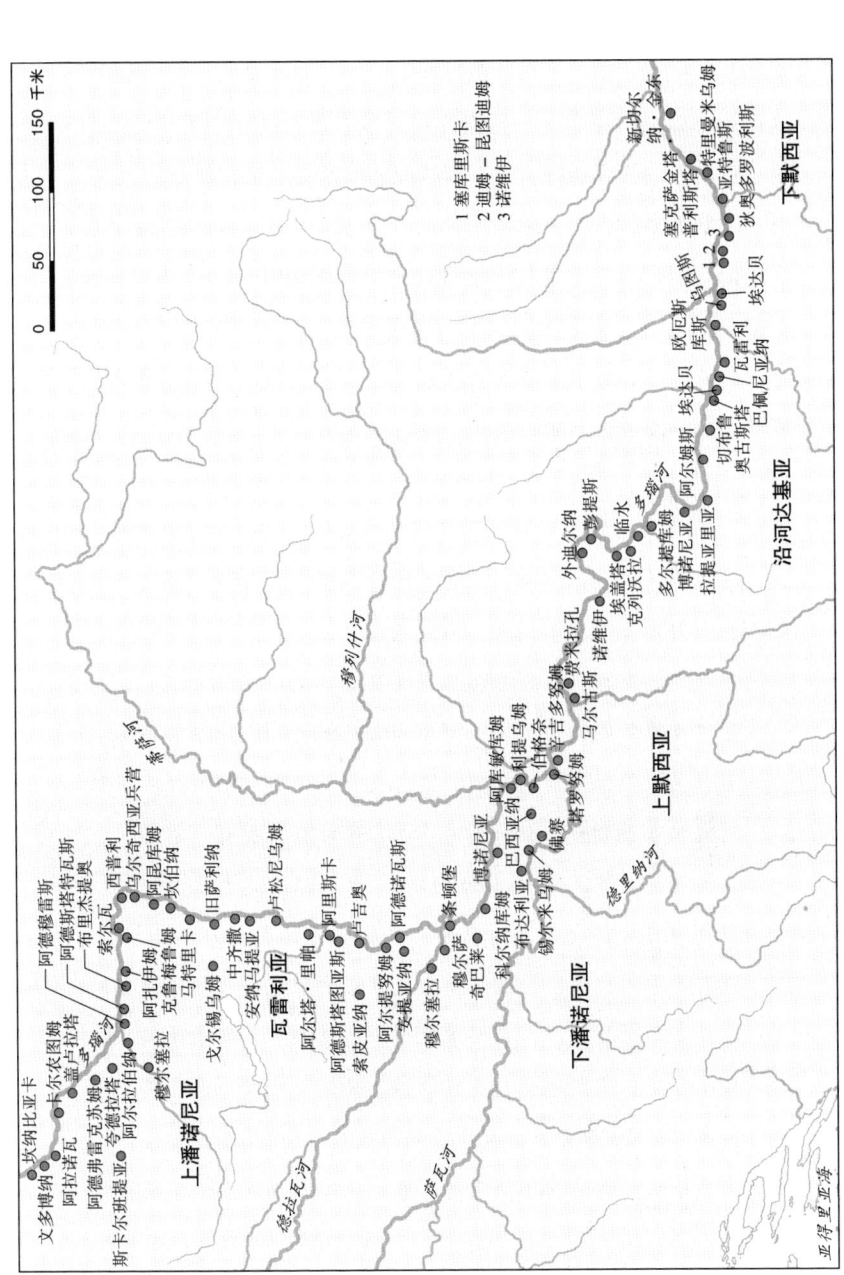

罗马帝国晚期在多瑙河中游和下游的军事据点与民众定居点

亚和斯基提亚，安特米乌斯也遵守412年1月12日的诏书的要求。这份诏书以两位皇帝——霍诺留和狄奥多西二世——的名义传达给了色雷斯的最高指挥官，下默西亚和斯基提亚都在他的辖区内。对于《狄奥多西法典》的编撰者来说，这篇诏书的内容在30多年后仍旧应景，以至于他们不能像往常一样缩减其中的关键句。他们把整篇诏书一字不差的收入了法规大全中，并给它拟了一个标题。[48] 这篇诏书使用了备受古代晚期文官偏爱的语言风格和多重复句，可以说是这方面的范文：

> 我们决定给默西亚的界河（limes）拨90艘新造的巡逻船（lusoriae）和10艘修好的旧船，给绵延千里不见头的斯基提亚界河拨110艘新船和15艘翻新的旧船。条件是，默西亚界河每年都要给间谍人员（iudiciariae）提供4艘新船，给河岸哨所（agrarienses）提供12艘新船来换下他们所有的旧船。斯基提亚界河则要给间谍人员提供5艘新船，给河岸哨所12艘新船。所有船都要装备完整，军政长官（dux）及其指挥部对此负责。通过这种方式，七年间所有的船只都能得到不断的修缮。你们要全力担保船只的建造与生产顺利完成。我们认为这样安排十分妥当，并要求回报执行结果。如果上述船只没有装备完整地全数交付的话，军政长官就会因办事拖沓被罚30磅黄金，其指挥部将被罚50磅黄金。如果没有每年向最高指挥部报备总数，也就是说若出于疏忽而误事，阁下的指挥部也会受到50磅黄金的处罚。值得注意的是，若阁下下令为无可预测的战争进行备战，

以便在冲突中侦察敌情或者伺机攻击，因而占有守备最为精良的船坞，那么能用来运送物资的就只有翻新的旧船了。

至于如何处置375年后在克里米亚定居的匈人，皇帝在419年9月24日颁布给安特米乌斯的接班人莫纳克西乌斯（Monaxius）的另一份诏书给出了令人吃惊的回答："因德高望重的克森尼索大主教阿斯克里皮亚德（Asclepiade）求情，对于给不会造船的野蛮人泄露了造船技术之人，豁免其牢狱刑罚。但下不为例，若有再犯，一律死刑。"[49] 克森尼索这座港口城市自然和其他克里米亚的沿海城市一样有很多船坞。首都潘提卡彭在罗马帝国早期甚至有能容纳30艘大船的船坞。[50] 造船工们不想在匈人统治下丢掉他们赖以生存的手艺，不久后他们就让从没出过海的游牧民族明白了海上劫掠也是一条生财的门路。匈人在克里米亚能轻松地招募到一船水手，因为水手的薪酬十分可观。从克里米亚出发，水手们和匈人一道航向黑海东岸的各个城市，最终抵达君士坦丁堡。

这样的合作行为并非新鲜事。当哥特人在3世纪中叶向南迁移抵达黑海时，博斯普鲁斯王国的居民给这些陆地居民提供了船只并为其充当向导。哥特人和多瑙河沿岸的其他民族便由此开始了大范围的海上劫掠，袭击了小亚细亚的各个城市。[51] 佐西姆斯辩白道，当地人这么做的原因更多是出于恐惧，而不是自己的意愿。这话半真半假，因为他们还得养活自己与家人。[52]

419年，君士坦丁堡警铃大作。当克森尼索来的几个罗马人船工落网后，人们发现其中有归大主教阿斯克里皮亚德管辖的教民。他们因为叛国罪而被判处死刑。大主教可能当时亲自赶到了宫廷，为他们请求赦免。希波的奥古斯丁和其他认为即使是重刑犯也不应被处死的大主教也前来求情或者呈递请愿书。[53] 严格的基督教徒狄奥多西这次心软了，宽恕了犯人。但是这次皇帝的格外开恩并不意味着给后世开了一道先河。谁损害帝国的利益，与帝国之外的野蛮人合作，甚至给野蛮人运送军备，谁就犯了叛国罪。叛国者依照惯例该当死刑。君士坦丁大帝甚至还坚持使用极刑——火刑惩治罪犯。[54]

第二年，也就是420年的5月5日，莫纳克西乌斯收到了一纸诏书。皇帝允许东方和小亚细亚行省的地主们修建围墙保护自己的地产。[55] 皇帝忌惮波斯人的袭击。但是395年发生的事件也表明，即便是帝国内部的核心区域在匈人来去如风的攻击面前也不堪一击。每当皇帝的士兵们抵达现场的时候，强盗们已经乘着快马满载着战利品走远了。但草原民族却不擅长长时间围攻有城墙保护的城市。[56] 因此，私人堡垒便成了对抗敌人的第一道防线。

第八章

第一次匈人双王共治：奥克塔和卢阿

420年左右，文献里第一次提到了匈人的双王共治：奥克塔和卢阿两兄弟登上了匈人统领的宝座。但约达尼斯强调道，实际上他们只统治了一部分匈人。[1]在匈人成为从伏尔加河彼岸草原到潘诺尼亚这一大片区域的主人后，双王共治便是大势所趋。约达尼斯还补充道，这两位国王还有第三个兄弟蒙祖克——阿提拉和布列达的父亲。[2]一个国王家族的轮廓呼之欲出，但并非所有的兄弟都是地位平等的。普利斯库斯还在阿提拉的宫廷里认识了第四位兄弟俄伊巴修斯（Oebarsius）。在国王举办的一次宴会上，俄伊巴修斯便坐在他的侄子旁边的尊位上。[3]奥克塔和卢阿年纪最长，他们非常谨慎地避免将权力分与其他可能是同父异母的兄弟，普利斯库斯就详细记录道，俄伊巴修斯是阿提拉的叔叔。

这二位国王并不想与对方分权而治，只是为了巩固和扩张他们各自的统治而在进攻方向上达成一致而已。巴西克（Basich）和库尔西克（Kursich）在395年一起攻入小亚细亚，但这期间国王们的力量已经壮大起来了。奥克塔负责西部，在430年进攻勃艮第人。[4]卢阿负责东部，在422年孤军侵入色雷斯。[5]

这个进攻时机选得很聪明。因为421年东罗马和波斯之间爆发了战争，这场战争一直持续到了第二年。[6]罗马将军，阿兰人阿达布尔（Ardabur）因此把军队从欧洲的外省中撤了出来。卢阿便如入无人之境般地扫荡了色雷斯，以至于皇帝狄奥多西二世被迫考虑与波斯签订停战协约。马尔切利努斯·科莫斯（Marcellinus Comes）在他的编年史中接连记录了这两起历史事件。[7] 由于该地区防守薄弱，匈人势如破竹，卢阿甚至放言要兵围君士坦丁堡，攻破它，然后将它夷为平地。教会史学家狄奥多勒（Theodoretus）记录了他这句威胁的话，但接着却松了口气，写道：上帝降下暴风雨拯救了城市，卢阿被闪电击中后焚烧至死，而他的大军也全部溃败。[8] 教会史学家苏格拉底（Socrates）则描写道，是热忱的基督徒狄奥多西二世向上帝祈求降下暴风雨，用闪电劈死卢阿。他的祈祷不仅针对了匈人国王，还一同捎上了他的士兵们。匈人士兵大部分都染上瘟疫，有的被从天而降的烈火烧死。[9] 同时代亲身经历过这一大事件的人会对这种说法嗤之以鼻，但后世却有不少读者对之深信不疑。而事实是非常令人沮丧的：君士坦丁堡和匈人签订了和约，允诺重金赔款，匈人这才撤军。将来每年君士坦丁堡都要给卢阿送去350磅黄金。[10] 一磅依制换算为72个金苏勒德斯，那一年的贡金就是25200个金苏勒德斯。卢阿并不愿意同他的兄弟奥克塔一起分享来自君士坦丁堡的岁贡。

由于签订和约，皇帝狄奥多西二世和匈人国王之间有了联络。每当罗马人和匈人之间出现矛盾时，卢阿就趁机派遣使者艾斯拉（Esla）去君士坦丁堡谈判。能与皇帝平等的交涉增强了卢阿的自信，也拔高了他的地位，而他的使者每次都能盆丰钵满地带着礼物归来。[11] 从日后的谈判结果看，罗马人比匈人更容易屈服。但在30年代初期，二者之间似乎出现了裂痕，卢阿威胁要撕毁和约。他们矛盾的焦点是黑海北部的阿尔卑祖尔人、伊提马尔人、图恩苏尔人和伯伊斯奇人以及多瑙河边的其他民族。375年，在袭击厄尔曼纳里克帝国时，匈人大军压境并迅速征服了这些民族。[12] 随后，他们为了反抗新主人而向君士坦丁堡求助，同皇帝缔结了盟约。他们的同族也越过多瑙河，获得皇帝的允许后在罗马帝国定居下来或者成为皇帝的雇佣兵。现在卢阿威胁要攻打这些民族，并要求罗马人同他们解除盟约，"交出所有逃到罗马的野蛮人"。他的使者艾斯拉向君士坦丁堡下了最后通牒：若皇帝拒绝，那罗马和匈人之间的和约就此终结。艾斯拉的外交任务反映了卢阿的政治诉求：在罗马帝国之外，凡是被匈人祖先占领的区域皆由匈人统治，罗马人不得插手。乌尔丁国王在400年也向盖伊纳斯和他统领的哥特人提出过同样的诉求。[13] 卢阿宁可撕毁和约，放弃每年350磅黄金的岁贡也不愿让步。那些在他眼中不过手下败将的野蛮民族若是拒绝同狄奥多西二世解除盟约，他就要武力讨伐他们。

皇宫决定和卢阿谈判。但在使者出发之前，艾斯拉要先回去安抚一下卢阿的情绪。人们都知道匈人是多么暴躁易怒。君士坦丁堡派出的使者可谓地位尊贵：普林塔斯（Plinthas）和狄奥尼修斯，一个是哥特人，另一个是色雷斯人，两人都是前最高指挥官和前最高执政官。普利斯库斯补充道，普林塔斯还安排了他的朋友森吉拉库斯（Sengilachus）和他一同前往。他打算说服卢阿只和他谈判，不要理睬其他罗马人。[14] 这位历史学家没有解释原因，但原因是显而易见的：他想同一位匈人国王建立起私人关系，以便必要时能有匈人军队来为他助威造势。普林塔斯防备的人是弗拉维乌斯·埃提乌斯。[15]

但是使者们从卢阿那里空手而归了：岁贡依然要继续缴纳，[16]

和约仍然有效。这就可能意味着狄奥多西二世满足了卢阿的要求,即便没有公开和黑海与多瑙河边的民族解除盟约,但也驱逐了他们的族人。这样狄奥多西二世就避免了一场同匈人国王的硬仗。

君士坦丁堡的权力触手无法进入匈人的地界,但是卢阿早就能在帝国的西部畅行无阻,并且率领着一队匈人雇佣兵,这是匈人惯用的行动模式。皇帝霍诺留于423年8月15日驾崩。他四岁的外甥,储君瓦伦提尼安三世和他的母亲加拉·普拉西迪娅(Galla Placidia)在423年初由于内部的权力斗争逃入君士坦丁堡之后,罗马高官约翰篡位,登上了皇帝宝座。狄奥多西二世拒绝承认其皇权的合法性。于是,东西罗马帝国之间的战争一触即发。约翰派遣他的内廷大臣,掌管宫廷事务(cura palatii)的埃提乌斯带着大量的黄金前去拜访卢阿,拉拢匈人军队。当狄奥多西二世的大军袭击西罗马帝国时,匈人要在其背后发动突袭。

约翰之所以选择埃提乌斯,是因为他曾长时间在匈人那里做人质,结交了不少朋友。他之前就在阿拉里克手下当过三年人质。[17]备受争议的便是这第二段人质经历的具体年代,但它肯定结束于425年之前。[18]埃提乌斯的父亲高登提乌斯(Gaudentius)来自小斯基提亚省的统帅家庭,他的儿子在390年左右出生于默西亚的多洛斯多罗姆(Durostorum)。[19]高登提乌斯从399年起便担任高卢的最高指挥官,直到他在425年遇刺身亡。埃提乌斯一开始在西罗马帝国宫廷里担任近卫军将官(tribunus praetorianus),接着被送去匈人那里做人质。普利斯库斯记载道,匈人首领巴西克和库尔西克在395年入侵了近东地区,之后前往罗马签订了盟约。[20]无人知晓盟约的签订日期和缘由。但是卢阿很可能是参与缔约的一方,他也支持交换人质来保证联盟的稳定。因此巴西克和库尔西克把高卢最高指挥官的儿子带回了故乡。卢阿的兄弟奥克塔对于高卢及其最高指挥官高登提乌斯的忌惮可能也是埃提乌斯被选为人质的原因之一。[21]

约翰的金钱和埃提乌斯同卢阿的友情过了一段时间才得到了回应——然而太久了。最后当埃提乌斯于425年带着6万名骑兵出现在拉韦纳时,约翰已经去世三天了。[22] 424年,狄奥多西二世的最高指挥官坎迪迪亚努斯(Candidianus)和阿达布尔以及他的儿子阿斯帕尔(Aspar)开始从水路和陆路包围敌方皇帝。一开始约翰运气甚佳,偶然在湖上俘虏了阿达布尔。但425年阿斯帕尔奇袭并成功地攻占了帝都拉韦纳。教会历史学家苏格拉底将这次胜利归功于"受上帝眷顾的帝王"狄奥多西二世祈求来的神助。[23]

获胜的阿斯帕尔得知埃提乌斯和匈人正在逼近,而且瓦伦提尼安三世和他的母亲加拉·普拉西迪娅已经离开了君士坦丁堡,抵达了拉韦纳。阿斯帕尔便认为当下最明智的做法是一劳永逸地消灭掉战争的源头。于是他处死了约翰,但这个不可挽回的决定却无法避免接下来同埃提乌斯的一场恶战。这场战役最后胜负难分。[24]

尽管埃提乌斯在战争中站错了队,但他手下的匈人却能逼迫瓦伦提尼安三世和加拉·普拉西迪娅授予他"指挥官"(comes)的荣誉头衔。[25] 这是他传奇人生的开端,他将会在5世纪罗马和匈人的历史上留下深深的印记。429年,埃提乌斯出任高卢最高指挥官。[26] 在他的人质岁月里,埃提乌斯不仅学会了射箭,还学会了匈语。他习惯了草原战士的生活方式,并对他们的战术技巧了如指掌。他也足够聪明，没有把老师们的那一套全套照搬。匈人脾气暴躁，处事轻率又贪得无厌，金钱至上，而埃提乌斯一生都无法和匈人们感同身受，因为父母的家族已经给了他财富。他的赞美者雷纳图斯·普洛弗图卢斯·弗瑞吉瑞杜斯（Renatus Profuturus Frigeridus）——都尔的圣额我略（Gregors von Tours）所参考的历史学家——认为他是个高贵正直的模范罗马人。他给埃提乌斯绘制的画像后来被挂进了英雄画廊，那里陈列的都是曾使罗马光辉伟大、荣耀千秋的伟人们的肖像。[27]这位罗马历史学家不是埃提乌斯唯一的钦佩者，其他人甚至把埃提乌斯称作"最后的罗马人"。但希腊人普罗科匹厄斯同时也把这个称号给了埃提乌斯的死敌，西罗马帝国的最高指挥官博尼法提乌斯（Bonifatius），这个称号的含金量就有些缩水了。[28]

在拉韦纳，埃提乌斯在瓦伦提尼安和正在撤军的匈人之间调停，促使他们签订和约。他继承了之前巴西克和库尔西克在霍诺留在位时期签下的和约。本来在匈人眼中，若协约一方离世，和约就不再有效，但现在和约以这种形式得以延续。双方重新交换了人质。[29]代替幼帝进行谈判的加拉·普拉西迪娅通过赠送豪礼促成了和睦与融洽。[30]埃提乌斯负责照顾匈人送来的人质，他们同时也是埃提乌斯用来震慑对手的护卫。返乡的匈人向他承诺，若他再次需要帮助，他们必不会坐视不管。普洛斯佩尔·提洛（Prosper Tiro）颇有先见之明地注意到了匈人对埃提乌斯的"热情"。[31]

作为军事统帅（comes rei militaris）的埃提乌斯在425年前往高卢解放了被西哥特人占领的城市阿尔勒。这之后不久匈人就兑现了诺言。418年，帝国大方地将位于高卢西南部的土地划给西哥特人居住。他们要建立起堡垒来对抗不老实的北高卢，一百五十年来此地巴高德人（Bagauden）的起义运动此起彼伏，北高卢因此成了动乱的策源地。但哥特人也绝不是拉韦纳的高官们所设想的那种唯命是从的盟友。高卢最高指挥官高登提乌斯设法约束哥特人的活动，但当他在一次士兵起义中身亡后，哥特人就袭击了他位于阿尔勒的司令部驻地。高卢在埃提乌斯的职权范围内，他接手了父亲遗留下来的军事难题。眼下，相比反叛不断的罗马军队，他反而更加信赖匈人。[32]

瓦伦提尼安在君士坦丁堡与公主李锡尼娅·欧多克西娅（Licinia Eudoxia）订了婚，狄奥多西二世向他与他母亲伸出援手。但他的帮助并非无偿的，他要求归还霍诺留在396年占去的伊利里亚西部地区，加拉·普拉西迪娅同意了。[33]狄奥多西二世的军队在战胜约翰后军力大增，随后便攻入潘诺尼亚，在哥特盟友的辅助下赶走了自380年以来就在那里定居的匈人。427年马尔切利努斯·科莫斯的简短记载和约达尼斯的记录引起了广泛的讨论。[34]这位东罗马将军可能是阿斯帕尔，他在431年率军进入阿非利加去抗击汪达尔人。但是匈人会时刻关注着潘诺尼亚的风吹草动。

最高指挥官埃提乌斯、博尼法提乌斯和菲利克斯（Felix）的权力斗争又给了卢阿干涉罗马内政的可乘之机。埃提乌斯在430年扳倒了菲利克斯，但是在对垒博尼法提乌斯时——加拉·普拉西迪娅把埃提乌斯最高指挥官的职位转交给了他——于432年在里米尼的一场战役中落了下风。不幸中的万幸是，博尼法提乌斯在战场上受了重伤，不久后便辞世了。女皇接着把博尼法提乌斯的女婿塞巴斯提亚努斯（Sebastianus）拔擢为最高指挥官。这位最高指挥官急不可耐地试图了结掉已经解甲归田的对手埃提乌斯。但是埃提乌斯又再次被幸运之神眷顾，他从暗杀中脱身，逃到卢阿那里寻求庇护。433年，他第二次带着匈人大军气势汹汹地反扑回来。普拉西迪娅只得将最高指挥官的权力交还给了埃提乌斯。[35]

塞巴斯提亚努斯被剥夺了权力，性命不保，便急忙逃窜到了君士坦丁堡。[36]两年后，在435年9月5日，埃提乌斯还获封了"贵族"（patricius）的荣誉称号。[37]

埃提乌斯多亏了匈人而一路高升，成了西罗马帝国最有权势的人。现在他可以用国库来犒赏他的好帮手了。多瑙河另一边，卢阿也达到了权力的巅峰。他可以说已成为罗马帝国内政中举足轻重的人物了。奥克塔之死也起了推波助澜的作用，因为卢阿在他死后便成了匈人王国的独裁者。奥克塔试图将匈人的势力范围拓展到莱茵河，却出师未捷身先死。他为了扩张发动了无数场针对勃艮第人的战争，他们在406年拒绝和同族以及其他民族一起入侵高卢，而是宁肯留在莱茵河－美因河流域。他们在那里安宁地生活着，靠给邻近民族做木工为生。教会历史学家苏格拉底记载道，匈人总是反复地侵占蹂躏他们的土地，并掳走很多居民。[38]匈人这次抓走战俘并不像过去一样是为了换得赎金。历史学家普利斯库斯提供了另一个视角：普利斯库斯在20年后出使阿提拉，途中他惊讶地发现，阿提拉的骑兵们不再居住于马车里，而是住在村庄里，其中还不乏一些贵族和出身高贵的小姐。他们效仿阿提拉建造起房屋或者从原主人那里把房产接手过来，当然原主人应该不是自愿的。阿提拉的二把手奥内革修斯（Onegesius）甚至还命人给他修了一个浴室。[39]

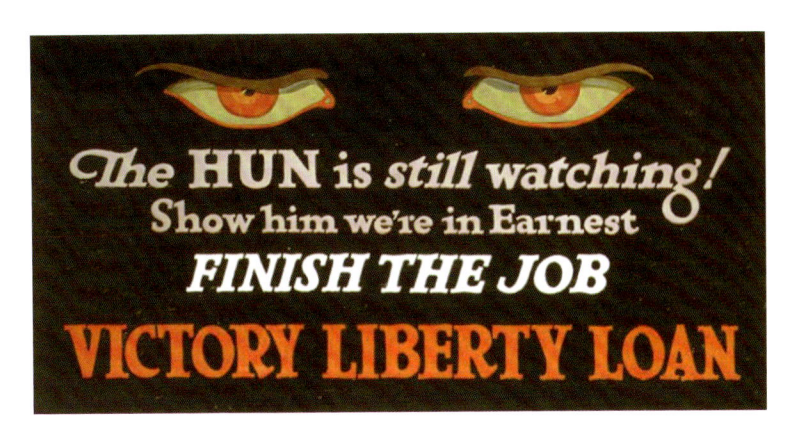

▲ 美国在第一次世界大战期间发行的战争债券"自由债券",这幅海报将德国军队称为匈人,仅以一双红眼便生动地表现了德军贪婪凶险的形象。海报上的文字是:"匈人仍在虎视眈眈!让他知道我们赢得胜利的热诚!胜利自由债券。"

▶ 1954年美国电影《异教徒的标志》中,杰克·帕兰斯饰演的匈人王阿提拉。

▲ 一块出土于瑞士斯塔比奥的骑兵形状铜牌。这块铜牌是5世纪左右产物，与阿提拉处于同一时代，但并没有明显证据可以证明描绘的是匈人骑兵形象。可以看出这个骑兵身穿盔甲（可能是锁子甲），并佩有一把剑。

▲ 阿尔泰山麓草原。根据后世历史学家的分析推测，匈人很可能最早源于中亚的阿尔泰山脉地区。这里分布着广袤的草原，是诸多游牧民族的发源地和分布地。

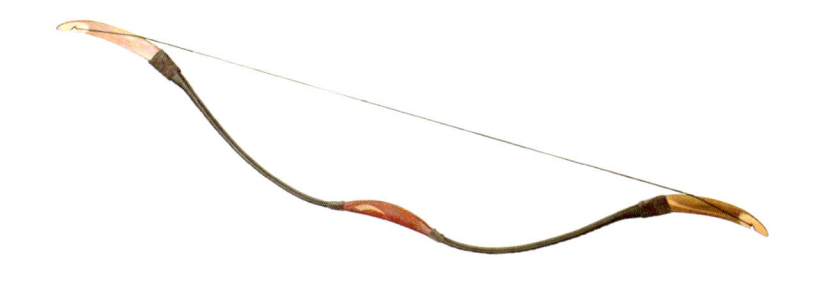

▲ 匈人反曲弓的现代复原品。根据在古代文献和匈人墓葬中的发现,匈人十分重视使用威力强大的反曲弓骑马射箭作战。这种弓由木材、动物的骨或角及筋腱等复合材料制成,在古代和中世纪的草原民族中颇受青睐。

▲ 匈人使用的铁制三棱箭镞与长矛头。根据与匈人同时代的罗马历史学家阿米阿努斯·马尔切利努斯记载,匈人不会炼铁,因此只使用骨制箭镞作战。但考古发现推翻了这位史家的臆断。匈人会在箭枝上嵌入铁制三棱箭镞,这种箭镞能够为匈人的弓箭更添几分威力。

▲ 在乌克兰敖德萨出土的匈人贵族冠冕。匈人贵族热衷于收藏黄金饰品,很可能这些黄金饰品的原材料来自从罗马帝国勒索的巨额黄金。另外也有证据表明,有许多黄金通过匈人与罗马行省之间的集市交易,又流回了罗马帝国境内。

▲ 匈人锅釜与马鞍的现代复原品。弓箭、马鞍和锅釜是匈人墓葬中常见的陪葬品,匈人似乎十分重视这三样物件,在匈人战士死后,他们的弓箭与马鞍往往会被饰以黄金,放入墓中陪葬。

▶ 匈人马具。作为骑马游牧民族，马在匈人的社会中拥有十分重要的地位，匈人贵族的墓葬中时常出现马具甚至马的遗骸。

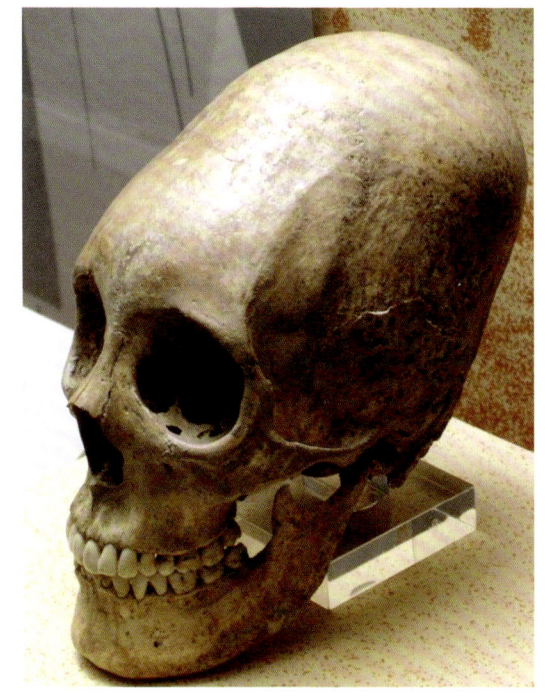

◀ 匈人头骨。根据罗马史家的记载与匈人墓葬考古发现，匈人有人为将头骨变形的习俗。匈人形状怪异的头骨在当时的罗马人眼中格外可怖，这种习俗也传播到了许多东哥特部族和其他欧洲蛮族中间。

▲ 铸有狄奥多西一世头像的金币。狄奥多西一世是罗马帝国最后一位直接统治东部与西部地区的皇帝，尽管在位时期蛮族入侵此起彼伏，国内动荡不安，但他成功地平定了哥特人的进攻，打赢了两场毁灭性的内战，并巩固了基督教在罗马帝国的国教地位。388年，在击败篡位者马格努斯·马克西姆斯的战役中，狄奥多西一世就获得了匈人盟友的协助。

▲ 君士坦丁堡的狄奥多西城墙（现代复原）。狄奥多西城墙于狄奥多西二世在位时期落成，并以此得名。君士坦丁堡是罗马帝国的都城，也是帝国东部的核心城市，这座坚城曾成功阻挡了多股蛮族的进攻。匈人王卢阿于422年出兵围困君士坦丁堡，但在罗马人许下缴纳高额岁贡的承诺之后便撤退了。

▶ 《西罗马皇帝霍诺留》，法国画家让－保罗·劳伦作品。霍诺留（393—423在位）即位时年仅8岁，他在位期间，国家军政大事长期由汪达尔裔高官弗拉维乌斯·斯提里科掌握。斯提里科于408年被政敌杀死后，西罗马帝国局势急转直下，410年，西哥特国王阿拉里克洗劫了罗马城，霍诺留皇帝却无力出兵抵抗。霍诺留的形象也因此在同时代和后世的史学家笔下成为了无能皇帝的典型。

◀ 萨珊波斯国王叶兹底格德一世（399—421在位）。匈人双王巴西克与库尔西克入侵叙利亚地区时，他曾率领波斯军队与匈人交战并获得胜利，夺取了匈人先前掠夺的战利品。

◀ 席卷欧洲的匈人大军，法国画家阿尔冯斯·德·纽维尔作品。5世纪匈人在欧洲大肆劫掠破坏，其野蛮形象臭名昭著，在后世引起了许多艺术家的夸张想象。

▶ 《匈人王阿提拉》，法国画家欧仁·德拉克罗瓦作品。

数百年来,莱茵河西边的日耳曼人和罗马人进行贸易往来,他们早前就使唤罗马俘虏或者那些出于某些原因逃离故乡的行省人民来为自己干手工活。[40] 匈人也没有放过抓来的勃艮第木匠。因为最迟从卢阿开始,匈人的生活方式就发生了变化,他们开始模仿定居民族。关于变化的原因,一个不太恰当的猜测是匈人抢来的东西在车里堆积如山,无处可用。一段有关奥克塔死法的传言印证了这种变化:奥克塔因为吃得太多撑破了胃而在半夜暴毙。这种荒唐事从来没有在他那些几乎不下马的先辈身上发生过。[41] 部下们也效仿国王暴饮暴食,他们的私生活也毫无节制。大主教安布罗斯在谈到匈人热衷于掷骰子赌博时就以此为例,看来他的说法也并非耸人听闻。[42]

勃艮第人在听说奥克塔辞世后便立刻召集起一支军队来讨伐折磨他们的恶徒。匈人骑兵们这次群龙无首,因此万人大军却不敌只有3000人的勃艮第军队。[43] 对基督教徒来说,这次意想不到的胜利是上帝的恩赐。因为备受匈人蹂躏的勃艮第人曾向上帝祈求帮助,并在教理问答后接受了一位高卢主教的洗礼。上帝没有让他们失望。[44]

卢阿还能安享权力的时间不多了,有关他死亡的日期一直众说纷纭。《高卢编年史》(*Chronica Gallica*)认为是在434年。[45] 另一个说法是在438年到440年之间,其依据是君士坦丁堡元老院在这期间向卢阿的继位者阿提拉和布列达派遣了使者,随行的还有伊壁琴尼(Epigenes)。这位使者是一位皇宫刑律官(quaestor sacri palatii),相当于司法部部长,普利斯库斯称赞其"聪慧过人,名动八方"。[46] 从435年开始他便是在此后四年中编著了《狄奥多西法典》的四人委员会中的一员。[47] 但伊壁琴尼也可能之前就与其他使者一同出使过匈人的领土,《高卢编年史》记载的卢阿死亡日期可能是正确的。卢阿在去世之前还进行了一场对色雷斯的征战并带回了很多战俘,现在战俘们为他的死亡感到兴高采烈。在匈人们悼念他们死去的国王时,战俘便抓住机会逃回了故乡。[48]

第九章

第二次匈人双王共治：布列达与阿提拉

"卢阿去世后,国王王位传到了阿提拉和布列达手中……"普利斯库斯简要地记录了这次权力更迭。约达尼斯的叙述也同样朴实:阿提拉和他的兄弟布列达继承了叔叔卢阿的王位。[1]在两位历史记录者眼中,匈人双王共治已然成为一种制度,因此阿提拉必须要与胞兄分享至高的权力。卢阿的独裁时期很短,所以没有对双王共治的制度产生任何影响,这完全在匈人王族和其他匈人部族的意料之中。但新继承人是否符合卢阿的设想或者是否就是由他指定的,这个问题尚有争论。如果卢阿有两位成年的儿子,那么他就会推举他们为继承人,并且在有生之年至少为他们争取到匈人王族的支持,但文献里对此只字未提。他的侄子们倒是及时地向族人指明了未来的继承人。文献也没有记载匈人是否举行过合法的选举,但却提到了日后阿提拉和布列达遇到的反抗。

两兄弟刚上任便实施了新政,在匈人王国境内划了一道分界线,布列达管理面积较大的那块区域。[2]首先他们要保持步调一致来应对其他匈人王族的统治诉求。他们向皇帝狄奥多西宣告了双王共治,要求君士坦丁堡保证源源不断的黄金供应,但绝口不提对罗马人的不满。在王位更迭后,在元老院决定派遣最高指挥官普林塔斯和伊壁琴尼出使匈人时,他们才开始发牢骚。他们选择上默西亚的城市马尔古斯(Margus)郊区作为会面地点。有一条同名河流,也就是今天的大摩拉瓦河,在那里汇入多瑙河。在河流左岸,城市的正对面,有一座要塞君士坦提亚(Constantia)。[3] 人们本可以在那里会面,或者效仿瓦伦斯皇帝的做法——他在367年乘着小舟同哥特人阿塔纳里克在多瑙河中心会晤。[4] 但是罗马人要面对的是想要踏上罗马土地的匈人,要迁就他们的地方可不止一处。匈人使者在抵达后并不打算下马,要知道还从没有匈人站着或者坐在椅子上进行过谈判。为了避免因仰视匈人而显得自己卑躬屈膝,罗马使者也只得坐在马鞍上。[5] 此时此景让伊壁琴尼想起了他曾多次读到过的、描写以前的野蛮人首领和谈判者对罗马将帅或者皇帝是多么敬畏的文字:他们会毕恭毕敬地走上前来,然后跪倒在罗马人脚下。[6]

谈判的第一个主题是匈人对人员引渡的要求。罗马人必须将三种人遣返:正在流亡的匈人、很久以前逃到罗马的匈人以及没有交赎金就返回故乡的罗马战俘。[7] 对于那些很久以前便逃到罗马的匈人,谈判者重申了自己的要求,这个要求乌尔丁也提过:罗马人不得帮助多瑙河左岸被匈人征服的部族起兵反抗匈人。

匈人的翻译官或许在催促罗马使者给予回复时提醒了对方,依据各国通行的不成文法则(ius gentium),自古以来战俘皆为奴隶,因此也是主人(dominus)的财产。每个在学院中花时间学习过法律入门课程,稍微有点《罗马法》开篇中个人权利相关知识的罗马人都知道这一点。[8] 若某个奴隶逃走,那这个奴隶和帮他出逃或藏匿他的人就给奴隶主造成了财产损失。"逃跑的奴隶本身便犯了偷窃罪"(servus fugitivus furtum sui facit),法规如此写道。[9] 奴隶必须被遣回并受到惩罚。奴隶主因奴隶逃跑蒙受的损失(damnum)会通过协商定下赎金(pretium redemptionis)得到补偿。匈人向使者发难，责问为什么罗马人不早按照这条著名的法则来办事，追踪逃亡者并把他们遣送回去。在当时那种情况下，8个金苏勒德斯换一个俘虏的这种相对低廉的价格就能使阿提拉和布列达心满意足，而后来赎金涨价了。一位名叫苏拉的男子的妻儿在达基亚的首都拉提亚里亚（Ratiaria）被占领时被俘。阿提拉的副手奥内革修斯为苏拉的妻子索要500个金苏勒德斯作为赎金。普利斯库斯记载道，阿提拉想在他们身上大捞一笔。[10] 翻译官维吉拉斯（Vigilas）被卷入了一场反对阿提拉的阴谋，他的儿子必须缴纳50磅黄金，也就是3600个金苏勒德斯才能赎回父亲。[11]

赎金换战俘不是匈人使者唯一的要求，他们还向狄奥多西二世皇帝每年的贡金提出了新规则。卢阿每年都能有350磅黄金入账，但他的兄弟奥克塔可能分文未得。[12] 而现在皇帝要应付的国王有两位，贡金金额翻倍都还算是合理且价廉的。[13] 贡金翻倍还意味着，相比卢阿，这两位国王更为明目张胆地把黄金纳入了私囊。他们可以将这笔钱为己所用，但是至少也会把一部分金钱赏给贵族朋友，这样可以保障他们的忠诚，从而巩固自己的统治。若是国王用自己的私房钱设宴招待普通将士，为他们购置新弓或者在没有战利品时给他们补贴日用，便能大大地收揽人心。潘诺尼亚平原出土的那个时期的金苏勒德斯便证实当时有贡金流入了社会下层。[14]

匈人使者首先要求罗马引渡那些从匈人的势力范围"斯基泰国"出逃的流民，这能反映出国王们是多么重视自己的人身安全。匈人使者这时可能还引用了罗马的实例：罗马人在两国协约中不仅要求引渡战俘，还要遣返投敌者。[15] 这些投敌者将被酌情判刑，严重者可判处死刑。给投敌者提供藏身之所的人也会受到惩罚。

《狄奥多西法典》在 365 到 412 年间收录了 18 条针对逃兵、投敌者和包庇罪犯者的刑法条例，其题目为"逃兵与藏匿者法"（De desertoribus er occultatoribus）。[16] 条例的数量说明这种叛逃事件时有发生。普利斯库斯在写完派遣一事之后紧接着写道：罗马人满足了使者的要求。在他们引渡给匈人的难民中，就有年轻的马玛（Mama）和阿塔卡姆（Attakam）。他们来自匈人王室，但并不是普通的匈人王族成员，而是阿提拉和布列达的亲属。从卢阿到阿提拉兄弟的王权更迭似乎并不像普利斯库斯和约达尼斯的记载中所断言的那般顺利。假如马玛和阿塔卡姆是卢阿的儿子，普利斯库斯对此本应会有记载。因此他们可能是卢阿的其他兄弟的儿子。他们的身世使他们有可能成为匈人的下一代双王，尽管他们在卢阿死后对继承卢阿和奥克塔的王位并不抱希望。当阿提拉和布列达无可置疑地巩固了自身的权力时，马玛和阿塔卡姆踏上了流亡之路，他们甚至争取到了一批支持者。每个匈人都清楚，胆敢挑战阿提拉和布列达权力之人会有生命危险。不出意料，两位王子的结局十分悲惨：他们在色雷斯的要塞卡尔索斯（Karsos）被移交给了匈人国王的使者，使者当场就把他们钉在了十字架上。这是对他们逃亡的惩罚，普利斯库斯如此解释道。因为他们的逃亡使他们对阿提拉和布列达的敌意显露无遗。[17]

一支外部势力于和平时期在罗马的土地上对自己的成员施以死刑，并且还用了最惊世骇俗的方式，这在罗马历史上前所未有。没有执政官或者将军敢干涉此事。如果要求引渡战俘表明了阿提拉和布列达想在法律的基础上同罗马平等谈判的意愿，那么在色雷斯辖区钉死两位王子的行径就让罗马人变成了屈服于匈人淫威的无耻帮凶。

清除潜在的对手是双王用以巩固政权的手段。但是这种手段无法阻止反对者的亲友与拥护者进行暗中反抗,并随着时间推移壮大成危险的力量。另一种手段更行之有效——进行一场或几场征战,为士兵们带来战利品,并为首领赢得威望。王座上的胜者几乎是无懈可击的,他能保证在未来战无不捷。几年后,编年史作者马尔切利努斯·科莫斯将这对兄弟称为"万民之王",这里的"万民"指的是匈人以及其他部族。[18] 阿米阿努斯·马尔切利努斯在谈论草原民族时说过,每个匈人在马上"不分昼夜地进行买卖交易"。布列达和阿提拉的使者们在马尔古斯仍旧执着于骑在马背上谈判的做法表明了在过去的40年中匈人没有什么根本变化。他们骑在马上给协约追加了一条对匈人来说同样重要的条款:"罗马人和匈人享有同等的权利与安全的市场。"[19] 不久后,马尔古斯对面的君士坦提亚便被开放为市场。匈人似乎不仅要与罗马人作战,还要与他们进行和平的贸易往来。协约里没有写明他们想要利用间隙时间去售卖战利品,收缴战俘的赎金。

《马尔古斯条约》是一份预备性协约,双方都要"依照传统起誓"。信奉基督教的罗马使者的誓言内容和自狄奥多西一世以来基督教士兵的入伍宣誓别无二致:"以上帝、基督、圣灵之名。以除上帝之外最为人爱戴敬仰的皇帝陛下之名。"[20] 人们想知道匈人是以哪些神明之名起誓的。诗人克劳迪阿努斯认为匈人是以战死的先辈之名起誓的。这是他的猜测,还是他拥有可靠的信息源?夸迪人用剑起誓,因为他们像敬神一般崇拜刀剑,而匈人或许也有类似的传统,会用弓来起誓?匈人在宣誓时也常常双手交握。[21]

在君士坦丁堡,狄奥多西要给这份已经签字批准的和约找一个理由来证明其合理性:它给东罗马帝国的多瑙河前线带来了和平。因为东罗马帝国必须时刻提防着东方的波斯人。皇帝最得力的将军阿斯帕尔这时正在阿非利加领军,他试图阻止429年以来就在国王盖萨里克(Geiserich)带领下袭击北非各行省的汪达尔人。[22] 狄奥多西承诺会足额缴纳匈人要求的岁贡,会为战俘支付赎金。他也宣布以后不再支持匈人势力范围中的部族。因为——普利斯库斯在协约后接着写道——阿提拉和布列达的战士们准备去征服匈人土地上的各个民族,他们发动了对索罗斯戈人(Sorosger)的征战。[23] 君士坦丁堡的有些人偷偷把这份与匈人的协约称作"耻辱和约",并无比怀念百年以前罗马从不屈服,而是逼迫野蛮人签订和约的黄金岁月。

没有文献提到过卢阿派给好友埃提乌斯的匈人是如何接受阿提拉和布列达的双王共治的。他们很可能站在王子马玛和阿塔卡姆那边,对新王持反对态度。现在阿提拉和布列达不能损害他们丝毫。埃提乌斯是他们的首领,领到的军饷让他们更为独立。他们也不把自己看作是匈人西进的前锋。阿提拉在16年后才首次越过莱茵河。埃提乌斯帐前门庭若市,很多同样敌视阿提拉和布列达的民族前来投奔,加入埃提乌斯的军队。这些人数量庞大,以至于匈人双王都不敢提出引渡他们的要求。[24]

要是没有匈人的帮助,埃提乌斯也不可能在435到439年间控制住高卢那三个扰乱帝国的不安定部族:东部的勃艮第人、西北部的巴高德人以及西部和西南部的哥特人。居住在莱茵河中段左岸的勃艮第人在国王龚特尔(Gundichar)的带领下试图把势力范围拓展到上比利时区域。刚刚被封为贵族的埃提乌斯在435年秋或者436年对其扩张行为进行干预。龚特尔被打败后不得不求和,但和平没有持续多久。第二年埃提乌斯手下的匈人再次发起进攻,此次进攻很可能得到了最高指挥官的授意,这次龚特尔的部族大半被歼灭。依照西班牙编年史作者希达提乌斯(Hydatius)的说法,共有2万勃艮第人丧命。[25] 5世纪的拉丁文编年史中只有寥寥几句提到了埃提乌斯与勃艮第人的战争。[26] 但是这一场"值得纪念的战争"(希达提乌斯语)很快就在歌谣和传说中被神化,并最终进入了尼伯龙根的英雄史诗。[27] 埃提乌斯将剩余的勃艮第人安置在日内瓦湖边的萨珀迪亚(Sapaudia),作为盟友,他们于451年协助埃提乌斯对抗阿提拉。[28]

勃艮第人觊觎比利时的做法或许也促使阿莫瑞卡(今布列塔尼大区)的巴高德人摆脱中央政府。人们认为这两件事顺序颠倒了,或者干脆完全否认两件事之间存在关联。因为高卢西北诸省在407年君士坦丁三世篡位之时就趁机效仿不列颠宣布脱离罗马的统治。他们逮捕了罗马官员,组建了自己的政府。[29] 417年,近卫军长官俄克苏佩兰提乌斯(Exuperantius)又成功地收回了叛离的省份。[30] 但是435年,独立运动再掀波澜,其背后有着盘根错节的社会、经济和政治原因。提巴托(Tibatto)是独立运动的领袖,他可能是一个本地首领,在他获得领导权后,独立运动愈演愈烈。[31] 埃提乌斯意识到了帝国的危险处境,派他的军事统帅利托留斯(Litorius)带领匈人军队前往西北部。利托留斯一定打了不少恶仗,因为到437年他才抓住了提巴托和其他首领,并处死了其中一些人。[32] 利托留斯宽恕了提巴托,希望提巴托能感激他的赦免,给阿莫瑞卡带来长久的和平。确实,提巴托一直到448年都很顺从安静。但之后他又再次起义,最后落得被处决的下场。[33]

利托留斯在437年大胜之后一直马不停蹄地打仗。埃提乌斯派他去镇压高卢的第三次暴动。他同匈人骑兵一起奔向南方，穿过奥弗涅，抵达纳旁南锡斯省的首府纳博讷。[34] 那里已经被西哥特人占领好几个月了。他们的国王狄奥多里克（Theoderid）在埃提乌斯第一次进军勃艮第人时就趁机发动了攻击。和莱茵河边的日耳曼人一样，他想要扩张他在418年从最高指挥官君士坦提乌斯那里获封的托洛萨王国（regnum Tolosanum），但他的计划被埃提乌斯挫败了，[35] 攻城的第二次尝试也被这位最高指挥官击退了。[36] 狄奥多里克因此在436年决定趁埃提乌斯无暇旁顾时再次开战。南高卢各个城市当中，富饶宏伟的纳博讷首先成了他的眼中钉。[37]

他的上上任首领阿陶尔夫在413年就已攻占过这座城池，并在那里举行了同加拉·普拉西迪娅的婚礼，但在415年初再次被最高指挥官君士坦提乌斯驱逐。[38] 这次哥特人几乎把纳博讷围得水泄不通，已经在防御城墙上凿出了缺口。这时利托留斯带领匈人骑兵从天而降，把他打得落花流水，给濒临饿死的城中居民们带来了粮食。[39] 一份文献把埃提乌斯称为"拯救者"，这说明在利托留斯被任命为仅次于最高指挥官的将领后，埃提乌斯依然持有对匈人军队的指挥权。[40] 也许正是埃提乌斯的权威约束了匈人军队，让他们不得离开利托留斯去奥弗涅干强盗的勾当。高卢元老阿维图斯（Avitus）在埃提乌斯手下效忠多年并参与了他与勃艮第人的战争，他试图通过组建一支市民武装来阻止最糟糕的事情发生。[41]

在阿莫瑞卡和纳博讷城前取得的胜利以及想要超越最高指挥官埃提乌斯的愿望让利托留斯起了一个念头：去攻打哥特人的首都图卢兹（Toulouse），终结托洛萨王国。这个念头也给他的匈人战士们提供了一个令人垂涎的目标，并掐灭了他们的反叛之心。他们在439年袭击了图卢兹，但在这次行动中，利托留斯低估了那些守卫新家园的哥特人。匈人也许不习惯街道巷战，在这种环境下无法施展他们的骑术与箭术，因此最终被赶出了城市。利托留斯也受伤被俘，不久后便被处死了。基督徒认为他的死亡是因为他被异教占卜师与魔鬼用胜利的虚假预言迷惑住了，从而受到了公正的惩罚。[42]

对埃提乌斯来说，利托留斯这次轻率的行动是一次重大失误。在统帅被俘后，匈人士兵便纷纷逃走了，[43] 埃提乌斯只得亲自披挂上阵。托洛萨这座无名之城一直被人们视作哥特人的首都，[44] 西班牙诗人梅罗保德斯（Merobaudes）在一首献给最高指挥官的颂词中描绘了它被占领的过程。罗马人和哥特人谁都没有取得压倒性的胜利，最后埃提乌斯迫使哥特国王狄奥多里克签订了和约。[45] 阿维图斯在其间扮演了重要的调解人角色，他后来被任命为高卢的近卫军长官。[46] 但是高卢地区自此以后就没有了匈人的踪影，直到451年阿提拉入侵高卢。[47]

埃提乌斯于439年返回了意大利，迎接最高指挥官的是新的挑战。在阿非利加，汪达尔人于434年攻占了希波（Hippo Regius），在439年10月又突袭并攻占了迦太基。拉韦纳和君士坦丁堡商议要给他们一次强有力的回击。狄奥多西二世向西西里岛派了一支海军舰队，但东边的骚乱让皇帝更加焦头烂额：波斯人在441年入侵亚美尼亚地区内属于罗马帝国的区域。[48] 同时高加索的赞尼人（Tzanni）、阿拉伯半岛的萨拉森人和小亚细亚的伊苏利亚人（Isaurier）也在到处劫掠。最高指挥官阿那托利乌斯（Anatolius）和阿斯帕尔丝毫不得空闲。[49] 紧接着又一个噩耗传来：

阿提拉和布列达带着一支大军突破了多瑙河前线，扫荡了伊利里亚。[50] 同他们的前任国王乌尔丁与卢阿一样，他们一直按兵不动，直到东罗马陷入军事危机而不得不把注意力从多瑙河前线移开时便发起突袭。两位国王在这之前也并非无所作为。普利斯库斯注释道，他们在434年签订和约之后征服了斯基泰地区的民族，打败了索罗斯戈人，把势力扩展到了黑海以西。[51] 正如卢阿所计划的那样，他们要把匈牙利平原变成王国的中心。要维持这种状态，就要去占领多瑙河右岸更广阔的土地及其重要城市与军事要塞。

匈人打算首先拿下罗马帝国在多瑙河左岸的飞地君士坦提亚，这样罗马人在河流另一边就不再有据点了。434年的和约已经规定了自由贸易，但两位国王还是想掌控罗马人与匈人之间的贸易。[52] 在某个依约举行的市场日（panegyris），一群全副武装的匈人冲入了设防的集市，制服了罗马士兵，杀死了很多前来赶集的人。[53] 一位罗马使者对此表示抗议，指责匈人破坏了协约。但是匈人自认在理，他们用马尔古斯大主教的罪行为自己开脱，匈人说他渡过多瑙河，盗光了"国王的陵墓"——这里指的是王族匈人的墓穴。若是罗马人不把他和所有的逃犯按照434年协约的规定交出来，那双方就开战。罗马人否认指控，匈人则固执己见并拒绝接受调查。这就是宣战的信号。匈人一不做二不休，立刻越过多瑙河，开始扫荡对岸的默西亚。

现在罗马人思考着是否把大主教这根导火索交出去以息事宁人。大主教听到风声后立刻溜之大吉。他渡过多瑙河，前去参见阿提拉和布列达并开出了条件：若阿提拉和布列达能给他相应的奖赏，他就拱手献上马尔古斯。国王许下承诺，给了他一支大军。他率军悄悄返回，趁夜攻下了马尔古斯。普利斯库斯写道，这座城市被摧毁了,这对匈人来说是一次大捷。马尔古斯曾是上默西亚行省的执政官治所所在地,[54] 那攻占它就更有意义了。港口是未来军事行动的突围点,此时匈人可能将它保留了下来。

这位利欲熏心的大主教宁可沦为叛徒也不愿为他的盗墓罪行买单。但多亏了他,马尔古斯被匈人收入囊中。而后,匈人似乎不费吹灰之力便拿下了马尔古斯东边几公里外,今科斯托拉茨(Kostolac)附近的重镇费米拉孔(Viminacium)。

或许他们在攻下马尔古斯后就进行了急行军,在大惊失色的居民把城门闩上之前就冲进了城市,骇人听闻的消息传播的速度也不及他们的行军速度。匈人的迅疾让他们接连攻下了多瑙河边的一座座城市与军营。[55] 然而固若金汤的纳伊苏斯(Naissus)对他们来说是块难啃的硬骨头。但他们决不能放弃的恰恰是纳伊苏斯。这并不是因为这里是君士坦丁大帝的出生地,他们并没有那么了解罗马历史。[56] 但他们应该知道,纳伊苏斯是战略位置十分重要的枢纽地点。军用大道从这里开始向北延伸到多瑙河,其终点便是费米拉孔;向东南直到博斯普鲁斯海峡和君士坦丁堡;向西沿着多瑙河把意大利和东方连接起来;大道上还有一些岔路通往阿德里亚与黑海。便利的交通位置让纳伊苏斯十分富有。伊利里亚四大武器锻造场之一也坐落于此。还有一间工坊坐落在马尔古斯和纳伊苏斯之间的小城镇霍留姆·马尔基(Horreum Margi),可以说,有了这间工坊,匈人在南进的路上一把新弓都不用自己动手造了。[57] 而此时驻扎在色雷斯的军队正深陷将领之间的权力之争,其背后的原因无人知晓。马尔切利努斯·科莫斯在441年只用了短短一句总结了斗争的结果,便开始讲述匈人的入侵,这句话是"最高指挥官,汪达尔人约翰被阿内吉斯克鲁斯

（Arnegisclus）设计谋杀了"。人们没有找到其他的文献记录。[58]人们可以从阿内吉斯克鲁斯这个名字推断出他是哥特人。或许对野蛮人的仇恨是谋杀的原因之一，随后他便接替了这个野蛮人最高指挥官的职位。

古代史学者特别热衷于记录城市被攻占的过程。匈人袭击纳伊苏斯就给了普利斯库斯将这项传统发扬光大的机会。[59]他首先把重心放在了攻城技术上。普利斯库斯模仿了修昔底德的激昂澎湃的语言风格。修昔底德曾详细地描述了斯巴达人是如何在伯罗奔尼撒战争的第一阶段中围困了普拉提亚两年，并最终在公元前427年攻下它的。[60]但普利斯库斯忽略了一个显而易见的问题，或者至少在流传至今的残篇中没有谈及过它：谁教会了匈人在攻打纳伊苏斯时使用攻城技术？因为在流经城市的达努巴河（今尼沙瓦河）上架桥，再把装有轮子、覆有装甲的攻城机器推到防御工事旁，最后用一排巨大的攻城槌来破坏部分城墙，这种攻城槌被称为"羊头槌"，或者自己架好攻城梯爬上去——是骑兵从未掌握的技能。他们还能瞄准个别从城墙上冒出头来的敌人，把他们射下去，几乎箭无虚发。普利斯库斯所描写的这些各式各样的攻城技术一定是在罗马军队当过工程兵的投敌者的杰作。现在他们吃着匈人的军饷，当他们为帝国的敌人卖命而感到良心不安时，便用马尔古斯大主教的例子安慰自己：沦为战俘而被奴役的话就只能被迫劳作，连军饷都没得领。为了尽快攻下纳伊苏斯，他们的主人有时还会用马鞭或者套索催赶他们。若有人表现得对当下的处境非常满意，在与同胞兵刃相见时斗志满满，那么他甚至能获得自由人的身份，同匈人女性结婚生子，在匈人社会中开始一段崭新的生活。普利斯库斯就遇到了一个这样的人，他对此感到十分

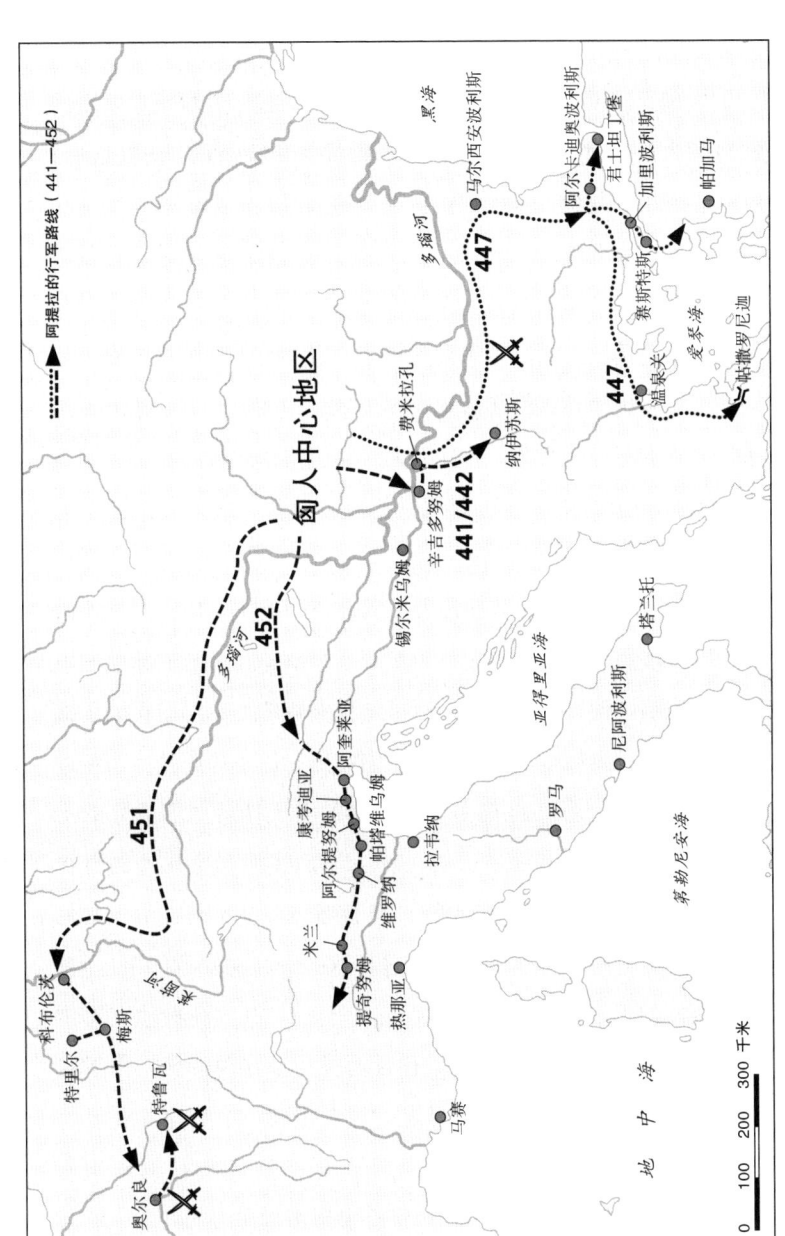

阿提拉向巴尔干、高卢和意大利的进军路线

震惊。[61]

当匈人爬上梯子攀上城墙，穿过"羊头槌"在城墙上凿出的缺口涌入城市时，居民们还在负隅顽抗。在粉碎守军的抵抗后，胜利者开始了复仇，匈人把纳伊苏斯夷为平地。他们杀掉幸存的男人，把妇女儿童掳为奴隶。俘虏的数量随着征服的继续日益增长，已经没有人能付得起他们的赎金了。[62] 413 年一人八个金苏勒德斯的价码已经满足不了阿提拉了。贵族女人的赎身价格更是上涨了不少，而且人们还必须向国王恳切地哀求，直到他大发慈悲，才肯放行一个女人。[63] 其他人除非能给匈人做书记员、建筑工或者战场上的协军，否则便只能衣衫褴褛、满身泥污地苦熬度日。[64]

448 年，普利斯库斯和使者一同出使阿提拉。他们穿过纳伊苏斯，发现那里已成一片废墟，只剩几个病弱在教堂的断壁残垣间苟延残喘。他们来到河边，所见之景触目惊心：河岸布满了抵抗者的骸骨。显然这里的居民曾试图突围，但是却在城墙前惨遭匈人屠戮。胜利者甚至都不允许被俘的女人埋葬他们战死的丈夫、兄弟和儿子。和在草原时一样，他们在搜刮完死者的财物后，就把尸体留给秃鹫和野兽。"尸骨曝野"其实是文学里常见的题材，源自荷马《伊利亚特》这部西方经典的序章的第一句。学识渊博的普利斯库斯自然对此熟稔于心。有人怀疑他在模仿那句话，但他和同伴的行为却有力地驳斥了这种怀疑：出于对死者的尊重，他们一直沿着河走，直至找到一块空地才在上面搭建帐篷。[65]

在 448 年的和约中，阿提拉坚持要把多瑙河边的匈人－罗马市场搬到五日路程以外的废城纳伊苏斯去，双方共同管理城市。[66]

这片废墟让人联想起匈人大胜而罗马大败，但阿提拉对此只字不提，当时在场的所有访客也没有提到这件事。那么狄奥多西二世皇帝在449年拒绝派遣执政官级别的使节去已沦为废墟的谢尔迪卡（今索非亚）同阿提拉会面也是可以理解的了。[67]

441年马尔切利努斯·科莫斯在他的编年史中记载道，在纳伊苏斯之后，匈人还毁灭了辛吉多努姆（Singidunum，今贝尔格莱德）以及伊利里亚的许多其他城市。普罗科匹厄斯补充道，他们在攻下辛吉多努姆后"立刻把它彻底摧毁，屠为空城"。[68]马尔切利努斯列举了当时袭击东罗马帝国的各个民族，从波斯人开始直到匈人。然后他继续写道，最高指挥官阿那托利乌斯和阿斯帕尔"被派遣出使这些民族，和他们签订了时长一年的和约"。[69]"这些"这个指示代词主要指的是波斯人。因为历史学家普罗科匹厄斯记载过阿那托利乌斯当时是以如何惊人的方式去与波斯国王签约的：他独自一人走进波斯人的军营，出现在目瞪口呆的国王面前。[70]

阿斯帕尔在441年同匈人签订了一年的协约。普利斯库斯笔下的一则关于他的轶事令人对这位历史学家惊讶不已，10世纪的拜占庭百科辞典《苏达辞书》也将这则轶事收录其中。[71]这位最高指挥官先是败于阿提拉与布列达，之后文献这么说道：落入匈人手中的俘虏里有一位来自毛里塔尼亚的侏儒，他是阿斯帕尔在阿非利加抗击汪达尔人时得到的一件礼物。他声音嘶哑，双足扭曲，鼻子扁平，鼻孔朝向两边。他被带到国王面前时，阿提拉看见这个可怜的侏儒就感到害怕，而布列达却被他逗笑了。因此在同阿斯帕尔签订和约时，他把这个侏儒留了下来，并送给他一个绰号——策尔孔（Zerkon），在匈人语言中意为"宫廷管家"，当然这里有讽刺的含义。布列达走到哪儿都要带着策尔孔，[72]打仗时他也要把侏儒留在身边，侏儒那滑稽的外表总是能令布列达大笑不止。然而有一天策尔孔和其他战俘们一起逃走了，布列达下令不用管其他逃跑的战俘，只把策尔孔找回来。侏儒再次被抓后，布列达问他逃跑的原因，明明他在匈人这儿比在罗马人那儿混得更好。策尔孔这才坦白他想要个妻子。布列达满足了他的愿望，将一个匈人女贵族许配给了他。这位女匈人曾是王后的侍女，原本因为犯了错误而要被赶走。策尔孔的故事到这里还没有结束，之后他成了匈人王室历史中的一个小亮点，为普利斯库斯所注意并被载入历史文献中。一般来说，历史文献是不会对一个名叫策尔孔的普通战俘有任何关注的。[73]

阿斯帕尔在441年与阿提拉和布列达签订的和约还没有撑过规定的12个月期限。因为马尔切利努斯·科莫斯在442年记载道："布列达和阿提拉以及诸多部族的国王入侵了伊利里亚和色雷斯。"[74]最高指挥官阿斯帕尔同将军阿瑞奥宾杜斯（Ariobindus）和阿内吉斯克鲁斯一起率军抵抗，却遭遇惨败。[75]匈人周边的部落中到处传言，布列达和阿提拉的战士从战争中带回了数不尽的战利品，特别是他们用这种"收入"去做了大买卖。当匈人又准备越过多瑙河去征战的消息传开后，各个部落的国王们都主动加入进来，尽管他们根本就没有受到阿提拉和布列达的邀请。邀请实际上是一种要求，不管是主动上门还是被动受邀——在匈人将野蛮民族纳入自己统治的进程中，这两者是一个开端。阿提拉和布列达对此都心照不宣地默认了。

匈人在441年没能攻下的锡尔米乌姆（Sirmium，今萨瓦河畔的斯雷姆斯卡米特罗维察）现在已被他们纳入名下了。占领潘诺尼亚最大的城市是这两年征战岁月的最大收获。因为自从戴克里先实行四帝共治以来,锡尔米乌姆便是皇帝经常光顾并长时间居住的行宫所在地,它的居民也见证了狄奥多西一世登基。下潘诺尼亚这个拥有数座武器工场与一座舰队船坞的富饶首都的陷落与毁灭,在数十年后仍未被人遗忘:"那里的公民政治与主教管理制度举世无双",535年皇帝查士丁尼一世在一篇法律短文中这样回忆道,接着他写道:"但城市在阿提拉时期被毁灭后,近卫军长官阿普莱俄缪斯(Apraeemius)从锡尔米乌姆逃向帖撒罗尼迦。"[76]这座城市当时属于东罗马帝国。普罗科匹厄斯在谈及查士丁尼在多瑙河沿岸推行的措施时,眼前也浮现了441和442年的攻占事件。皇帝想要重建伊利里亚内陆地区曾经拥有的安全与稳定的局势:"但是阿提拉在带领大军入侵后,毫不费力地夷平了防御工事,无人能阻拦他,阿提拉随后便扫荡了整个罗马帝国。"[77]

使用"阿提拉"这个单数名词而非复数名词"匈人们"自有其合法性。因为所有被占领城市的人与财物都首先属于国王。经过深思熟虑后,国王会把一个出身高贵的俘虏连同他所有的财产送给一个贵族朋友做奴隶。[78]阿提拉和布列达一旦发现有人瞒报或者侵吞战利品,他们就会变得冷血无情。埃提乌斯送给他们的高卢秘书官君士坦提乌斯就因此被钉死在十字架上。此前锡尔米乌姆的大主教把金制的圣餐器皿交给了君士坦提乌斯,拜托他等到城市陷落后,用这些金餐具来赎回自己,若他本人没能幸免于难,就去赎回被俘的市民。但君士坦提乌斯要去罗马办事,就把餐具作为黄金寄存在一个名叫希尔瓦努斯(Silvanus)的人那里,而显然他在回来后没有把它交出去。他必须要为这不忠的行为受到惩罚。之后,希尔瓦努斯把餐具转手卖给了另一个神父,阿提拉得知此事后要求罗马交出此人。在埃提乌斯和瓦伦提尼安三世皇帝的委托下，一位使者向他解释了这场交易背后的宗教原因，他们不会交出无罪的希尔瓦努斯，但会用黄金补偿国王蒙受的财产损失。[79] 皇帝与最高指挥官也承认这条不成文的法则，即战利品为胜利者所有。罗马也一直奉行这一点。

在441和442年的征战后，匈人终于在443年暂时止戈。因为"匈人在战后度过了一段悠闲的时光。每人都享其所有，既没有动乱也没有骚动"。在阿提拉的宫廷中，普利斯库斯从一位希腊人身上了解到了这种休养生息的状态。这位希腊人在故乡费米拉孔陷落后就成了阿提拉亲信奥内革修斯的俘虏，在参与过几次战役后重获自由人的身份，并成为奥内革修斯的门客，开始了心满意足的生活。[80] 阿提拉自己也不能总是一年又一年地把他的战士赶上战场，他们也想要和妻儿一起享用战利品。

狄奥多西二世在442或者443年向阿提拉派遣使者时，匈人还沉浸在安宁与和平中。使者是436年起担任最高执政官的弗拉维乌斯·塞纳托（Flavius Senator）以及半路加入的色雷斯最高指挥官提奥杜鲁斯（Theodulus）。[81] 阿提拉一直坚持只与罗马皇帝的最高代表交涉。若非如此，那他便认为自己和罗马皇帝同等高贵的尊严受到了蔑视。[82] 塞纳托和提奥杜鲁斯转达了一个信息：皇帝会一如既往地缴纳岁贡，因此尽管在441和442年发生了战乱，434年缔结的和约依然继续有效。为了得到确认的答复，他们还提前带来了到期才需支付的款额。

直到447年，匈人才又大举入侵色雷斯。但这之前的数年间，阿提拉并非无所事事。他谋杀了兄弟布列达，成了独裁者。人们对阿提拉弑兄的年份和让弑兄行为合法化的理由至今都争论不休。

一种常见的说法——可能是编造的，也可能有现实依据——指称受害者也并非全然无辜，这种说法宣称人应该先下手为强。阿提拉在王族匈人面前也得用这种理由来掩盖真实的原因——他对权力的渴求，他不想再与兄弟分享王位。两兄弟之间是否有过实质性的外交争端以及总会相伴而生的内政冲突？对此人们只能猜测。布列达是否对匈人的统治已经十分满意？从后来发生的战争来看，阿提拉在这个问题上显然有不同的看法。弟弟是否因为哥哥更加幽默风趣，更受族人的欢迎而恼怒不已？人们可以从策尔孔的故事中得出结论。马尔切利努斯·科莫斯、《高卢编年史》作者和约达尼斯都一致认为是阿提拉策划了这场谋杀。[83] 之后他"统一了全族"，约达尼斯记载道。然而对阿提拉的抵抗一波未平一波又起，因为布列达曾统治着大部分的匈人部族，其中还有王族匈人。普洛斯佩尔·提洛指出了统一的困难之处："阿提拉逼迫忠于布列达的部族臣服于他。"耐人寻味的是阿提拉用了哪些手段，或者更准确地说，可以用哪些手段且不会立即危害到他的独裁统治。阿提拉最后成功地一统全族证明他有着高超的政治手腕。至少，他优待了布列达的家人，让他们不会再威胁到自己的权力。布列达的一个妻子保住了作为某处匈人村落头领的地位。[84] 大批支持布列达的匈人——其中包括王族匈人——及时越过多瑙河逃到了罗马。在阿提拉的要求下，狄奥多西二世想把这些人暴力遣回，这可算不上这位虔诚而软弱的基督徒皇帝人生中的光辉事迹。而逃亡的匈人绝望地进行反抗，宁可战死也不愿返回故乡。[85]

第十章

独裁者阿提拉

布列达死后，阿提拉便向意大利进军。普利斯库斯在阿提拉的一次宴会上注意到了这两件事背后的联系。[1]盛宴持续到了晚上，当夜幕降临后，两名匈人歌手登场歌颂阿提拉的胜利与英勇，他们对所有有关布列达的暗示避而不提。在匈人歌手表演后登场的是一名丑角，他满嘴胡言乱语，引发一阵阵哄堂大笑。最后出场的是侏儒策尔孔，这着实出人意料，因为阿提拉在布列达死后就把他送给了埃提乌斯。可是布列达当时许配给策尔孔的妻子留在了匈人地界，他对妻子异常思念，便想返回匈人王国。匈人贵族艾德肯（Edekon）建议他先讨得阿提拉的欢心，再提出自己的要求。艾德肯十分了解他的国王，并预见阿提拉会对他送出去的礼物从罗马人那儿逃回感到心情烦躁。策尔孔采纳了艾德肯的建议：在一桌客人面前，他穿着摩尔人的衣服来了一场表演，他的嗓音嘶哑，口音掺杂了匈人语、拉丁语和哥特语，把所有人逗得笑弯了腰。只有一人无动于衷地坐着，一言不发，那人就是阿提拉。他对于策尔孔突然回来的愤怒都写在了脸上，艾德肯察觉到了他的不满。但让阿提拉生气的不只有不听话的策尔孔，还有普利斯库斯不曾提到的深层原因。[2]

策尔孔登场后，国王最小的儿子厄尔纳克（Ernac）出现在宴会上并坐在了他父亲的身边。阿提拉轻轻地抚摸他的脸颊，目光非常慈爱。普利斯库斯惊讶地询问他旁边一名会说拉丁语的匈人，为什么阿提拉不喜欢同样也出席了宴会的更年长的儿子们。那位匈人悄悄告诉他，一位先知向阿提拉预言过他的家族将会衰落，但会因为幼子而东山再起，重振雄风。匈人们交头接耳，是谁导致家族衰落？这是显而易见的：阿提拉谋杀了兄弟，自己引发了家族的厄运。他们的叔伯卢阿和奥克塔认为，和平相处的双王更能保障王冠的稳定与族人的安康，他们治下的匈人部族也是同样的想法。而阿提拉尽管子嗣满堂，却在追求权力的过程中打破了这种稳定。他把策尔孔送走不仅仅是因为他从第一眼开始就受不了这位侏儒的外表，还因为策尔孔会让他回想起被他谋杀的、对侏儒滑稽的外形乐不可支的胞兄布列达。恰好在这次宴会上，策尔孔唤起了他的这种回忆。阿提拉本可以直接杀掉这个奴隶，但一种对自己暴行原始的、不可思议的愧疚感阻止了他。另一方面，这个总能活跃气氛的侏儒是一份大礼，阿提拉可以用他来向埃提乌斯示好。同时策尔孔也是阿提拉对最高指挥官送给他秘书官君士坦提乌斯的一份回礼。可怜的策尔孔的表演没有起到作用，他必须再次回到埃提乌斯那里去。最后，埃提乌斯把他交还给了他最初的主人阿斯帕尔。[3]

442年，当匈人向萨瓦河上游的锡尔米乌姆进发时，下榻此地的近卫军长官阿普莱俄缪斯带着一群下属逃向帖撒罗尼迦。他们的逃跑对其他居民来说是一个信号，城中居民也赶紧行动起来保命。但是也有一些人选择加入匈人队伍为阿提拉效力。其中一位就是欧瑞斯特（Orestes），他之后晋升成为西罗马帝国的贵族和最高指挥官，在475年将自己的儿子罗慕路斯·奥古斯都路斯扶上了皇帝的宝座。"阿提拉刚到意大利，欧瑞斯特就加入他的麾下，成为他的秘书官。"《瓦雷西亚无名书》(*Excerpta Valesiana*)在谈到欧瑞斯特的儿子罗慕路斯时回顾了他的这个不同寻常的举动，并强调欧瑞斯特侍奉阿提拉并没有对他的事业发展产生不利影响。[4]会说希腊语的欧瑞斯特作为使者两次被阿提拉派往东罗马的皇宫，一次和艾德肯一起，一次和艾斯拉一起，两位都是位高权重的匈人贵族。

普利斯库斯在出使阿提拉的路上第一次碰见了欧瑞斯特和艾德肯，他简短地介绍了一下这两人：那位匈人在战场上攻无不克，战无不胜。那位罗马人在萨瓦河畔如同在潘诺尼亚腹地的锡尔米乌姆一般游刃有余，"根据同西罗马帝国的最高指挥官埃提乌斯签订的协约，潘诺尼亚的这块区域属于匈人"。[5]而在接下来的每次会面中，普利斯库斯总是同时提起这两人。[6]艾德肯是战功累累的哥特人，欧瑞斯特是来自潘诺尼亚的罗马人，会说希腊语和拉丁语，很可能也会说匈人语。阿提拉需要的正是这种毫无疑虑向他效忠之人。没有匈人敢因他的部下如此"国际化"而表示不满。普利斯库斯在提到艾德肯和欧瑞斯特时略有嘲讽，是因为他想到了476年的事件吗？因为476年8月28日，艾德肯的儿子奥多亚塞（Odoacer）命人在普拉森提亚（Placentia，今皮亚琴察）谋杀了最高指挥官欧瑞斯特，几天后又在拉韦纳谋杀了他的兄弟保罗（Paulus）。接着他推翻了罗慕路斯·奥古斯都路斯的政权，结束了西罗马帝国五百年的统治。[7]

欧瑞斯特不是阿提拉的第一任秘书官。他的前任是高卢人君士坦提乌斯，此人是埃提乌斯赠给匈人王的礼物，却在锡尔米乌姆陷落后，因其在罗马的欺瞒行为失去了阿提拉的宠信。[8]最高指挥官又送来一位意大利人作为继任，他也叫君士坦提乌斯，曾陪同欧瑞斯特和艾德肯前往君士坦丁堡。普利斯库斯详细地注释道，这两位秘书官是埃提乌斯派遣的，但他对欧瑞斯特却未着一言。这位潘诺尼亚人是通过毛遂自荐的方式成为阿提拉的秘书官的，《瓦雷西亚无名书》也对此有所提及。本来埃提乌斯自己是不会想到要送一位秘书官给阿提拉的，至少他在国王卢阿那里做人质时认识的第一任秘书君士坦提乌斯就是阿提拉自己索要来的。[9] 以前，草原战士中的酋长们不会读不会写，只会用弓箭、套索与剑刃交流，对读写能力十分不屑。如今这样的时代已经过去了：若想要同拉韦纳的皇帝以及君士坦丁堡的皇帝对等地谈判，并且不满足于仅仅派使者去传达口谕，那就需要一个文书处、一个会拉丁语的秘书官（notarius）和一个会希腊语的速记员（hypographeus）来撰写书信。[10] 匈人使者偶尔会把皇宫大门口挤得满满当当，每人都有一封阿提拉的信件要传递。[11]

阿提拉帝国瓦解后，匈人短暂的"官僚主义"盛世便也宣告结束了。乌提古尔部族（Utigur）的匈人国王桑迪尔（Sandil）在551年向皇帝查士丁尼派遣使者时就只下了口谕，没有发送书信。历史学家普罗科匹厄斯对此这样解释："匈人对文书毫无概念也毫不关心。他们也没有教书先生，他们的孩子在成长期间从没有上过学。"[12]

阿提拉和布列达在443年攻占锡尔米乌姆不久后便处死了第一位秘书官君士坦提乌斯，之后埃提乌斯主动给阿提拉送去一位意大利的同名者来补偿自己的失误——尽管罪不在他。这件事最早应该发生在444年他返回意大利之后。因为442年和443年这位最高指挥官在高卢安排了两次大移民：442年把阿莫瑞卡给了阿兰人，443年把日内瓦湖畔的萨珀迪亚给了幸存的勃艮第人作为新家园。他提出的条件依然是新移民要和原住民共享土地。勃艮第人并不为原住民所欢迎，而阿莫瑞卡的矛盾冲突规模庞大，阿兰人拿起武器赶走了原住民。[13]

442年西罗马帝国同北非的汪达尔国王盖萨里克达成的约定具有重要意义：他被公开承认为占领区的主人，尽管占领区在罗马人看来仍然属于帝国领土。作为罗马人民的"朋友"（amicus），他有义务保证阿非利加继续发挥作为罗马的粮仓的功能。为了确保安全，他要交出儿子胡内里克（Hunerich）去做人质。[14] 君士坦提乌斯向他的新主人报告过埃提乌斯的移民行动以及同盖萨里克的协约吗？这是否启发了阿提拉也去让西罗马帝国承认自己是已被他占领的潘诺尼亚部分地区的主人？阿提拉是否曾沿着贯穿潘诺尼亚的军用大道行军，翻越朱利安阿尔卑斯山脉，带着骑兵一路冲到高城深池的阿奎莱亚（Aquileia）的大门前，以此来向拉韦纳施加压力？似乎他没有进一步的动作，因为只有上述的《瓦雷西亚无名书》顺带对此记录了几笔。[15] 阿提拉在朱利安阿尔卑斯山这边随口威胁一句，便已经足够让瓦伦提尼安三世皇帝和埃提乌斯忙不迭地满足他的愿望了。

接下来的谈判都在欧瑞斯特、艾德肯和埃提乌斯之间进行，他们签订的条约之后要由阿提拉和瓦伦提尼安三世批准通过。谈判的主题是上潘诺尼亚和瓦雷利亚（Valeria）。这两个省份都以多瑙河为界。阿提拉声称，匈人属于阿拉提乌斯和萨弗拉克斯的"三民族大联盟"，已经在那里生活了"50年"或者"快50年"了。两个省份都像盖萨里克的统治区那样仍旧属于帝国领土，但潘诺尼亚的这部分区域在被"委托给"阿提拉后便要"听命于他"，普利斯库斯这么写道。[16] 为了应对有人恶意抨击皇帝卖国，拉韦纳的罗马朝廷还更进一步：瓦伦提尼安三世授予了阿提拉最高指挥官的荣誉。自从君士坦丁大帝之子君士坦提乌斯二世以来，日耳曼血统的最高指挥官屡见不鲜。他们大多在军队里身居高位，有的甚至成了最高执政官。

在诸位最高指挥官之中，哥特人阿拉里克的地位有些特殊：皇帝阿卡狄乌斯在397年将其任命为伊利里亚的最高指挥官。他要率领哥特人抵御意欲把伊利里亚收归西罗马的斯提里科。[17]他在401年准备去意大利时，便撤掉了最高指挥部这一机构，但斯提里科在405年又把它恢复了。异族国王给罗马人带来了毁灭性伤害，罗马人却报之以最高指挥官的官职——这难道不是开门揖盗，或者如拉丁俗语所言：把羔羊托付给恶狼吗？[18]因为预料到将有劈头盖脸的批评声涌来，拉韦纳的朝廷诡辩道，他们付给阿拉里克的年金既不是贡金也不是国礼，而是他和其他每个最高指挥官一样应获得的酬劳。[19]酬劳的具体金额可以从阿拉里克为他的非在位时间提出的追加款项以及斯提里科在罗马元老院力排众议争取的薪酬中推测出来：4000磅黄金。"这不是和平条约，这是奴役条约"，斯提里科的反对者对此十分愤怒。[20]

普利斯库斯强调，阿提拉和阿拉里克不同，他没有指挥罗马军队的实权，只有最高指挥官的荣誉称号。要不然驻扎在那里的匈人军队就不再只是盟军，而是罗马军队中的正规军，拉韦纳就得为他们提供军费了。他们作为盟军，负责提供补给的就是行省民众。

和所有至今为止的谈判一样，阿提拉也要求罗马遣返所有逃亡的匈人，交出没有向主人缴纳赎金的罗马战俘。[21]埃提乌斯必须将儿子卡皮里奥送去作人质。"在卡皮里奥成为阿提拉的人质后",也就是在与罗马签订的上一份条约中提出引渡匈人并要求将最高指挥官的儿子作为人质后,阿提拉于449年再次要求罗马遣返所有匈人。[22] 艾德肯在同埃提乌斯谈判的最后献上侏儒策尔孔,这表明了阿提拉示好的态度。策尔孔之后便和艾德肯商议了回乡大计。[23] 瓦伦提尼安三世更加大方,他不仅拔高了最高指挥官的荣誉等级,还把阿提拉称为"罗马人民的朋友"(amicus populi Romani)。[24]

名讳不详的"拉韦纳地理学家"在8世纪提到了潘诺尼亚的邻省——中瓦雷利亚省。[25] 它的别名"中部省"将它和多瑙河边属于阿提拉势力范围的瓦雷利亚省区分开来。人们猜测,埃提乌斯当时将瓦雷利亚的居民移居到那里,那些移民可能就把故乡的名称带过去了。[26] 他们是埃提乌斯在阿兰人和匈人之后处理的第三批移民,要在新的聚居地守卫通往意大利的关口。省份名称的迁移先例有内陆达基亚和沿河达基亚(Dacia Ripensis)。这两个省份位于多瑙河右岸,是皇帝奥勒良在271年放弃多瑙河左岸的大省达基亚后建立的,皇帝将左岸的居民都移到了新省里去。之后的一个例子是改名的阿莫瑞卡。5世纪末,不列颠的居民在盎格鲁人和撒克逊人的攻击下迁移到此处寻求庇护。依照他们的名字,阿莫瑞卡在6世纪后半叶被称为不列颠尼亚(Brittannia),今天的布列塔尼大区依然还在使用这个名称。都尔的圣额我略(Gregor von Tours)的历史著作没有记录它的旧称,只提到了不列颠尼亚和不列颠尼(Brittani)。

与盖萨里克以及阿提拉签订的条约给拉韦纳造成了严重的财政亏损,因为脱离了罗马帝国的省份无法再为帝国提供税收。为了弥补损失,同时不削减财政支出中占比最大的军费支出,瓦伦提尼安三世在444年7月14日通过了一项法律，规定元老院议员也需要服兵役。若不想服役就必须缴纳一笔"免役费"（adaeratio），缴纳金额规定如下：等级最高的元老（illustres）共需缴纳90个金苏勒德斯，一人30个。下面两个等级的元老则分别缴纳30金苏勒德斯和10个金苏勒德斯。[27]

瓦伦提尼安三世不断地思索救国良方，他在另一则于444年秋颁布的法律中宣称：面临险峻形势，建立一支强大的军队是第一要务。这句话为出台新的流转税提供了借口，该税税额为1司利夸（siliqua），也就是1/24个金苏勒德斯。这些税收用于改善皇帝恳切的宣言中提到的日益艰难的军队补给。[28] 在同阿提拉和盖萨里克签订和约后，纳税者普遍认为皇帝应该通过裁军来减轻他们的负担，但拉韦纳的瓦伦提尼安三世不这么想。百年来罗马在"野蛮人的忠信"（fides barbarica）上获得的经验教训让他格外谨慎。

阿提拉对他在瓦伦提尼安三世和埃提乌斯那里捞到的好处十分满意。狄奥多西却不买账。当阿提拉在皇帝的使者西纳托和提奥杜鲁斯启程后期待着又一笔黄金入账时，君士坦丁堡却在不久后违背协约不再支付金币。逃亡匈人和战俘的遣返工作也中止了。狄奥多西二世的司库大臣，443年以来最强势的宫廷新人——宦官克瑞萨菲乌斯是这一系列事件的幕后推手。[29] 他若是向皇帝吹耳边风，要他面对匈人时做出比拉韦纳的瓦伦提尼安三世更强硬的姿态，尤其这种强硬还有利于节约国库财政，那软弱的狄奥多西二世应该是听得进去的。克瑞萨菲乌斯甚至在449年还想到用东罗马常用的手段来解决争端：他筹划了一场针对阿提拉的暗杀。[30]

不久后阿提拉正在秣马备战的消息传到皇宫，这给了狄奥多西二世及其谋臣拒绝支付所有贡金的理由。阿提拉得知了被拒绝的消息，这是君士坦丁堡的一次外交强音。阿提拉立刻回应：他要求君士坦丁堡以最快的速度缴清欠款，遣返"被他们以战争为借口扣留下来的"投敌者。这还不够，他还要求罗马人派来谈判代表以确认未来岁贡的金额，最后他威胁道："如果罗马人再拖拖拉拉或者意欲扩军备战，他可就想管也管不住手下那群狂野的匈人了。"[31]这句威胁可以令人管窥到他的地位以及他与士兵之间的关系。这番话不只是向皇帝施压，也是要让君士坦丁堡明白，他们是在向残暴无情的匈人挑衅，这是在引火烧身。匈人对于战利品的欲望甚至让他们不受国王约束。就算没有国王，他们也会发起袭击。匈人国王的王位是否稳固取决于他是否能定期安抚匈人对战利品的渴求，让匈人更为富足。

阿提拉在所有的谈判中不断重申遣返投敌者的要求也是为了巩固他的地位。投敌者背叛了他们的国王，他们一旦落到阿提拉手里，下场就和逃亡的王子马玛和阿塔卡姆以及不忠的秘书官君士坦提乌斯一样，会被钉在十字架上。[32]难怪很多逃亡者出于这个原因宁肯反抗前来抓捕他们的罗马差役，死于搏斗中，也不愿回乡在同族围观者的唾骂声中屈辱地死去。[33]没有任何公开处罚能如此有威慑力，同时能增强观众的团结感。人们关注着被钉在十字架上的投敌者，满心饥渴地欣赏他整日痛苦挣扎在死亡边缘，从中获得复仇的快感。投敌者受到的酷刑是公正的，因为他们的逃跑削弱了己方的战斗力而增强了敌方的战斗力。他们背叛的是整个匈人民族。布列达向策尔孔提出的问题——为什么他在匈人地盘受到的待遇比罗马好却要逃跑——便十分典型。[34]罗马和约通常也会预先规定投敌者被遣返后会被钉死或者被活活烧死。

[35]在执行钉十字架的死刑时,行刑者往往会选择"最繁华的街道,这样就会有大量的人群围观并因这可怕的场景受到触动"。帝王时代的一位不知名的作家见证了这一死亡展览,认为它起到了杀鸡儆猴的作用。[36]

阿提拉虽然送去了书信,但并不是真的想谈判,因为他的备战工作已在进行中,就算狄奥多西二世立刻满足他的要求,他也不打算停下来。这封书信就是个一眼就能看穿的幌子,他以此来为备战赢得更多时间。449年普利斯库斯去拜访阿提拉时自己也亲历了备战过程:来到多瑙河边后,他见到了很多当地船夫,他们驾着独木舟准备载匈人渡河。而载罗马使者渡河对他们来说是第一次。在接下来的旅程中,他们还不断地碰上向多瑙河行进的匈人战士。据说他们要跟随阿提拉去河对岸距此地约五日行程的非军事区狩猎。实际上他们是去集结备战的,因为罗马人没有把所有的逃亡者遣回。他们要去狩猎的便是这些逃亡者。[37]

阿提拉要去打猎的这个借口听起来并不虚假,很多人都不会怀疑。因为匈人的大狩猎常常跟真正的作战差不多,是完美的战争演习:首先他们要高效地组织起来;在包围猎物时需要不同群体的通力合作;每个人都要练习提高射箭的精准度与扔套索的敏捷度;国王和他的匈人贵族们要在狩猎中证明他们是最优秀的猎手,值得万众拥戴。

阿提拉的要求在狄奥多西的枢密院会议中遭到了一致拒绝,"他们不会遣返逃亡者,而是和逃亡者一起投身战争;同时他们也会派遣使者来解决争端"。[38]渐渐地,迁居多瑙河和君士坦丁堡之间的匈人越来越多,他们背弃了阿提拉的统治,罗马人希望能在这些人的帮助下击退侵略者。这也是狄奥多西二世的谋士们能如此大胆宣战的原因之一。新上任的色雷斯最高指挥官、哥特人阿内吉斯克鲁斯也为他们助威打气。他渴望着洗去 442 年败于阿提拉和布列达的耻辱。[39]如果君士坦丁堡方面读懂了阿提拉信中的潜台词，也许态度就会缓和得多：他已经找到了其他盟友，准备一起在广大的前线消耗东罗马的兵力。"阿卡狄乌斯带领的格皮德人、维拉米尔带领的东哥特人以及其他由各自国王带领的民族。"[40]这不是一场匈人的民族战争，而是一场多民族会战，马尔切利努斯·科莫斯在 447 年写道，那是一场"空前激烈的大战"，阿提拉几乎占领了整个欧洲。他并没有直接描写大战的规模，而是按时间顺序列出了一张东罗马帝国，尤其是"高贵之城"君士坦丁堡在那一年遭遇的灾难事件表：一场波及各个地区的恐怖地震震垮了君士坦丁堡的主体城墙和 57 座塔楼。随后饥荒爆发，瘟疫肆虐，夺去了上千人的性命，重创了畜牧业。在近卫军长官君士坦提乌斯的带领下，城墙在三个月内修复完毕。[41]对匈人的恐惧让罗马人干起活来十分卖力。

阿提拉和他的前任们一样注意到了东罗马处境岌岌可危，为此积极地备战。马尔切利努斯·科莫斯对此同样没有明说，而是通过记录一连串的事件进行了暗示。匈人的联合大军渡过多瑙河后在乌图斯河（Utus）与阿内吉斯克鲁斯正面交锋。战斗十分激烈，罗马人再次落败，他们的统帅在顽强抵抗后也战死了。[42]巴尔干半岛成为待宰的肥羊。联合大军为了打击君士坦丁堡一路突进到了温泉关（Thermopylern）。近卫军长官君士坦提乌斯以最快速度修复的城墙拯救了城市，人们在城墙上刻下文字，用神话来歌颂他的伟绩，同时不忘贬低一回雅典及雅典卫城："雅典娜女神也无法如此快速地修建起一座如此坚固的城堡。"[43]守备森严的城市，比如阿德里安堡和色雷斯的赫拉克利亚承受住了袭击，但很多其他城市与堡垒毁于一旦。[44] 在加里波利半岛上的克森尼索又爆发了一场战役，罗马人再一次战败，狄奥多西二世不得不妥协求和了。[45]

一位目击证人证实并完善了后来的编年事件表。450 年左右，僧侣卡里尼库斯（Kallinikus）撰写了一本关于大修道院院长希帕提乌斯（Hypatius）的传记。他在君士坦丁堡的城郊修建了一所修道院，于 446 年去世。去世时他的教众们都伴其左右，其中就有卡里尼库斯。希帕提乌斯躺在床上，咽气之前做了一番关于灾难的预言。[46] 30 天后一场冰雹袭击了整个地区，毁掉了所有即将收成的葡萄。大如石块的冰雹从天而降，中间还有类似人眼的图案，仿佛在说："你们看，什么东西来了。"五个月后几场大地震把环东部地中海的所有地区都变成了人间地狱。叙利亚大主教狄奥多勒、被放逐埃及的大主教聂斯托利（Nestorius）也亲历了地震。紧接着地震袭来的是滔天的海啸，教会史学家埃瓦格里乌斯（Euagrius）记录了大量细节，详细记载了其恐怖的破坏力。匈人在这之后入侵了色雷斯。他们攻占了一百多处村镇，威逼君士坦丁堡，以至于城中大部分居民纷纷窜逃。"遍地杀戮，血流成河，"卡里尼库斯哀叹道："亡者数不胜数。匈人占领了教堂和修道院，杀掉了大量的修士和修女……他们把色雷斯毁灭得如此彻底，它再也不能恢复元气与往日的光彩。但我们会无不惊奇地想起圣希帕提乌斯在生命最后一刻的预言。"[47]

阿提拉向皇帝的使者阿那托利乌斯（Anatolius）和提奥杜鲁斯（Theodulus）提出的条件十分严苛。人们可以预见到谈判过程将会十分漫长，可能会拖到 448 年。[48] 为了不从一开始就激怒阿提拉，狄奥多西挑选了地位最高的官员去执行这项尴尬的任务：阿那托利乌斯从433年到446年担任东方的最高指挥官，440年担任执政官，不久前还获得了贵族的称号。[49] 提奥杜鲁斯则是色雷斯的最高指挥官。阿提拉首先坚持"将逃兵引渡给匈人"。人们已经对他的这类要求习以为常，因此罗马使者并不会对此感到惊讶。但第二个要求相当令人震惊，即"他们应向匈人缴纳6000磅尚未支付的黄金"。这里指的并不是送给国王的岁贡。岁贡在布列达死后涨了两三倍，罗马依照条约本来应付给阿提拉350磅黄金。这笔黄金在现在和未来都会继续流向匈人。除此以外，罗马每年还要另外支付2100磅黄金，这笔钱是给战俘补交的赎金。每个没有缴纳赎金就返回故乡的罗马战俘需要支付12个金苏勒德斯，而非434年的8个金苏勒德斯，否则罗马就得把战俘遣返。罗马人也被禁止给匈人投敌者提供住处。

从没有任何罗马皇帝承受过来自莱茵河、多瑙河或者幼发拉底河另一边的蛮族这么多强迫要求。历史学家普利斯库斯无不伤感地试图为此辩解，最终却以对狄奥多西二世及其幕僚们的严厉批判作结："这些统治者为恐惧所支配，迫不得已接受了所有不公的要求。他们想要和平，同意支付高额贡金，这些贡金格外沉重昂贵，那是因为它们并非出自国库和皇帝的私家金库，它们的钱都用于泛滥的戏剧表演和狂热虚荣的活动，用于娱乐消遣和毫无节制的支出，任何理智的人都不会这样大肆挥霍。"普利斯库斯接着谈到了这种轻率所导致的后果，它产生于对政治的盲目与无知，罗马自己的军队无人在意，罗马人不仅要向匈人，还要向所有野蛮人邻居俯首帖耳，献上贡金。[50]

普利斯库斯笔下东罗马帝国内忧外患，国难方殷。阿提拉不是唯一的始作俑者，也是最主要的罪人。罗马帝国为了支付给匈人王巨额款项而颁布了严苛的税收政策，从所有社会阶层搜刮民脂民膏。这位历史学家自己也是受害者，他对这种苛捐杂税进行了猛烈的抨击。令人难以置信的是，元老院的贵族们也不能幸免。"很多人被饿死，或者用一根麻绳结束自己的生命"，[51] 普利斯库斯亲历此景，十分震动。在阿提拉的使者斯科塔斯（Skottas）收到了6000磅黄金和罗马投敌者的赎金后，君士坦丁堡里的财库已经空空如也。罗马政府唯匈人马首是瞻，搜捕并交出了所有曾为罗马战斗的匈人投敌者，没有比这更不光彩的事了。但是大部分投敌者顽强抵抗，宁肯死在罗马土地上，也不愿随斯科塔斯一同返乡。[52]

对普利斯库斯来说，阿萨姆斯（Asamus）堡垒的英雄事迹是黑暗现状中的一线希望。它位于阿萨姆斯河汇入多瑙河的河口处。[53] 往西走几千米，乌图斯河边，抗击匈人的第一次战役在那里打响，阿内吉斯克鲁斯便在此牺牲。逃过这场大屠杀的罗马人躲进了堡垒，堡垒之前还接纳过匈人的投敌者。阿提拉得知后便在战后命手下猛将去夷平这座堡垒。根据《百官志》（Natitia dignitatum）的记载，守卫堡垒的都是轻骑兵（milites praeventores）。[54] 他们不仅和逃亡者们一起守卫城墙，还主动出击，击退了入侵者。匈人为了不耽误南进而不得不撤军。当他们扫荡周边地区时，阿萨姆斯的侦察队便跟了上来。侦察队抓住时机袭击了这群为战利品所拖累的强盗们。尽管侦察队人数处于劣势，但他们还是劫走了匈人的战利品，释放了被俘虏的罗马人，甚至抓了一大批匈人战俘。

这次失败是阿提拉辉煌战绩中的一个污点，令他大动肝火。

在同阿那托利乌斯和提奥杜鲁斯谈判的时候，阿提拉便气冲冲地咆哮道，除非阿萨姆斯守军释放所有匈人，并且为被俘的罗马人支付一人12个金苏勒德斯的赎金，否则他就不签订和约。为了不背弃阿萨姆斯勇敢的守卫者，谈判者们费尽心力想要说服阿提拉改变想法，但这是徒劳无功的。一封写满了匈人要求的书信送到了阿萨姆斯。他们回信道，他们已经把所有罗马逃亡者送回家，处决了匈人战俘，只剩了两名存活。阿提拉的手下在攻城时伏击了城外照料家畜的奴隶，把那些人都带走了。阿提拉必须交出奴隶，他们才交出那两名幸存的匈人，在战争法规的规定下进行交换。现在阿提拉和罗马使者派人去寻找那些奴隶，但他们已无迹可寻。他们把消息传达给阿萨姆斯，保证奴隶不在匈人手上，接着守军便释放了那两名匈人俘虏。阿萨姆斯守军也发誓他们无法再满足对罗马战俘的要求。这是在撒谎。

普利斯库斯为这个谎言辩解道："他们相信，为了救同胞性命，除了发假誓之外别无他法。"[55] 阿萨姆斯这座小小的堡垒比君士坦丁堡的懦弱政客们更有骨气。阿萨姆斯的战士们在守卫城墙、出击匈人时证明了，只要人们够勇敢、够聪明，阿提拉的军队也是可以被击溃的。后世的历史学家已经知道了阿提拉及其政权的结局，便从这个角度大力宣扬对抗蛮族的信心。而来自居鲁士的大主教狄奥多勒并不知道未来会如何，他在同年的一封书信里抱怨道，上帝因我们的罪恶"让大地震动，让蛮族从四面八方侵略我们"。[56]

狡猾的阿提拉还发现了一条攫取黄金和奢侈品的门路。皇家礼仪规定，若使者带着礼物前来觐见，那就要向其君主及其本人回礼以示谢意。回礼一定要比对方更为慷慨大方，这是彰显自己高贵地位的一种手段。阿提拉的使者是否带了礼物，文献没有记载。匈人国王习惯获取而非给予。他之后有一次用马匹与兽皮回赠了狄奥多西的使者阿那托利乌斯和诺姆斯（Nomus），这两位他都已经十分熟悉了。[57] 面对匈人使者，罗马宫廷也坚持传统，阿提拉的使者每次都满载礼物而归。或许君士坦丁堡的罗马人会这样自我安慰：用这样的方式能羞辱匈人，让他们感觉自己是未开化的、对外交礼仪毫无概念的野蛮人。

阿提拉对此毫不在意。在同阿那托利乌斯签订条约后，阿提拉的使者立刻动身去拜见皇帝，重申引渡投敌者的要求，却遭到了君士坦丁堡的拒绝，他们声称手下再没有投敌者了。但君士坦丁堡赠给了使者很多礼物以示安抚，于是阿提拉又派遣了第二批使者，他们同样拿回礼拿得盆满钵满。第三批和第四批使者接踵而至："那个野蛮人利用了罗马人的慷慨。罗马人为了不破坏合约而坚持大方行事。阿提拉把所有能派遣的使者都派了出去，让他们都得些好处。为此他编造了不少蹩脚的理由与虚伪的借口。"[58]

但是阿提拉也知道：信任虽好，控制为上。他的使者一回来，他就立刻命人仔细清点每个人都从谁那里获得了什么礼物。[59] 没人敢用小礼物中饱私囊。他那被钉在十字架上示众的秘书官君士坦提乌斯便是一个警示。[60]

普利斯库斯并没有刻意隐瞒伟大将领阿提拉同时也是一个诡计多端、贪得无厌的骗子。他这些花招之所以都行得通，是因为狄奥多西二世身边的幕僚们"对他言听计从，把他提出的要求视作他们自己君主的命令"。但人们不得不谅解他们无论如何都想避免战争的心态，他们无法承担得起与匈人作战的压力。因为在447年战败后，他们必须再次扩军来应对东方的战争威胁与内部的不稳定势力。[61]

阿提拉对此也有所耳闻。他的使者为他带来各种最新消息，他也知道如何去利用这些消息。448年，阿提拉派遣他的亲信艾德肯和秘书欧瑞斯特前往君士坦丁堡。艾德肯在皇宫中递交了一封书信，信中提到阿提拉因投敌者的问题而极为不满。在狂风暴雨般地责骂了罗马人的拖拉与懈怠后，他威胁道，如果他们再次拒绝遣返投敌者，他就发动战争。然后他要求从现在开始不可再有罗马人踏入多瑙河右岸潘诺尼亚到色雷斯诺维伊（Novae）之间五日行程距离的区域。[62]这里的潘诺尼亚指的是445年后就归匈人统治的上潘诺尼亚和瓦雷利亚。终点诺维伊位于属色雷斯辖区的下默西亚省，是一处重要的驻防城市，那里驻扎着大量军队。[63]另外，驻扎在多瑙河边的军队要和住在河间、丘陵与山区的居民一样撤走。阿提拉将长矛插在地上，表明这片区域"已有戈矛"。这个由希罗多德提出的、古希腊时代的历史与国际法概念应该是希腊人欧瑞斯特告诉阿提拉的。[64]博学多闻的欧瑞斯特或许还提醒过阿提拉要同时关注日耳曼人。恺撒的《高卢战记》中提到了苏维汇人："在他们的认知中，边境另一边的无尽荒野便是对他们国家的最高赞扬。"恺撒在该书第六卷的日耳曼人附录中概括道："对部落来说，边境地区一片荒芜，周围都是原野，这便是最好的。"苏维汇王国的东边是绵延约96千米的平原。[65]匈人王认为，身强力壮的人要穿越平原只需五天。[66]

这片罗马人被禁止涉足的区域在某种程度上是阿提拉权力的象征。它既是一片抵御侵略的安全区，又是一道阻拦部下叛逃去罗马帝国的屏障。若叛变者拖家带口驾车逃离，他们很快就会被敏捷的骑兵抓住。阿提拉承认，两年后他以罗马人不得再接受任何投敌者为条件废除这片安全区时,他特别考虑的便是安全区的这一功能。[67] 这道保险使得贸易规则亟待更新,因为罗马人不再能像334年那样前往多瑙河边的马尔古斯去做生意。未来的贸易市场改设在已被摧毁的纳伊苏斯城里。这座城市正好位于安全区的南部边界,而且城市废墟对阿提拉来说也有个让他愉快的附加效果:废墟会使罗马人回想起匈人攻克帝国内部固若金汤的大城市的恐惧。[68] 安全区的缺点则是双方贸易往来变得困难。罗马商人不能再在多瑙河上运输货物,只有动用武力才能将那里掠夺成性的暴民赶走。但是两年后阿提拉废除安全区,也有可能是因为一些匈人的怨言传到了他的耳朵里。匈人贵族沉湎于帝国的奢侈品中不能自拔,根据阿提拉宫廷的葡萄酒消费量推算,匈人偏爱潘诺尼亚种植区的葡萄酒产品。人们交易的商品有兽皮、余裕的战利品,还有老弱战俘。这种在多瑙河流域和博斯普鲁斯地区的贸易往来可以追溯到匈人兴起前的时代。[69]

448年,熙熙攘攘的纳伊苏斯集市在阿提拉看来并不是一个适宜与罗马高官谈判的尊贵场所。于是他安排了省份首府谢尔迪卡作为下一次会议的地点,打算在下次会议上解决有争议的问题。阿提拉只想和罗马最位高权重的使者会晤,他会在谢尔迪卡接待他们。匈人前年在那里造成的废墟免不得要令使者们颇为震撼。阿提拉的使者艾德肯在君士坦丁堡的皇宫转达了他这无理的要求。[70] 可能下一次阿提拉就非要与狄奥多西直接面谈不可了。但皇帝决定不给他为谢尔迪卡废墟中的胜利沾沾自喜的机会,拒绝向那里派遣使者。[71]

阿提拉的官方称号是"大地之主"和"最显赫的胜者与永远的统帅",[72] 然而他本人却与这些冠冕堂皇的修辞截然相反。有没有可以让皇帝摆脱阿提拉恼人纠缠的方法？当君士坦丁堡马戏团般的政客们向皇帝欢呼颂赞："全能的上帝命汝统治。但凡挑战皇威之人，皆被征服"[73]时，这些阿谀之词听起来难道不让人满怀希望吗？

狄奥多西二世的大臣中最有权势的克瑞萨菲乌斯在决定刺杀阿提拉时，脑海里闪现的可能便是这样的想法。他开始接近艾德肯。[74]这位匈人在宫廷译官维吉拉斯陪同的一次会议中向他坦白过，富丽堂皇的宫殿给他留下了深刻的印象。克瑞萨菲乌斯察觉到了这位"战功卓越"的勇士的软肋，便小心翼翼地试探道：艾德肯如果离开匈人的领土，成为罗马人，那他也能拥有金碧辉煌的屋宇与享不尽的荣华富贵。艾德肯回答道，没有君主的允许，他作为臣下是不能自作主张的。接下来克瑞萨菲乌斯便询问了他和阿提拉的关系，得知艾德肯是阿提拉最信任的亲信，也是阿提拉挑选出来的贴身护卫之一。护卫会全副武装地轮流站岗，艾德肯是进行刺杀的最佳人选。克瑞萨菲乌斯更进一步，邀请艾德肯赴宴，因为他有重要事项要独自与艾德肯商议，他请求艾德肯不要带上欧瑞斯特和其他使者。现在他们二人都要为此次私下谈话保密，在译官的帮助下他们交换了诺言。这位匈人保证，就算他无法完成克瑞萨菲乌斯建议的事情，也不会出卖克瑞萨菲乌斯。见面的时候，宦官终于挑明了来意，同时赠予艾德肯许多豪华大礼。[75]他希望艾德肯刺杀阿提拉，然后返回君士坦丁堡安享富贵生活。艾德肯同意了，只要了50磅黄金来雇佣帮手。但这笔钱他不能带在身上，因为这个数目会引起同伴的怀疑，也逃不过阿提拉的检查。译官维吉拉斯也要前往国王的宫殿，到时候他会告诉译官如何把黄金交给他。

克瑞萨菲乌斯对这一切了然于心，宴后便立刻参见狄奥多西二世，向他和内廷总管马提亚利乌斯（Martialius）透露了刺杀计划。克瑞萨菲乌斯对艾德肯的决定和他对于君士坦丁堡奢华生活的向往坚信不疑，说服了狄奥多西二世和马提亚利乌斯。442年汪达尔贵族试图刺杀国王盖萨里克，败露后惨死。这次这位匈人就得机灵一些，如果他或其他人泄露了计划，那他就会重蹈汪达尔贵族的覆辙。[76] 东罗马帝国和西罗马帝国想要一劳永逸地除掉最危险的对手。匈人没有首领阿提拉便会战斗力大减，奥克塔死后勃艮第人的胜利以及阿萨姆斯抵御阿提拉手下将领的防卫战便证明了这一点。[77]

为了不引起怀疑，罗马人现在还不能显露对胜利的喜悦。应阿提拉要求而派遣的使者不能去谢尔迪卡，而要去他的宫殿。使者团代表是贵族马克西米努斯，皇帝的亲信，他得让阿提拉顺心如意。为了谨慎起见，罗马宫廷没有告知他刺杀计划。因此陪同马克西米努斯出使的普利斯库斯也对此一无所知。唯一的知情人便是随行的译官维吉拉斯，他在前一年就已经为阿那托利乌斯和阿提拉的会谈做过翻译。马克西米努斯要转交一封皇帝的书信，信中要求匈人王遵守同阿那托利乌斯签订的和约，不侵扰罗马的土地。

狄奥多西二世不承认新的安全区。他相信刺杀行动一定会成功，因此便自以为后顾无忧。他宣布除了已经遣返的投敌者外，他还要再送回17人，此外再没有更多了。另一个有争议的议题只得马克西米努斯口头转达：阿提拉不能总是要求罗马派遣高官阶的使者。他的前任们和其他部落首领从没有过这样的先例，往往只是派一名士兵或者信使就足够了。要解决这个问题，阿提拉要派遣奥内革修斯——他也是一名匈人贵族——前往君士坦丁堡谈判。[78]

普利斯库斯对皇宫阴谋的描述让人联想起经典的古希腊罗马喜剧。米南德、普劳图斯和泰伦提乌斯把市民日常生活中错综复杂的故事搬到了舞台上,现在罗马的统治者却试图用可笑的50磅黄金做赌注,去解决掉"令帝国畏惧的敌人",罗马宫廷上下都认为这位恶敌觊觎罗马的财富,不只想蚕食罗马帝国,还想征服全世界。[79]自信满满的译官维吉拉斯长时间以来都对阿提拉在同阿那托利乌斯谈判中所展现出的友善抱有幻想,但他撒谎时却语无伦次起来,结果被反将一军。和舞台上的失败者不同,他挣扎求生一番,最后活了下来。[80]而受上帝恩泽的狄奥多西二世在刺杀阿提拉失败后则被叱骂为卑鄙小人。[81]假如这是一出戏剧,那么在剧终人散之时,观众往往会鼓掌喝彩。但普利斯库斯和他的读者却不认为这出闹剧有什么值得叫好的理由。这位历史学家反而提出了一个批判性的问题:为什么虔诚的基督教徒狄奥多西二世会参与宫廷宦官克瑞萨菲乌斯不靠谱的刺杀计划,以此来弥补他无力改善的军事弱势?

第十一章

拜访阿提拉

在两座罗马都城和匈人的王宫之间，一波又一波的罗马使者与匈人使者来来往往，这可以说明拉韦纳和君士坦丁堡在制定政策时受到了阿提拉多么强烈的影响。埃提乌斯交给他的儿子卡皮里奥和机要秘书官（tribunus et notarius）卡西奥多罗斯一个出使任务，但出使的具体日期不详。卡西奥多罗斯是哥特国王狄奥多里克大王的首相卡西奥多罗斯·西纳托的祖父。人们猜测，卡皮里奥要继续在阿提拉那里做人质，但他其实在445年人质期满后便已返回罗马帝国。埃提乌斯回想起了自己充当人质的岁月，意图利用儿子的见识与人脉。[1] 普利斯库斯于449年在前去拜访阿提拉的途中碰到了一群罗马使者，而卡皮里奥的出使任务应该在这之前。[2]

狄奥多里克大王在507年给罗马元老院的一封信里提到了卡皮里奥和卡西奥多罗斯的这次出使。和其他的信件一样，这封书信也是由小卡西奥多罗斯起草的，他在信中纪念了祖父和阿提拉的会面："卡西奥多罗斯看向帝国所惧怕之人时，眼神毫无畏惧。他迎着阿提拉可怕的神情把对方从头到脚打量一遍，迅速回击了对方一连串的咒骂。阿提拉似乎抱有一种不可理解的荒唐幻想，认为自己能征服全世界。卡西奥多罗斯碰上的是一位傲慢自大的国王，而等到他发言结束的时候，国王已经平静了下来。阿提拉那些诽谤性的控告被他逐一有理有据地反驳,以至于阿提拉不禁想请对方宽赦自己伤害了罗马帝国倾尽财力缔结和平的诚心。卡西奥多罗斯的坚定给了怯懦的罗马人民以勇气,人们不再把派遣了如此勇敢的使者的皇帝视为胆小之徒。他带回了本来已被放弃的和平。"[3]

卡西奥多罗斯是否真的在目光阴沉的阿提拉面前表现得如此无畏,把他"从头到脚"打量了一遍?这应该是卡西奥多罗斯家族的一个传说,在这个故事中,这次派遣本来的任务目标被视为次要的,而且被省略了。埃提乌斯的使者在那位独断专横,对征服世界夸夸其谈的匈人王面前本应该是十分谨慎的。要是有人抨击阿提拉作假,他就会立刻结束谈判。其他使者也知道阿提拉脾气是多么暴躁易怒。卡皮里奥和卡西奥多罗斯送了很多贵重礼物,说了很多好话才打动阿提拉同意退让一步。他们回到拉韦纳后,罗马人认为他们达成了一个重大的和平决议,于是热烈地欢迎庆祝。

阿提拉的忠心部下们也有些愠怒,他们认为这个罗马人对他们的国王不敬。普利斯库斯提到了一个有代表性的例子:马克西米努斯的东罗马使者从君士坦丁堡出发前去拜访阿提拉,他们和艾德肯的匈人使者在谢尔迪卡碰面了。罗马人邀请匈人共进晚餐。在餐桌上,一方夸耀罗马的皇帝,另一方夸耀匈人的国王。在对话的过程中,罗马译官维吉拉斯插话道,人们不能把狄奥多西二世,一位神,和凡人做比较。匈人勃然大怒。要是罗马人没有立刻转换话题并给匈人统领分发礼物的话,这场晚餐便会不欢而散。[4] 在场的普利斯库斯拒绝为译官辩护:东罗马帝国的皇帝正如他的传统名号宣称的那样是神圣的,但他不是神。历史学家对此没有做出评述是因为他的读者们心中都明白这一点，而人们无法让匈人理解形容词"神圣"和名词"神"之间的差别。即便部族首领用过"神"这个词，也并不是说他们把阿提拉看作神明，这只是一种外交上的谄媚修辞。[5]他们只是坚持他们国王的地位没有在皇帝之下。阿提拉自己也十分看重这一点。

普利斯库斯在449年写就的出使游记是对阿提拉其人的性格与宫廷生活以及匈人在新家园潘诺尼亚生活状况记录得最翔实、最直接的资料。[6]普利斯库斯是一个敏锐的且不会先入为主的观察者，他没有被75年来经口头流传、文字记载的有关匈人的可怕消息蒙蔽双眼。他来自帕尼翁（Panion），此地位于君士坦丁堡以西200千米处，在马尔马拉海边，属于色雷斯辖区。《苏达辞书》，10世纪的拜占庭百科全书将生活于狄奥多西二世统治时代的普利斯库斯称作诡辩家，一位受过雄辩和哲学训练、善于舞文弄墨的人才。他写了很多有关辩论的习作和信件，除此之外，他还著有八卷本的《拜占庭史及阿提拉史》。6世纪的教会历史学家埃瓦格里乌斯有一次提到了匈人国王，简短地概括了《阿提拉史》的特色：博学家普利斯库斯的写作手法"细致入微，聪明灵动，措辞极为讲究"。他还提到了阿提拉攻占和掠夺过的城池数量以及阿提拉之后是如何死亡的。[7]《苏达辞书》和埃瓦格里乌斯的评价都说明后世的读者因为这本著作讲述了阿提拉的历史故事而对它爱不释手。尤其第三册末尾关于阿提拉行宫的描写引起了读者强烈的兴趣。10世纪的皇帝君士坦丁七世把全册著作都收录进了他的汇编丛书《使者文书》中。

因为流传下来的文本残缺不齐，人们无法确认普利斯库斯的历史著作是以何时为起点的。因为阿提拉权势盛隆，第一个断章便紧接着传统的序章记载了阿提拉和布列达于 334 年的统治。[8] 在君士坦丁堡皇宫担任过要职的历史学家难道不应该从 408 年的皇权代表狄奥多西二世开始着笔吗？毕竟他写的不是匈人历史，而是拜占庭历史，其中皇帝长达 42 年的在位时期自然应该是重点叙述对象。卡罗拉（Carolla）收集整理的残篇第 50—54 页也指明了这一点，但其可靠性仍旧要打个问号。普利斯库斯应该写到了 472 年，因为博学家马尔库斯（Malchus）显然接着普利斯库斯的著作写了一本 473 年到 480 年的《拜占庭历史》。

埃瓦格里乌斯赞扬普利斯库斯写作"措辞极为讲究"，这主要指的是古代历史学家的叙述所产生的语言和文学影响，对于受过教育的读者来说，这种影响是显而易见的。而这在拜占庭历史的写作中并非孤例。大量与修昔底德、色诺芬和波利比乌斯著作风格的相似之处证明了普利斯库斯文风中的古典主义特色。而对普利斯库斯影响最深的还是希罗多德。[9] 多瑙河和斯基泰地区在地理上的相近是一个原因，另一个重要原因便是历史记录手法上的相近，普利斯库斯的出使游记便体现了这一点。希罗多德遍游希腊世界周围的异国城邦，了解他们的政治制度、文化传统与民族关系，之后予以记录。普利斯库斯也和希罗多德一样，抓住了机会去多瑙河对岸了解阿提拉和匈人。他也对罗马人与匈人之间的冲突做了考察（historie）与记录（apodeixis），探讨了希罗多德在具有纲领性的序言里提出的主题。普利斯库斯依据他所有关于匈人的听闻与见闻，遵循着"历史之父"那条已成为箴言的原则："耳听为虚，眼见为实。"[10]

希罗多德没有谈到过自己在旅途中的私下经历，只偶尔以自己的名义发表一下见解。而普利斯库斯把他出行途中的经历详细记录了下来。宫廷高官马克西米努斯受托于狄奥多西二世,邀请普利斯库斯一同动身,前去与阿提拉谈判。[11] 最高指挥官普林塔斯也在434年把"因智计过人而名声在外"的财政官伊壁琴尼带上[12]去与匈人交涉。聪慧的伊壁琴尼与普利斯库斯扮演的角色与其说是秘书,不如说是可以信赖的同伴,他们会在任务陷入困境时给上司一些建议,而同阿提拉谈判时会遇到的困难都是可以预料的。普利斯库斯表现优异,马克西米努斯在接下来出使罗马(450年)和大马士革以及亚历山大港(451年)时都带上了他。他后来在狄奥多西二世的继承人马尔西安(Marcianus)手下担任行政长官尤菲米乌斯(Euphemius)的参谋,尤菲米乌斯要与拉兹人,一个高加索蛮族,进行和谈,谈判进展十分艰难。[13]

《苏达辞书》把普利斯库斯称作书信撰写者,也许为词典编纂者提供信息的人手上就有一封信件。普利斯库斯在信里先叙述了自己出使阿提拉的过程,后来又不加删减地将这段经历直接搬到自己的历史著作中。这应该可以解释这些历史记录之所以如此生动的原因。拜占庭人非常喜欢行文活泼、文字优美的书信。描写异域风情以及作者的亲身经历与冒险的游记尤其受到欢迎,这种游记中令人难以望其项背的典范便是荷马的《奥德赛》。[14]

449年春,艾德肯和马克西米努斯及随从一起从君士坦丁堡启程。[15] 译官维吉拉斯尽力控制自己不要一不小心把刺杀计划说漏嘴。一起吃饭的时候是很危险的。在傍晚抵达谢尔迪卡后,他插嘴说狄奥多西二世是神,而阿提拉只是人。这句话差点引起骚乱,马克西米努斯把丝绸衣服和印度宝石送给了艾德肯和欧瑞斯特才将他们安抚下来。欧瑞斯特赞不绝口,因为马克西米努斯也给他送了礼物,而在君士坦丁堡时只有艾德肯一人获赠了礼物。

维吉拉斯忍受着匈人的斥责，只得艰难地维持冷静。[16]艾德肯故意没有向欧瑞斯特透露刺杀计划，若别人对此事知情，就有可能向阿提拉泄密。泄密者将会获得一大笔奖赏，但是艾德肯必须确保这个人是自己。如果这个匈人决定挫败君士坦丁堡的刺杀计划，那向阿提拉揭露这项阴谋的人只能是他。[17]

罗马人在纳伊苏斯的河岸边发现了很多死去居民的残骸。匈人似乎把帐篷扎在了与这片可怕的地点颇有一段距离的地方。[18]第二天白天，使者们见到了伊利里亚的最高指挥官阿琴图斯（Aginthus），准备接收他向阿提拉承诺引渡的17名投敌者。阿琴图斯却只能交出五名，匈人将他们关押了起来。[19]

穿过险象丛生的深堑沟谷，绕过许多弯路，使者们继续向多瑙河前进。普利斯库斯没有解释他们为什么避开了宽阔舒适的军用大道。他更乐意与车夫在路上拖延时间，那些人随时准备着运载阿提拉和他的战士们前往参加大狩猎。[20]

任何异族人，即便是皇帝的使者，都不能在匈人的地界上自由活动。因为阿提拉必须知道他的国土上都有哪些人停留，尤其在他准备进行征战的时候。间谍永远令人感到不安。因此，罗马人必须在距离多瑙河一日路程远的原野上停下等候，艾德肯和他的随从先骑马去向阿提拉禀报。有几个匈人留在原地，说是向导，实为监视。正当晚饭的时候，两名匈人骑兵出现了，他们命令所有就餐者前去拜见阿提拉。这两位骑兵被邀请共进晚餐，二人欣然应允。[21]

同谋者维吉拉斯毫无疑心，没有料想到艾德肯骑马先走的真正缘由。也许这位匈人从一开始就从没想过要刺杀阿提拉。他对国王的忠诚远高于他向克瑞萨菲乌斯——匈人同胞的敌人——许下的诺言。也许他一开始有所动摇,但离君士坦丁堡越远,他离诱惑也越远。路上他决定先行一步去向阿提拉泄密,并告知他使者团里唯一的知情者维吉拉斯带来的50磅黄金是用来做什么的。

第二天下午,罗马的使者抵达了一片布满帐篷的广场,那便是阿提拉的军营。他们刚来就体会到了这位匈人王的情绪有多么敏感,哪怕别人对他只有一点点的冒犯也不行:他们想把帐篷扎在对面的山坡上,但被立即禁止了,因为他们的住所不可高于阿提拉的帐篷。使者们的帐篷乱七八糟地立了起来,这时艾德肯、欧瑞斯特、斯科塔斯以及其他匈人贵族出现了,向他们询问此行的目的。使者们不知所措地回答道,他们要向阿提拉转达皇帝的旨意。这个答案并没有让匈人满意,他们又骑马去参见阿提拉,不久后返回,但艾德肯不在其列。他们列举了所有使者们前来拜访的理由。如果他们没有其他消息要禀告国王,便应立刻返回君士坦丁堡。现在除了维吉拉斯,所有人都对匈人的这般反应感到迷惑不解。他们没有意识到克瑞萨菲乌斯、维吉拉斯、艾德肯以及阿提拉之间的联系,便要求面见国王。但匈人坚持让他们启程返回。

当有人开始为马匹装载行李时,维吉拉斯看见他的兽皮滑了出来。他要在这里放弃拯救罗马帝国从而青史留名的机会吗?他要放弃他在谢尔迪卡捍卫过的神圣皇帝吗?他小心翼翼地暗示了随身带来的50磅黄金的实际用途,但没有向马克西米努斯和普利斯库斯透露刺杀计划。他并不怀疑艾德肯可能会背弃誓言,只是担心欧瑞斯特可能把他在谢尔迪卡有关神明狄奥多西和人类阿提拉的那番言论转告给了阿提拉。[22]

突然事情出现了转折,匈人再度出现并带来了阿提拉的命令。由于天色渐晚，他们可稍后再动身上路。阿提拉甚至命人送来了一头牛与河鱼作为晚餐。皇帝的使者自然带了很多随从来彰显皇威，每人都清楚这一点，所以普利斯库斯便没有提到过使者团的规模。直到阿提拉赐给他们那头牛，才让读者意识到有多少人正饥肠辘辘。[23]

在匈人王看似贴心地把使者团留下来，并慷慨地为他们提供膳宿后，马克西米努斯和普利斯库斯以为第二天就能见到阿提拉，并在这种期待中进入梦乡。但是第二天他们觉得自己被戏耍了，阿提拉又下令让他们启程回乡，但他的一句补充又让人燃起小小的希望：除非他们在使者的陈词滥调之外带来了一些新玩意儿。马克西米努斯摇摇头，又开始收拾行装。只有维吉拉斯再次嗅了嗅清晨的空气，恳求说他有其他重要的任务要完成。[24]

普利斯库斯在这个紧要关头介入进来，因为他看见马克西米努斯对于任务失败是多么的哀伤。或许这件事还有转机，这位历史学家心生一计。强行面见阿提拉是不可能的，但能不能换个方式？幸运的是，半路有个西罗马人卢斯提修斯（Rusticius）加入了使者团。他想去拜访阿提拉的秘书官，那位被埃提乌斯送去匈人大帐的君士坦提乌斯。普利斯库斯请求这位会说匈人语的罗马人同他一起去见斯科塔斯。他是奥内革修斯的兄弟，是狄奥多西二世请阿提拉派去解决争议问题的使者。但奥内革修斯当时正和阿提拉的长子艾拉克待在匈人部族阿卡提尔人的地界。这个部族在多次战役后被阿提拉的王族匈人打败了。[25]

普利斯库斯很了解这个部族的特性，便准备利诱斯科塔斯：马克西米努斯会赠予他豪华大礼，如果他的兄弟到君士坦丁堡来也能得到厚礼。接着普利斯库斯提出了他的请求：他听说阿提拉对斯科塔斯的信任不比对他自己的兄弟少。不知斯科塔斯是否愿意为使者团在阿提拉面前美言几句？斯科塔斯大为受用，立刻骑上马奔去阿提拉的帐篷，而普利斯库斯则回去找到马克西米努斯。马克西米努斯和维吉拉斯正躺在草地上，焦灼地等着他回来。在夸赞这位考虑周全的调解人后，他们下令给马卸鞍。普利斯库斯告诉他们准备好给阿提拉的礼物，并考虑清楚接下来要说些什么。在手忙脚乱中，斯科塔斯突然闯进来，告诉他们阿提拉同意接见了。[26]

他们三个一起进入了重兵守卫的国王大帐，阿提拉端坐在中间的木制王座上。马克西米努斯上前一步，将狄奥多西二世的书信奉上并说道，狄奥多西祝福阿提拉国王及其人民如意安好，阿提拉也回以祝愿。这些都是常见的外交客套话。接着阿提拉变了脸色，一阵斥责向维吉拉斯劈头盖脸地倾泻下来。阿提拉认为，维吉拉斯尽管知道同阿那托利乌斯签订的条约已经规定，在遣返完所有的投敌者之前，罗马帝国不得再向阿提拉派遣使者，却还是如一头不知羞耻的野兽，就这样大剌剌地出现在他面前。维吉拉斯反驳道，罗马人已经遣返了所有的投敌者，手里没有更多的匈人了。阿提拉勃然大怒，他威胁道，若不是使者法规有禁令，他就要把维吉拉斯钉在十字架上喂鸟。然后他叫来一名书记官朗读了大批匈人投敌者的名字，他们现在应该都躲在罗马帝国境内。普利斯库斯对阿提拉的文书处如此仔细地记录了所统治部族的情况感到十分惊讶，但他没有将这种惊讶表露出来。匈人中间若有人投敌，就要立刻禀报给文书处加以记录。最后一个名字刚念完，阿提拉就让维吉拉斯和匈人艾斯拉立刻一起踏上回程。他要去君士坦丁堡要求遣返所有"从卡皮里奥做人质的时期"就开始逃亡的匈人。[27]

尽管怒火中烧，匈人王也没有透露一个字表示他已经知晓了维吉拉斯在刺杀计划中扮演的角色。他还让维吉拉斯继续相信艾德肯正在为实施刺杀大计尽心谋划。阿提拉是想在维吉拉斯依令行事、回来向他禀明已遣返所有投敌者之后再结束这场猫捉老鼠的游戏吗？阿提拉把维吉拉斯玩弄于掌心，让他在回去后给君士坦丁堡的皇帝带句话，好让皇帝将其写进史书：他，阿提拉，不允许任何匈人帮助罗马人对抗他。投敌者想寻求帝国的保护，但这是无济于事的。当他要去攻城略地时，他们能救得下哪座城市或者哪座堡垒呢？普利斯库斯记下了阿提拉的这番狂言。阿提拉接着还问道，罗马人是要交出投敌者还是想跟他在战场上兵刃相见？[28]

维吉拉斯要立刻动身返回君士坦丁堡，而马克西米努斯则要等待阿提拉给狄奥多西二世的回复。现在阿提拉向他索要礼物。国王拿到礼物后，三个罗马人便回到自己的帐篷去讨论当日的经历。维吉拉斯依然对刺杀计划毫无疑心，但也不理解阿提拉的举动，毕竟他被阿那托利乌斯派遣出使阿提拉时，对方还是对他客气相待的。普利斯库斯猜测，或许是谢尔迪卡的宴会上的不愉快被阿提拉知道了，才导致气氛骤然走低。马克西米努斯似乎也认为是这个原因。这使得维吉拉斯产生了疑虑，但他依然没有想到艾德肯可能出卖了他，便住了嘴没有说话。这时艾德肯突然出现把他拉到一边，向他索要50磅黄金来雇佣所谓的50个帮手，维吉拉斯只得向其他人撒了个谎。马克西米努斯和普利斯库斯自然想知道他和那个匈人讲了些什么，便一直催促他把话说清楚。维吉拉斯便找了个说辞，说艾德肯只告诉了他阿提拉因为投敌者的事情而对他发火。阿提拉提出,要么遣返所有投敌者,要么派遣调解人去和他谈判。后来普利斯库斯在知道整个刺杀计划的来龙去脉后,忍不住评论道:欺人者反被人欺。这是历史学家对自己和朋友马克西米努斯被蒙在鼓里的一种报复性言论。[29]

这三个人继续交谈,这时传信人带来阿提拉的命令:维吉拉斯和其他任何使者都不能赎买罗马战俘或者非罗马自由人。除了必需的口粮,在罗马人和匈人之间的问题尚未解决时,他们也被禁止购买马匹或其他物品。普利斯库斯也只有在事后才知道这些新规则到底是怎么回事:马克西米努斯在阿提拉的大帐里被询问过,维吉拉斯的50磅黄金是用来做什么的,而匈人王其实对答案已经了然于胸。马克西米努斯一脸茫然地回答道,那是他们路上的盘缠。维吉拉斯又撒谎了,阿提拉想在维吉拉斯回去后再揭露整个骗局,告诉马克西米努斯这些钱的真正用途。[30]

维吉拉斯现在得跟大家告辞了。他依旧热切地希望刺杀计划能够成功,阿提拉故意放大了他这份盲目的期待,让他带走了那50磅黄金,并确信他会把黄金再带回来,接着自投罗网。阿提拉还派遣了贵族艾斯拉与之同行,以防万一。艾斯拉曾在卢阿手下当过谈判者,和罗马人打交道的经验十分丰富。马克西米努斯和普利斯库斯却接到指示——等奥内革修斯回来。奥内革修斯从阿卡提尔人那里返回后,他们就要私下把狄奥多西二世备下的礼物交给他。[31]皇帝是不是已经把阿提拉的这位大臣看作是"阿提拉之下的匈人二把手",一旦刺杀计划成功,那他就会成为阿提拉的继承人,而艾德肯则在君士坦丁堡开始奢华的生活?对普利斯库斯来说,这是一位历史学家梦寐以求的时刻。他可以和马克西米努斯一起作为阿提拉的陪同者穿越匈人的国境,去他在匈牙利草原北部的行宫。如果艾德肯没有向阿提拉保证这二位和刺杀计划毫无关系,甚至对其完全不知情,那阿提拉也不会给他们这个机会。

维吉拉斯踏上返程后,其他几位使者还在营地待了几日,然后便和国王一起出发前往北方,但不久后他们就在国王的命令下自己上路了。因为阿提拉中途拐去了一个村庄,去娶匈人艾斯卡姆(Eskam)的女儿为妻。罗马人也没有被告知不能参加婚礼的理由。普利斯库斯只能猜测,阿提拉已经有过很多任妻子了,这次他想按照匈人传统来置办婚礼。从先前迎娶的妻子数量可以推断出,这位新夫人应该非常年轻貌美。正在衰老的阿提拉非常看重这一点,他的上一任妻子便是年轻的美人。[32] 但更重要的是,这种一夫多妻制是一种能为他争取到贵族长老支持的政治工具。盛大的婚礼邀请了众多宾客参加,这其中的政治利益关系罗马人不需要知道。他们也不想在宴席上听到匈人对君士坦丁堡和拉韦纳弱不禁风的皇帝实行一夫一妻制的嘲讽吧?

普利斯库斯没有参加婚礼,但记叙了他惊险刺激的旅途经历。他做了丰富详尽的人种学观察。使者们跨越了很多条河流,其中最重要的便是匈牙利草原南部的德莱肯河(Drekon),也就是今天的贝伽河(Bega)。他们用马车将独木舟或木筏运过沼泽地,然后乘船渡河。他们的随从去村庄中找食物,主食不是常见的小麦而是小米,酒水不是葡萄酒而是大麦酒,当地人把它称为卡蒙(Kamon)。有一天晚上他们在一片池塘边上扎好帐篷准备过夜,附近村庄的匈人都会来这里汲水。突然天气骤变,狂风大作,暴雨伴随着电闪雷鸣倾盆而下,他们的帐篷被撕裂了,所有的行李都滑进了池塘。所有人都被这场暴风雨的威力吓破了胆,急忙离开了那片空地,但众人却在黑暗和大雨中走散了,每个人只能尽力去躲避风暴的袭击。最后有人率先摸索到了村庄里面,并大声呼喊为同伴们指路。村民们被吵闹声惊醒,点燃芦苇秆——他们最常用的燃料——扎成的火把,去寻找吵闹声的来源。随行的匈人向他们解释发生了什么,接着村民燃起一大簇篝火,为这群过路人提供了避难所。[33]

读者读到这一段便知道,马克西米努斯、普利斯库斯和所有同行的使者因为一场意外而体会到了匈人热情好客的品质。他们得到的不只是一处遮风挡雨的住所,接下来的经历虽然不至于让他们完全放弃对匈人的固有印象,但也至少让他们对这群野蛮人有所改观:女村长是被谋杀的匈人王布列达的妻子之一。当她了解到这群浑身湿透的罗马人现下除了随身物品一无所有时,便为他们安排了一顿丰盛的晚餐,还送来几名美人"助兴"。普利斯库斯解释道,这是匈人的特色。罗马人展现了绅士风度,邀请这些美人一起进餐,但之后他们拒绝了美人们的其他服侍。普利斯库斯没有解释他们如此节欲自制的原因,也没有说明马克西米努斯是否强迫了美人去服侍他的下属。普利斯库斯重点突出了这些妇人的美貌,难道是想暗示她们并不是匈人(匈人一般都面貌丑陋),而是匈人的俘虏的女性或者战俘的妻女?这位希罗多德的崇拜者还联想到了波斯人,他们派来招待客人的不仅有已婚妇人,还有妓女。[34]

第二天一早,罗马人便去池塘边寻找遗失的物品。有些还落在岸边,有些就得从水里钓出来。风暴停息后阳光普照,他们便在村庄里惬意地待了几个小时,马匹与其他拉货的牲畜也需要重新购买。他们并不只是骑马前行,而是拉了一辆或者好几辆车上路，这也能说明他们使者团的规模大小。无论如何他们至少得有一辆车来运送礼物，以便在意外的情况下通过送礼来彰显皇家的大度风范，这也是人们对他们这些外国使者的期待。在村庄里休整一日也给了马克西米努斯和普利斯库斯这样的一个机会：他们去登门拜访布列达的遗孀，感谢她昨晚的招待。作为回礼，他们送了这位女王——普利斯库斯如此称呼道——三个银盘、红色的皮革、印度胡椒、椰枣和其他甜品。这些东西匈人都没有见过，女王因此十分欣喜。互道祝福并再次答谢后，他们便辞行上路了。[35]

他们继续在路上走了7天，匈人首领便命令他们在一处村庄稍做停留。因为阿提拉又和他们走上了同一条路。婚礼庆典活动已经结束了，他们各自去行宫的道路汇合在了一起。但他们不能在阿提拉之前抵达行宫，必须在他的队伍后面等候。这又是一起能说明国王自负个性的生动案例，在局外人看来有些怪异。但是这次停留让这几个罗马人着实惊讶了一番：在村里等候的不只有他们，还有一支西罗马的使者团，他们也准备去拜访阿提拉。他们的官阶都高于东罗马的使者。领头的是统帅罗慕路斯以及普罗莫图斯（Promotus），诺里库姆总督以及军队司令官罗曼努斯（Romanus）。和他们一同出使的还有阿提拉的秘书君士坦提乌斯以及塔图鲁斯，他是欧瑞斯特的父亲，也是统帅罗慕路斯的女婿，他曾陪同艾德肯前往君士坦丁堡。[36]

普利斯库斯在交谈中了解到皇帝瓦伦提尼安三世和埃提乌斯派遣他们去拜访阿提拉的原因。这位匈人国王在六年后依然为他的第一任拉丁语秘书君士坦提乌斯的暗地交易恼怒不已。他在占领锡尔米乌姆后丢失了一部分战利品，便要求罗马提供补偿，西罗马的使者们就是去安慰他的。他将那两面三刀的秘书官钉在十字架上是合情合理的惩罚，但这不能弥补他的损失。现在罗马人想和他进行谈判，向他解释被侵吞的金餐具背后的宗教含义并请求他的答复。[37] 或许普利斯库斯听了后会默默地摇头：匈人万事通埃提乌斯本应知道以什么样的方式解决这个问题才是最迅速且最不张扬的。他只需要称一下餐具的重量，让使者带去同等重量的黄金即可。但是，拉韦纳比君士坦丁堡在财政上更为捉襟见肘。

在阿提拉抵达汇合点并继续前进后，两个使者团也得令跟随其后踏上旅程。渡过了一条又一条河流后，他们终于抵达了至此时为止见过的最大的村落。村中一间间宏伟的房屋共同构成了富丽豪奢的国王行宫。广阔的平地上，精雕细琢的木屋拔地而起，人们裸眼都看不见木梁之间的接缝。房屋上有塔楼，周边有栅栏。它们的作用更多是分隔出国王行宫的范围，而非安全防卫。[38] 阿提拉在他的行宫中不需要像在行军大帐里那样提防刺客。没有任何一个地方能比行宫更让他感到安心了。但是预防措施还是要做的。一群"被精心选拔出来的战士"日夜轮岗，围绕在阿提拉身边，既能保护他的安全又能突显威严。宫殿后面是奥内革修斯的府邸，也相当富丽堂皇。它也被一圈木栅栏围着，但是没有塔楼。这是一个区分匈人首领和副首领的标志。奥内革修斯在栅栏附近有一个豪华的石造浴池。目瞪口呆的普利斯库斯记录下了浴池的来历：一位来自锡尔米乌姆的战俘修建了它。石料肯定采自潘诺尼亚，因为在一望无垠的匈牙利平原上既没有石头也没有树木。这位工匠希望他能因此而获得自由，但是他错了。奥内革修斯想在未来也能享受他的服侍，便任命他为自己和整个家庭的浴室总管。[39]

和每个君士坦丁堡的市民一样,普利斯库斯也数次亲历过皇帝抵达首都时的盛况:皇帝身披华贵的紫袍站在马车上,在他之前和之后各有一列盔甲闪亮的骑兵、高举旌旗的士兵和身着白衣的元老。民众们有节奏地欢呼着,歌颂着被上帝护佑的帝国荣光。在其他城市也是如此,整个过程像是一次胜利大游行。[40]

而阿提拉抵达他的行宫后,欢迎程序则更显朴素亲切:一长列侍女一步步向他走来,以白纱遮面的夫人们带领着七人一群的侍女,唱着当地的歌谣。阿提拉路过奥内革修斯府邸门口时,副首领的夫人迎出来并向他致以匈人的最高礼节:阿提拉坐在马鞍上,一群侍女捧上佳肴美酒。夫人向他表示欢迎,并请他随意品尝。为了向她回礼,同时也是照顾她丈夫的面子,阿提拉会吃一点食物,将杯中美酒一饮而尽,之后进入行宫。[41]

奥内革修斯也回来了,他邀请马克西米努斯和普利斯库斯去他家里用晚餐,他的夫人和部下会招待他们。接着他为离席表示歉意,他要立刻去向阿提拉回禀自己在阿卡提尔人的领地执行的任务,还要告知阿提拉他的儿子艾拉克从马上摔下来,断了一只手。饭后,马克西米努斯和普利斯库斯以及使者团的其他重要人士在阿提拉的行宫附近扎起了帐篷,以便在受到召见时能立刻前往。第二天清晨,马克西米努斯派他的朋友带着皇帝和自己的礼物前去拜访奥内革修斯,也是为了向他问询什么时候方便与他们进行会谈。普利斯库斯发现大门紧闭,便决定在门外等候。[42]希腊人习惯早起,而匈人在和平年代则喜欢睡到日上三竿。

当普利斯库斯在屋外的栅栏边来回踱步时,从房里走出了一个男人。从衣着来看,他应该是个匈人。但是令普利斯库斯惊讶的是,那人用了希腊语"chaire"向他打招呼。匈人最多也只会说哥特语和拉丁语，如果会说希腊语，那就只能是在色雷斯或者伊利里亚的海岸做过俘虏。那么他是这样的匈人吗？人们很容易从被俘虏过的匈人那破烂的衣裳和脏兮兮的头颅判断出他的悲惨经历。但眼前这个男人看起来却十分体面，他留着光头，头颅是常见的圆形。普利斯库斯在一番思考后认定这个人是希腊人，便用希腊语向他问好。接着普利斯库斯问他是什么人，是怎么成为一个匈人的。普利斯库斯可能问他是怎么成为一个"斯基泰人"的——因为历史学家在书中复述这段对话时用了这个名称——而这位陌生人立刻明白了他的所指，因此普利斯库斯认为他是个有文化的人。那位匈人很乐意满足他的好奇心，便笑着回答道：他本是希腊人，但长期在费米拉孔做生意，娶了当地一个富有的女人。在城市被匈人攻占后，奥内革修斯因其家缠万贯把他从一群俘虏中挑了出来，因为匈人贵族享受战利品的优先权仅排在阿提拉之后。在接下来几场与罗马人和阿卡提尔人的战斗中，他表现优异，依照匈人的习俗将战利品献给了主人，重获了自由。他还娶了一名女匈人，和她生儿育女，并成了奥内革修斯餐桌上的常客。现在他的处境可以说今非昔比。[43]

这位新匈人为他现在的人生成功找出了几个原因，他自己和新同族们都为此欣喜不已：当一场战争结束后，匈人便会休养生息。每人享其所得，不劳累他人，也不为他人所劳累。这位曾经的希腊人从侧面纠正了人们对于匈人的误解——匈人人生的唯一意义便是战争，他们会无止境地追求战争。在他看来，"匈人是贪得无厌的民族，他们的贪婪阻碍了内心的和平"这种认知也是偏见。其实匈人正按照罗马警句"各应得其所"（suum cuique）和谐融洽地生活着。[44]这位新匈人忽视了这么一个事实：他享有的优沃生活建立在之前肆无忌惮的掠夺与杀戮之上。接着他列出了一串罗马帝国生活中的缺点来反驳普利斯库斯从道德层面的发难，他先拿罗马的军事开刀：罗马人在战场上很容易丢掉性命，因为他们把生存的希望寄托在别人身上。由于罗马人的皇帝暴虐无道，他们手中都没有武器来抵御敌人。另一方面，罗马将军在战场上犯的错误导致很多为他战斗的人丢掉性命。

这位批评家直戳罗马长期以来的弱点——居民疲敝不堪，把战争的指挥权让给了异族士兵。这是一个以偏概全的指责，他拿古希腊的暴君政治说事，十分牵强附会：古希腊的暴君因为害怕被人刺杀而解除了民众的武装，并招募了很多异族雇佣兵。在他口中，罗马皇帝也是懦弱的暴君，重蹈了古希腊的覆辙。[45] 但是整个 4 世纪，没有人能说哪个皇帝曾因为胆怯而不敢上战场。从狄奥多西大帝的儿子们开始情况才发生变化，因为他们登基的时候还是小孩。偶尔会有演说家敢于谨慎地对此加以指责，而匈人则一定会大肆嘲笑孱弱的继承人们。[46]

普利斯库斯没有提到这位陌生人的名字——也有可能仅仅没有在这部分断章中提到他的名字。他继续说道，罗马帝国和平时期的生活比战争年代还更为艰难。很多人应该都有和他一样的经历，会从心底认同他的说法。他首先提到的便是苛捐杂税，接着是罪犯造成的伤害。法律并不能约束所有人。富人犯罪不会被惩罚，只有天真的穷人不知其中玄机。审判原本就会消耗穷人大量金钱，而这个过程又被拖长，假如穷人有幸活到判决结束之后，也会倾家荡产。最糟糕的是人们可以通过贿赂来获取有利于自己的司法结果。谁遭遇了不公的对待，想要在法庭上伸张正义，就得给法官和他的同僚们塞钱。[47]

基督徒马赛的萨尔维亚努斯（Salvianus von Marseille）完全同意这位佚名批评家的观点。因为差不多在同一时期，这位南高卢的神父便在他的代表作《论上帝的统治》中猛烈抨击过罗马税收体系和法律体系中的问题，并且为穷人受富人剥削而悲叹不已。萨尔维亚努斯可能十分理解奥内革修斯的这位宾客作为匈人开始新生活。他还笃定，很多被压迫剥削的行省人民"尽管和野蛮人在生活方式和语言习惯上迥然不同，尽管无法忍受野蛮人的体味和衣物上的臭气"，[48] 还是放弃了他们的市民权利，背叛了罗马帝国，逃到野蛮人的国度。萨尔维亚努斯还为匈人和蛮族75年来对帝国的蹂躏进行道义上的辩护："匈人奸淫，会如我们奸淫一样被认定为犯罪吗？阿拉曼人嗜酒，会如基督徒嗜酒那样受到谴责吗？阿兰人抢劫，会如基督徒抢劫那样受到诅咒吗？若某个匈人或者格皮德人对罪孽毫无概念，那么他撒谎又有什么好令人惊讶的呢？若一个法兰克人认为发假誓只是一种说话方式而非犯罪，那他发假誓又有什么不正常的呢？"[49] 说野蛮人，或者"高贵的野人"和基督徒不同，对罪恶没有认知，这对受害者来说是一种难以接受的诡辩。萨尔维亚努斯和其他教会作者还认为野蛮人是上帝的戒鞭，用来惩罚并改善已堕落的基督世界——教士和贵族首当其冲。这种说法也无法使受害者感到慰藉。

普利斯库斯的谈话对象和高卢的这位神父差不多，他还有很多其他的抱怨，但都被这位历史学家忽视了。这位新匈人和普利斯库斯谈了最棘手的话题——公正与法律，现在他友好地请求再找个人来听听他的观点。被后世文献称作诡辩家和雄辩家的普利斯库斯现在受到了挑战。想要在辩论时反驳对手合情合理的论据，就要摆出更好、更无懈可击的论据。或许普利斯库斯在雄辩术课程上学到过、后来当演讲老师时教授过或者当律师时实践过这个方法。要是他手头有一本 11 年前出版的《狄奥多西法典》，他就能引用其中的许多法条。那些法条证明了自君士坦丁大帝以来，皇帝都在不断地与批评家所谈及的缺点做斗争。

　　普利斯库斯暂且将执法无力的问题放到一边，先从权利与法律的基础——国家入手进行争辩：罗马的创建者，一群"有智慧的好人"缔造了这个理想的国度。他们意识到，假如自己不去创造一个新环境，那么人类所生存的环境是不堪忍受的。他还对匈人的国家大加批评，称它是罗马的反面，和理想的国家有着天壤之别。根据普利斯库斯未曾言明的偶像柏拉图的代表作《理想国》，理想的国家由三部分组成：法官、士兵、农民。农民要保证士兵——他们的守护者全身心地投入军事训练，在战场上骁勇作战。这里撇开一笔去看看匈人的情况：因为罗马人放弃了先辈的制度，匈人才有可能获得军事优势，大胜罗马人。背弃"祖制"（mos moaiorum）是自罗马共和国晚期以来批判国家的一条贯穿始终的红线。先辈们也知道，人性弱点会导致人们犯错，普利斯库斯的谈话对象便对这种弱点加以斥责。于是他们任用贤人为弱势的市民谋求利益，并对法官进行监督，保证他们依法办事。依法进行判决后，只能执行法律中规定的刑罚，这样就能避免诉讼各方争论不休。另外他们考虑到了要付给法官一笔体面的薪水。和每个士兵与农民一样，这是法官应得的劳动报酬。[50]

　　演说家普利斯库斯在罗马历史问题上十分不计较准确，因为在法庭上，有力的论据常常比历史的真相更为重要，而二者又常常矛盾。普利斯库斯本应从《狄奥多西法典》中读到过，瓦伦提尼安一世在 364 年才设置平民保民官（defensor civitatis）来保护普通民众免受权贵阶层的压迫。同年他才第一次规定了所谓的"sportulae",这个款项一开始是国家公务员的薪资,后来也成为法官的薪资。[51] 普利斯库斯不仅用农民和士兵的酬劳来说明法官薪资的合理性,还打了一些古怪的比方:人要给自己的帮手酬劳,因此骑士要照料马匹,牧人要照料牛群,猎人要照料猎狗便也是自然的。这条法则也适用于所有其他家畜,包括为人们看家护院的动物。自小与马匹一同长大的匈人立刻对普利斯库斯的说法表示认同,因为他首先提到的论点就是"骑兵与他的马匹"。匈人除了马匹外还有牛群,在他们的传说中便有一头母牛引着第一批匈人渡过了米欧提斯湖。读者们在这里也知道了他们也会养狗,会带着狗一同去捕猎。[52]

普利斯库斯还想澄清一个偏见,即法官可以肆意妄为地拖延审判过程。《狄奥多西法典》以"申诉"(De appellationibus)为题严厉谴责这种故意拖延的行为,并警告会施以惩戒。[53] 但令人惊讶的是,普利斯库斯是从另一个角度来看待这个问题的:长时间的审判过程难道不正是说明法官判案细致谨慎吗?匆忙仓促的审判难道不会有可能导致冤假错案,甚至"忤逆权利的创造者——上帝"吗?普利斯库斯之前没有一言一语提到过上帝,而且他这里指的不一定就是基督教的上帝。在公元前7世纪初,诗人赫西俄德就首次提到一句希腊名言:宙斯"给予众人权利"。[54]

普利斯库斯提到上帝,是为了再次阐明对权利与法律的普遍理解:"法律适用于所有人,皇帝犯法与庶民同罪。"没有受过高等教育的希腊人在读到这句话时也会想到诗人品达的名言:"法律为万物之王。"因此,对富人压迫穷人而免受责罚的控告是立不住脚的,除非罪犯在审判前就逃之夭夭——普利斯库斯承认道。审判前潜逃的案例在富人和穷人中都时有发生。若证据不足，即使贫穷的罪犯也不会受到惩罚。不仅是在罗马，全世界都是如此。[55]

在这番讲话的最后，普利斯库斯从个人的角度批评了对方：他现在重获了自由，他要感谢的是他的好运气，而非他的主人。主人把他带上战场，他很容易因为缺乏经验而丧命或者被俘，接着被当作投敌者受到惩罚。普利斯库斯抓住了对方在费米拉孔陷落后成了奥内革修斯的奴隶这一点，在这场辩论中最终获胜：罗马人相比匈人更优待奴隶。普利斯库斯提到了那些扮演着父母和老师角色的家奴，他们因责任重大而感到骄傲，不会轻易犯罪。若有人被抓到犯错，那人们就会指责他怎么可以为自己孩子树立这种坏榜样。这位律师又描绘了一幅被美化的景象，却隐去了罗马奴隶制的黑暗面。他对于罗马奴隶法规条例的陈述也相当片面：和匈人相反，罗马主人不能私自处死奴隶。这项禁令从哈德良皇帝起生效，但皇帝又规定，一旦有必要，死刑要交由官方法庭执行。奴隶们可以通过一些途径获得自由，但也可能被拒绝。普利斯库斯在这一点上避而不谈。他终于要讲完了，但讲得并不是很准确。奴隶没有他所提过的立遗嘱的自由，只有国家奴隶可以将特别财产（peculium）的一半传给下一代。即使被释放的自由人也只有有限的遗嘱权利。[56]

普利斯库斯话音刚落，那位新匈人便满含热泪地叹息道："罗马是个好国家，法律也很完善。但他的统治者们背离了先辈的精神，让罗马堕落沉沦。"在匈人的皮囊下，罗马公民的灵魂呼之欲出，他不断重复着共和国晚期以来批评家们所表达过的观点。西塞罗、萨卢斯特和李维就曾为美好的过去与腐败的现实之间的强烈对比捶胸顿足。西塞罗便认定：像罗马这样法规完善的理想国家"竟然逐渐衰落，这与领导者的错误脱不了干系"。[57]普利斯库斯对对方的眼泪感到很满意，认为这说明对方内心仍然是罗马人民。他如今生活的一切优势都不足以消除他与生俱来的希腊罗马品质。在读者看来，这位男人会热泪盈眶并不是因为历史学家让他认清了罗马的历史与现状，而是自己发自内心的感情体现。但这份感情并不能促使他放弃新家园的生活。他的主人奥内革修斯也会向他提出布列达问过侏儒策尔孔的那个问题。他一开始就给出了回答：当他在匈人那里比在罗马人中生活得更好时，他为什么要回去呢？[58]

正当这两人交谈正欢时，从围栏的大门走出来一个人，奥内革修斯紧随其后。普利斯库斯立刻迎上去，将马克西米努斯的礼物和皇帝赐予的黄金献上，并请求他前来面谈。奥内革修斯让他的随从收下黄金与礼物，表示将会立刻去与马克西米努斯碰面。[59]

普利斯库斯前脚刚到，奥内革修斯便走进帐篷，为收到的礼物表示感谢，并询问要进行会谈的原因。马克西米努斯回答道，皇帝希望与他通过谈判来解决争议，缔造罗马与匈人之间永久的和平。这样奥内革修斯不仅为两个民族做了贡献，还能光耀门楣。因为他和他的孩子会成为狄奥多西二世及其继承人的"朋友"。长久以来，"皇帝之友"是罗马高官能获封的最高荣誉头衔之一，始终对阿提拉刺杀计划一无所知的马克西米努斯这样认为。若是他知道，这种头衔一般都是在两国交往中赐给拥有主权的诸侯和国王时，他一定会起疑心。奥内革修斯并不是这样的角色，显然他一回来阿提拉就告诉了他有关刺杀计划的一切。奥内革修斯忖度狄奥多西二世应该已经把他视作阿提拉死后的接班人了。奥内革修斯小心地提出一个问题：他该如何侍奉皇帝，为解决争议出一份力？但马克西米努斯只是斩钉截铁地重复，他，奥内革修斯，有这个能力。要是这位罗马使者心思灵敏，那他就会在接下来的谈话中意识到，皇帝是不能指望奥内革修斯做阿提拉的继承人的。这位匈人明确干脆地拒绝了对方的提议，还深深羞辱了试图通过贿赂手段来进行外交的罗马政府：阿提拉希望他说什么，他就告诉皇帝和他的政府什么。难道君士坦丁堡的人认为他会背叛他的君主，抛弃他的妻儿？难道为阿提拉做事比不上接受罗马帝国的金钱贿赂？话说到了这一步，普利斯库斯和马克西米努斯就应该猜到奥内革修斯生气背后的原因了——如果历史学家一字不差地复述了他的回答的话。不过奥内革修斯的这番言论倒是很令人信服：每逢阿提拉因罗马人的缘故而大动肝火时，他去安抚阿提拉可能对罗马人还更有益处。[60]

说完这些后，奥内革修斯转向普利斯库斯，问他是否还有什么想知道的。这位历史学家觉得把匈人提出的问题告诉读者已经够了，便没有记载他自己提的问题。他表示，和阿提拉的下属进行长谈与罗马皇帝的高级官员马克西米努斯的身份不相称。他们在匈人的村庄驻扎时要时刻保持东罗马人的高贵姿态。[61]

第二天普利斯库斯去执行一个重要的小任务：去阿提拉的宫殿群中找到王后克莱卡的宫殿，送给她礼物。在君士坦丁堡的时候，阿那托利乌斯就根据自己的经验给了马克西米努斯一个建议：不要冷落王后，她自己应该也期待着得到礼物。也许人们也得向她求情，请她在阿提拉面前为罗马人说几句好话。克莱卡为阿提拉生了三个儿子，长子艾拉克日后会成为黑海边阿卡提尔人和其他被征服民族的国王。但在普利斯库斯流传至今的残篇中没有出现他的名字。他于 454 年在内道（Nedao）的一场给了阿提拉帝国致命一击的战役中战死后,约达尼斯的文献才第一次提到他。几日后,克莱卡为了表示感谢,邀请普利斯库斯和马克西米努斯同她的管家阿达米斯(Adamis)一起前来赴宴。王后单独与外国使者进餐是不合规矩的。[62]普利斯库斯和马克西米努斯如果之前没有参加过阿提拉的大型宴会,本是不能接受这种邀请的。宴会在下午三点("在第九个钟头")举行。到现在为止,普利斯库斯已经在宫殿区域又有了一些体验和发现,他的护卫和阿提拉的随从在这期间已互相熟悉起来,所以他能四处自由走动。[63]

克莱卡的接见过程十分短暂。和其他宫殿一样,她的行宫也是木制的,穹顶的弧形结构十分引人注目。卫兵岿然不动地站在大门口,王后则安然地站在一块柔软的地毯上接待来宾。她的身边围绕着很多侍女,她们会是父母被掳为战俘的女孩吗?另外还有少女坐在她前面的地板上,用柔软的亚麻线做着刺绣,匈人用这些刺绣来装饰衣物。普利斯库斯向王后致意,呈上礼物后便可离去。他后退着离开行宫,[64]然后一直在室外等着奥内革修斯从阿提拉那里过来。此时他并不是孤零零一个人,国王行宫前聚集了一群人,他们正吵闹不休。当阿提拉和奥内革修斯一起走出宫殿,有几个人便迎上前去向他禀明刚刚发生的争执,他这才知道发生了什么事。国王仔细听完他们的讲话后便做出了裁决,接着又和奥内革修斯一起返回行宫接见蛮族使节。[65]

历史学家普利斯库斯在匈人的宫廷上感受到了他们简单、随意的统治风格,这和拜占庭皇宫里那些僵化的礼仪迥然不同。在等候奥内革修斯时,普利斯库斯在半路遇到的三名西罗马使者向他走来,一起来的还有卢斯提修斯和潘诺尼亚人君士坦提奥鲁斯。他们想打听马克西米努斯是已经觐见完毕还是仍在等候,普利斯库斯回答，这正好是他想问奥内革修斯的问题。普利斯库斯接着反问他们阿提拉现在是什么情况。对方说，阿提拉不仅冥顽不化，甚至还拿开战来威胁他们归还被侵吞的餐具，遣返同谋希尔瓦努斯。[66]

听到这个回答，多次带团出使、身经百战的外交官罗慕路斯不由得大动肝火。罗慕路斯知道普利斯库斯不会出卖他，便在他面前痛斥自命为"世界之王"的阿提拉傲慢自大：他登上权力巅峰都是因为走运，而好运让他自负。阿提拉在短时间内超越了所有先辈，将势力范围扩展到大洋上的小岛。这之后他便听不得任何逆耳忠言，罗马人也得向他进贡。但他还不知满足，甚至意图与波斯人为敌。阿提拉其实是想从罗慕路斯那里知道怎么才能抵达波斯的地界，罗慕路斯便给他画了巴西克和库尔西克在395年走过的行军路线。当时他们的战利品被波斯人抢走了，但阿提拉不一样，他的麾下兵强马壮。若他进攻波斯，罗马人就暂时能获得喘息之机。[67]

这时君士坦提奥鲁斯插话进来，人们担心的是阿提拉得胜归来后不再是罗马人的朋友，而是敌人，到时候会把罗马人贬为奴隶，逼迫他们做更重的苦活。现在罗马人在给阿提拉缴纳贡金一事上遮遮掩掩，把贡金说成给最高指挥官的军饷。阿提拉把其他最高指挥官看作是他的部下，把皇帝看作是与他同等级的统治者。简而言之，他想往外扩张势力，并认为这是战神阿瑞斯的旨意：战神让消失良久的宝剑因一头母牛重见天日。匈人国王们把宝剑尊为神圣的象征和敌人的监视者。[68]

当他们紧接着君士坦提奥鲁斯的话要开始一番讨论时，奥内革修斯走出了屋子。这群人赶紧围了上去，想知道他们关心的事务有什么进展。但是奥内革修斯先和几名匈人交谈了一番,接着让普利斯库斯去问问马克西米努斯,君士坦丁堡打算派哪个执政官来参见阿提拉。普利斯库斯立刻动身去完成任务,并带回了答案:罗马人希望最好是奥内革修斯亲自前往君士坦丁堡去就争议性问题进行谈判。尽管奥内革修斯已经拒绝过这个提议,但外交官马克西米努斯还是绝不改口。外交上的交锋依然在继续,普利斯库斯又得去传信,奥内革修斯命令他去把马克西米努斯叫来。马克西米努斯立刻赶来,和奥内革修斯一同去见阿提拉。但是会谈转瞬结束,国王要求诺姆斯、阿那托利乌斯或者西纳托前来觐见。这三位他都认识,因为他们都曾和他谈判过。马克西米努斯鼓起勇气提出异议,他其实是在为自己辩护,因为阿提拉似乎仅仅把他看作是一名地位卑微的信使。马克西米努斯认为,阿提拉只是不能接受狄奥多西二世派来的是他不信任的使者罢了。阿提拉——正如罗慕路斯一小时前所说的那样听不得反对的声音——粗暴地回复马克西米努斯:要么按他说的做,要么就用暴力来解决争议。[69]

这句威胁并不是阿提拉当天对他们说的最后一句话,落在马克西米努斯头上的狂风暴雨也很快消散了。因为他刚回到帐篷告诉普利斯库斯他的遭遇时,欧瑞斯特的父亲塔图鲁斯就走进来,说国王邀请他赴宴。西罗马的使者们也受到了邀请。当他们一起步入行宫的宴会大厅时,侍酒按照当地习俗呈上一杯迎宾酒,他们便举杯向站在对面的宴会主人阿提拉祝酒,接着便走到摆在墙边的椅子旁入座。阿提拉坐在中间的一张长沙发上,身后有一张更高的沙发。它被五彩的布料包裹着,前面有几节台阶。普利斯库斯看着它,联想到了在希腊和罗马很常见的婚床。他还立刻注意到座次是严格按照等级来排列的：阿提拉的右边为上宾位。奥内革修斯坐在长沙发右边，对面坐着阿提拉的两个儿子。大儿子坐在沙发边缘，在父亲面前始终敬畏地低垂目光。使者们的座位在左侧，坐在最前面的是一位匈人贵族贝里库斯（Berichus）。[70]

所有客人入座后，一位侍酒便为阿提拉端上一个木杯，里面盛满了葡萄酒。国王向奥内革修斯敬酒，对方恭敬地站起来，接过酒杯一饮而尽后，又将杯子还回去。每人座位后面都有一位侍酒为他们斟满美酒，现在所有人都举起酒杯，祝愿上天赐福阿提拉。阿提拉也用相同的方式依次向每个人敬酒，这样就连罗马人也都获得了祝福。侍酒退下后，餐桌被端到阿提拉和众人面前。客人是每三四人或者更多人共用一张餐桌。餐桌上有肉食、面包和配菜。普利斯库斯惊讶地发现，客人用的都是银盘、银杯或者金杯，而阿提拉用的却是木制的餐具，而且他只对丰盛的饭菜稍做品尝。他那不寻常的朴素作风也体现在他那朴实无华、干净整洁的长袍上。他没有佩戴匕首，凉鞋上绑的不是金鞋带，马匹的辔具上也没有任何金饰和宝石。[71] 普利斯库斯详细地描写了阿提拉和其他匈人贵族之间的不同。他权势如此炽盛，他行事如此自信，完全不需要任何奢华铺张的装饰来凸显自己。与拜占庭的皇帝相比更是天壤之别。普利斯库斯的摘录作者忽略了这一段有关阿提拉外貌和形体的描写，但约达尼斯把它保留了下来。[72]

第一轮酒宴结束后，大厅里所有人都站起来，按照座位顺序一个接一个干杯，祝愿阿提拉身体康健。然后第二轮开始，侍者又端上了不同的饭菜，祝酒的仪式又重复一遍。夜幕徐徐降临后，人们点燃火把。两名匈人登场，歌颂阿提拉的丰功伟绩和品德。有几名听众陶醉在歌声里，其他几名则想到了早年的征战岁月，老将们纷纷流下热泪,为年事已高不能再跟随阿提拉上阵杀敌而悲恸不已。普利斯库斯和马克西米努斯一路上没有直接遭遇过战斗,他们穿越过的村庄里似乎也没有战争的痕迹。但是歌谣和动容的宾客都表明了战争一直是匈人生活的中心,而阿提拉是他们当之无愧的战争之王。"还有比打仗更让你们熟悉的事吗?"阿提拉在卡塔隆尼平原的决定性战役之前或许就是用这些话来激励他的匈人战士的。在东罗马和西罗马的使者看来,这些歌谣意味着匈人依然是罗马帝国的大敌,和他们讲和非常困难。[73]这或许也是阿提拉邀请他们来赴宴背后的深意?

严肃的场面后就需要放松一下,匈人先被一个精神失常的同族逗得哈哈大笑,接着又在侏儒策尔孔的胡闹表演中乐不可支。[74]阿提拉的动怒只让室内的热烈气氛稍稍凝滞了一会儿。这场宴会持续到深夜,最后演变成一场饮酒大狂欢。似乎没人反对普利斯库斯和马克西米努斯提前离场,假如匈人在他们离开后嘲笑罗马人不胜酒力的话,他们是不会知道了。他们在第二天找到奥内革修斯,说不想再浪费时间,请准许他们返回,奥内革修斯却回答这有违阿提拉的意愿。[75]

回程还遥遥无期。阿提拉向马克西米努斯表示他会派遣新的使者,奥内革修斯和其他匈人贵族便位列其中。阿提拉为此写了信,他的秘书、会说匈人语的上默西亚战俘卢斯提修斯,负责将这封信进行翻译。马克西米努斯和普利斯库斯还请求释放苏拉的妻儿,他们在匈人占领拉提亚里亚时被俘,成了奴隶。奥内革修斯并没有拒绝他们的请求,但却开出了一笔巨额赎金。于是他们便苦苦恳求他宽赦一些,最后他把这件事禀告阿提拉。阿提拉认为500个金苏勒德斯便已足够,而孩子"作为给皇帝的礼物"无须支付赎金。接下来他们参加了克莱卡的管家阿达米斯主持的宴会，出席的还有一些匈人贵族。在其乐融融的气氛中，他们再次体会到了匈人的热情好客。宴会上的每个人都说着暖心友好的话语，递给他们满满的一杯酒，让他们一饮而尽。之后他们被拥抱、亲吻，难怪他们在盛宴之后一回帐篷就呼呼大睡。[76]

第二天阿提拉又举办了一次宴会，邀请马克西米努斯和普利斯库斯参加。宴会流程没有变化，只是同阿提拉一起坐在长沙发上的不是他的长子，而是他的叔叔俄伊巴修斯。宴会中阿提拉多次拜托马克西米努斯，请他催促皇帝狄奥多西二世将许配给他的秘书君士坦提乌斯的女人送过来。普利斯库斯向好奇的读者解释这桩被拖延的婚姻是怎么回事：君士坦提乌斯带着匈人使者团出使君士坦丁堡。他告诉皇帝，如果他能娶得一位富家女子，他就会为实现两国之间长久的和平鞠躬尽瘁。狄奥多西二世同意了这笔交易。贵族萨托尼鲁斯（Satornilus）家底丰厚，但被皇后欧多西娅（Eudokia）杀害了。他留在世上的孤女便被皇帝赐婚给了君士坦提乌斯。威望甚高的东方最高指挥官芝诺（Zenon）却从中作梗，想阻断这门婚事，因为他认为这位少女是他的好友卢弗斯（Rufus）的最佳择偶对象。他诱拐了少女，令她与卢弗斯订了婚。不久后他们举办了婚礼，而君士坦提乌斯则空手而归。他请求阿提拉为他洗刷耻辱，让君士坦丁堡把少女送回来，或者让他娶另一位富裕的女子作为补偿。可以预料，君士坦丁堡会一口回绝他的要求。显然君士坦提乌斯是希望他的主人会像往常一样用战争去威胁君士坦丁堡。为了安慰他，阿提拉承诺会让他拿到一笔未来妻子的丰厚嫁妆。普利斯库斯认为，这才是阿提拉如此热心插手此事的真正原因。但对外，他却将自己扮作一个为统治者的道德情操满心忧虑的政治家，因此他请马克西米努斯转告狄奥多西，许下诺言又不遵守可不是一个皇帝应有的作为。[77]

三天后，罗马人终于可以启程返回了，一个匈人使者团与他们一起上路。使者团领队是贝里库斯，他们在第一次宴请的时候便认识了这位邻桌。为了不让自己破费，狡猾的阿提拉命令贝里库斯和在场的其他贵族每人送罗马人一件礼物表示谢意。他们选择了对匈人来说很有意义的礼物——马匹。马克西米努斯挑了几匹马——可能是最好的良驹——然后把其他的送了回去。[78]

罗马人在回去的路上也碰上很多不愉快的事情。他们到了一个村庄，阿提拉命人在那儿钉死了一个匈人——他被揭穿是罗马的奸细。第二天他们又在另一个村庄目睹了一次钉十字架死刑——有两个战俘谋杀了他们的主人。贝里库斯后来又发了脾气。他在匈人地界的时候还表现得有礼有节，或许是因为他惧怕阿提拉的无处不在的眼线与势力。但刚一渡过多瑙河，他就开始兴风作浪了。他牵走了送给马克西米努斯的马，与使者团的人员发生口角，为此喋喋不休还拒绝一同吃饭，想要独自上路。他的暴脾气一直持续到了阿德里安堡，性格温和的马克西米努斯在那里借由一场宴会宽慰他，和他达成了和解，但在君士坦丁堡他又开始举止粗鲁起来。普利斯库斯的拜占庭抄录者誊写的游记至此中断，游记的最后一句话是贝里库斯有着"野蛮人的放荡"。因此《出使游记》的读者就无从知晓贝里库斯在君士坦丁堡的结局如何。傲慢无礼的他是否得到了想要的礼物？君士坦丁堡那些做派讲究的政客们反倒因刺杀计划被打了响亮的一耳光，阿提拉是否在他返回后对此大加赞扬？[79]

普利斯库斯还记录了下一个有力的"耳光"，摘录者把它补充了进来：维吉拉斯又带着犒赏杀手的酬金上路了，但他一抵达就被抓了起来。克瑞萨菲乌斯甚至把这笔钱涨到了100磅黄金，但现在钱被没收，维吉拉斯也被带到阿提拉面前。国王按计划对他进行盘问，故意抛出了一个棘手的问题：他带这么多钱是来干什么。维吉拉斯解释道，这些钱是用于购置生活物资以及添补长途跋涉中损失的马匹与载重牲畜。另外他还应罗马战俘亲属的恳求，要拿一部分钱来赎回他们。阿提拉怒火冲天地责骂这个骗子，这个"拉皮条的"：他的借口解释不了这笔巨额款项的用途，而且马克西米努斯已经禁止了这样的交易。阿提拉没有一剑刺穿维吉拉斯的胸膛，而是下令将陪同在他身边的儿子砍成碎块。维吉拉斯在震惊中终于崩溃了。谎言一被识破，他便招供了所有的细节。他痛哭流涕地跪倒在阿提拉脚下，恳求他只取他一人性命，放过他无辜的儿子。阿提拉已经从艾德肯那里知晓，他的儿子的确和刺杀计划没有关联。阿提拉的牟利欲望让他意识到，直接把维吉拉斯钉死对他来说没有油水可捞。更能获利的做法是关押维吉拉斯，直到他的儿子在君士坦丁堡再搞到50磅黄金，添到已被没收的100磅黄金中来，才能赎回父亲。[80]

实际上，用150磅黄金为刺杀匈人王阿提拉的行为赎罪已经很划算了。但阿提拉希望再打上第三记，也是最狠的耳光来从刺杀计划中谋得更大的利益。阿提拉宣称维吉拉斯只是一个可怜的中间人，君士坦丁堡要么把幕后黑手、宦官克瑞萨菲乌斯交出来任他处置，要么用配得上匈人王尊贵地位的黄金来代替刑罚。这次事件到这里还没有结束，因为阿提拉还要求：皇帝有失身份，想100磅黄金来清除另一位同样尊贵的王者，已经失去了统领世界的资格，他必须当着全体大臣的面把这件事讲清楚。

阿提拉派遣欧瑞斯特和艾斯拉这两位善于贯彻他的政策且经验丰富的使者去君士坦丁堡。他还给了他们一些指示来应对狄奥多西二世和老奸巨猾的克瑞萨菲乌斯在接见他们时会做出的刁难。首先欧瑞斯特要把维吉拉斯用来装黄金的麻袋挂在脖子上,带到他们面前,并询问他们是否对这只袋子眼熟。这时艾斯拉要接过话头:狄奥多西二世和阿提拉一样,都有一个地位高贵的父亲。阿提拉从父亲蒙德祖克那里继承了贵族的品质,但狄奥多西二世却把它抛弃了。他向阿提拉进贡,便等同于成了阿提拉的奴仆。但他不能如同恶奴一般去伤害他的主人。狄奥多西要想补偿过错,就只能将宦官克瑞萨菲乌斯交给他们,让他受到应有的惩罚。[81]

接下来双方就克瑞萨菲乌斯的引渡问题争论不止,欧瑞斯特和艾斯拉没有完成他们的任务。马克西米努斯在向狄奥多西二世报告他的这次出行时,禀明了阿提拉的又一个要求。这个要求虽然无损于狄奥多西二世的利益,但也同样令他倍感压力。阿提拉提醒狄奥多西二世遵守承诺,把已故富人萨托尼鲁斯的女儿嫁给他的秘书君士坦提乌斯。这位少女违背了皇帝的旨意,本来是不应嫁与他人的。难道说狄奥多西二世的下属不再服从他的命令了?如果是这样,他,阿提拉,愿意向他提供帮助。这是对狄奥多西二世的一种讥讽,是在提醒他谁才是帝国的真正主人。[82]皇帝不仅从容地避开了阿提拉的诘难,还让牵线人芝诺、图谋嫁妆的君士坦提乌斯和卢弗斯的愿望都落了空:他直接没收了少女的财产,将其充入国库。现在谁还会为一个一无所有的孤女费心尽力?这招妙棋是克瑞萨菲乌斯的主意吗?或许这就是除了阿提拉之外,芝诺也想惩处克瑞萨菲乌斯的原因?[83]

在皇宫,由于有诸如行政长官诺姆斯等权势遮天的权贵庇护着克瑞萨菲乌斯，人们是不会想要把这位宦官交出去的，君士坦丁堡便决定同阿提拉谈判。君士坦丁堡单是派一位高官阶的使者去拜访阿提拉就已经是在讨好他了，这能减弱阿提拉对于刺杀计划和秘书官婚姻流产的愤怒。若使者又给他带去大礼，那他最终便可能平息怒火，继续维持他在448年同最高指挥官阿那托利乌斯缔结的和平。阿提拉要求阿那托利乌斯和宫廷总管诺姆斯前往，这二位便声明会依照他的愿望出使。他们还准备了另一个好消息：君士坦丁堡有一个大户人家的寡妇，十分富有。她的公公是普林塔斯，前最高指挥官和执政官，阿提拉已同他谈判过数次，对他很熟悉。他的儿子阿尔玛图斯（Armatus）在利比亚成功地击退了奥索利亚人，但却染上重疾，不治身亡。皇帝探过他的遗孀的口风，她不拒绝放弃首都单调乏味的寡居生活，去换得与君士坦提乌斯的婚姻。[84]

阿那托利乌斯和诺姆斯同阿提拉在450年春季的会谈一开始进行得很顺利。国王甚至出于对两位使者的尊重亲自去德莱肯河接见他们，也给他们免去了后半程的长途跋涉，普利斯库斯便曾为漫漫长路上的艰辛所扰。阿提拉立刻开始了谈判，罗马人得先耐着性子听阿提拉傲慢地滔滔不绝一番。但他们的预料是对的，阿提拉刚看了一眼他们送上的厚礼，便在他们的溢美之词中恢复了平和的脸色。当他们谈及重新签订和约时，他便起誓一定会遵守和约。不管是主动地还是被请求的——他甚至还废除了多瑙河岸边五日骑程的安全封锁区，对匈人有利有弊的贸易限制也随之消失了。但阿提拉提了个条件：罗马人不得再接受任何叛逃投敌的匈人，这样他就不需要再去向皇帝提出申诉了。维吉拉斯的儿子也跟着使者团一起来了，他献上了50磅黄金的赎金，阿提拉如约释放了他的父亲。为了向阿那托利乌斯和诺姆斯示好，他甚至还解除了大量罗马战俘的奴隶身份，并且没有索要赎金。在两位使者临行前，阿提拉送给他们骏马与皮草，还让君士坦提乌斯随他们去君士坦丁堡举行婚礼。[85]

人们不会对阿提拉的这次妥协做出过高评价，因为他还是想继续让皇帝依照同阿那托利乌斯签订的条约，每年支付给他2100磅黄金。但君士坦丁堡并不知道阿提拉愿意同东罗马和谈，维持多瑙河前沿安宁的真实原因：他决定向西罗马帝国大举进军。

第十二章

阿提拉帝国

阿提拉生来便是一个注定要征服世界上的各个民族、令所有国家陷入恐慌的男人。他的威名远扬四海八方，闻者无不胆寒。他出场时趾高气扬，用目光扫视全场，这样他的权威仅仅通过肢体动作就能表现得淋漓尽致。他喜欢战争，但却为人谨慎。他最大的优势便是善于思考，聪慧过人。他在别人的请求面前容易心软，也对忠于他的部下友善相待。

他身形矮小，胸膛宽厚而头颅硕大，有着匈人的典型外貌特征：眼睛细窄、胡须稀疏、头发灰白、鼻子扁平且肤色难看。

约达尼斯在他的《哥特史》中描绘了这样一幅令人难忘的阿提拉画像。[1]他接着注解道，这些信息都来自亲眼见过阿提拉的普利斯库斯，这位希腊历史学家有幸能近距离地观察阿提拉。他认同古希腊观相士的观点，即一个人的性格与行为方式能反映在他的外貌上，还举了阿提拉的恐怖政策为例。因此人们便不再对他的观相术感到惊奇不解。阿提拉另外的特点便是他身边一直围绕着亲信，这是他巩固权力的一种手段。亲信是他的助手，他也能够明智地听取亲信的意见。

阿提拉去世后，他一手缔造的帝国在他儿子的手里迅速衰落。20年后，普利斯库斯这位历史的记录者站在自己的立场上去回顾阿提拉的人格与治国政策，并从中得出一个结论：阿提拉帝国是他的个人作品，并且以阿提拉本人为根基。普利斯库斯在恰当的历史环境中进行了历史分析，他对历史环境的介绍被拜占庭的摘录者忽视了，但被约达尼斯保留了下来：449年，在罗马使者团抵达阿提拉的行宫后，普利斯库斯为其精美的建筑艺术所倾倒。这时这位历史学家岔开一笔，大致总结了匈人王朝的谱系。族谱上的第一位是阿提拉的父亲蒙德祖克，他的兄弟卢阿和奥克塔缔造了匈人的第一代双王共治，却并没有把所有匈人收归统治。这些匈人后来都成了阿提拉的臣民。约达尼斯采纳了普利斯库斯的说法，认为阿提拉在与布列达进行第二代双王共治的一开始就筹划着要谋杀他的兄弟，接管他手下为数更多的部族。双王手下的部族联合起来，再加上被匈人征服的民族，一个数年间战士人数上涨到五十万人的帝国横空出世，阿提拉是这个帝国唯一的君王。当然，这样庞大的帝国也不是一蹴而就的。[2] 除了布列达，他还剪除了其他挡路的亲属。他残暴无情，采取了许多军事手段来强制推行他的政策主张——"一个生来便为震荡世界各民族的男人"。[3] 他的天性中潜藏着对权力狂热的渴望，为了获得权力，他可以不择手段。历史上的阿提拉便是这样一个人物，他并没有更深层次的动机。

阿提拉在走向独裁统治的血腥道路上有很多助纣为虐的帮手。约达尼斯坚信，他们便是"曾向阿提拉表过忠心"，并且从此以后被他"友善相待"的那群人。普利斯库斯曾几次提到过的"获选者"（logades）当属此列。"获选者"中等级分明，阿提拉就提拔了艾德肯、斯科塔斯和欧瑞斯特,以及其他好些不知名的人物。[4]这其中地位最高的便是"战功最为卓越"的艾德肯。他同时也是阿提拉的卫兵,昼夜轮岗守卫阿提拉。[5]来自潘诺尼亚的希腊人欧瑞斯特属于匈人上层社会中的最末一级,希腊使者也对此十分关注。有时候欧瑞斯特会明显因为他位阶低而表现出不满。[6]奥内革修斯是一人之下万人之上的二把手,在阿提拉的行宫旁边有自己的府邸,宴会时坐在阿提拉右手边的尊位上,普利斯库斯从未把他算作"获选者"。"获选者"会把自己称为阿提拉的"朋友"(epitédeios),比如艾德肯就是如此。[7]奥内革修斯却是和阿提拉关系最为紧密的。约达尼斯认为除他之外仅有两个异族人与阿提拉有着如此亲密的关系,他们一个是东哥特国王维拉米尔,阿提拉"对他的喜爱远胜其他蛮族国王";另一个是格皮德人的国王阿达里克(Ardarich),他因为"忠心耿耿"而被阿提拉揽为心腹。[8]两位国王都要通过经常的拜访和不断的送礼加深同阿提拉的联系。

他们组成了一个封闭的匈人贵族阶级,其中并不包括"获选者"。正如其名号所言,"获选者"是阿提拉亲自挑选出来并予以信任的人。[9]阿提拉对他们委以重任,比如命令艾德肯和欧瑞斯特以及后来的艾斯拉和贝里库斯去君士坦丁堡谈判。他们也有一些小任务需要完成,比如送给即将启程的罗马使者每人一匹马作为告别礼物。[10]很难想象奥内革修斯也得遵循这个命令。阿提拉也任用"获选者"去管理村落。贵族贝里库斯论等级排在奥内革修斯之后,在宴会上只能坐在阿提拉的左边,但他是好几个村落的主人。[11]也许阿提拉年纪最轻的岳父艾斯卡姆管理的村落数量还要更多,阿提拉可能又在婚礼上赏给了他好几个。[12]值得注意的是,甚至有一个女人——布列达的遗孀——也掌管着一个村落。[13]

从多瑙河下游到阿提拉在北方的行宫，罗马使者团在449年走过的那条路引导他们横穿了匈人帝国的核心区域。喀尔巴阡山脉和多瑙河中游之间横亘着大片低地。几百年前，喀尔巴阡盆地里居住着萨尔马提亚诸部族，其中还有罗克索拉尼人。在提西亚河西边则居住着亚齐吉斯（Jazygen）人，他们残存的部族应该都被匈人纳入统治范围了。[14] 也许阿提拉的行宫还在更北边的小匈牙利平原上。而先前提到的五十万名战士主要生活在喀尔巴阡盆地，他们都是阿提拉的私人部队。通过传信，阿提拉能迅速把他们集结起来进行征战，或者召集一部分人随他去进行大范围的狩猎，这同时也是一种军事演习。正如普利斯库斯所亲历过的那样，他们在帐篷营地里驻扎。[15]

喀尔巴阡盆地很大，足够一部分匈人保持他们传统的游牧生活方式。其他人则住在普利斯库斯和使者团曾经到访过的村落里。但村里也不能有太多匈人去当农民，耕种周边的土地。这些匈人村民在两场战役之间的休整时间里过得像退休人士，大多养马射箭度日，让战俘奴隶照料他们的牲畜。普利斯库斯遇到的那位新匈人便曾兴奋地向他描述过这样的场景。他们最喜欢的休闲活动便是狩猎，这也反映在了他们的神话传说里。当国王没有举行大围猎时，他们便自发地或独自或三五成群地去打猎。他们捕得的猎物丰富了家庭菜单，而剩下的毛皮若没有用于缝制衣服与床被，便会被拿去进行交易。[16] 一位为罗马皇帝服务的匈人官员之后曾抨击他的同族，其实他的话完全属实：匈人"不会耕作，只会如饿狼般扑向哥特人，从他们口中夺食。哥特人辛辛苦苦养着匈人，匈人待他们却如同奴隶"。普利斯库斯也记下了这句评价，这句话使他回想起出使匈人时的经历。[17]但他并未提起是否曾在路过的村落里碰到过哥特人。当时东哥特人和格皮德人主要生活在喀尔巴阡盆地。根据约达尼斯的注释，他们是在布列达被谋杀后"被阿提拉接管"的民族之一。[18]

匈人在喀尔巴阡盆地定居下来后，东哥特人与格皮德人也被纳入匈人的统治之下。国王维拉米尔和阿达里克相当聪明，懂得利用邻居关系和阿提拉结交友谊。他们可不会告诉阿提拉这样的传说：哥特巫婆（haliurunnae）是面目可憎的匈人的祖先。[19]考古研究发现东日耳曼人和游牧民族文化遗产存在交叉现象，不仅仅证实了匈人"狼一般的饥饿贪食"，更证实了匈人与其他蛮族之间友谊的存在。[20]匈人认为东哥特人和格皮德人有很高的经济价值和军事价值。他们的军事价值在阿提拉451年进攻高卢时便体现出来了。普利斯库斯则为其经济价值举了一个例证：在前去拜访阿提拉的途中，使者团就在沿途的村落里补充口粮。这群希腊人不得不放弃常吃的小麦面包和爱喝的葡萄酒，买了一些小米和当地称为"美多斯"（medos）的饮品。同行的助手用大麦酿造了一种当地名叫"卡蒙"（kamon）的啤酒。"卡蒙"（拉丁语camum）和"美多斯"都不是匈人语言中的词汇。"medos"原是古日耳曼语中的"medus"，在哥特语中是"midus"。它是一种蜂蜜甜酒，后来这个名称演变成了德语中的"Met"。匈人从发明者那里直接把词汇借了过来。[21]阿提拉行宫里的大量葡萄酒——以及其他地方的葡萄酒——是商人从潘诺尼亚贩来的，那里葡萄种植业十分兴旺。多瑙河边的蛮族很早便在阿奎莱亚设立了一个葡萄酒交易市场进行买卖。[22]自公元前8世纪的荷马时代以来，这个交易场所从未变更过。荷马时代的希腊人便在特洛伊城前用青铜、铁器、毛皮、牛或者奴隶来换得利姆诺斯岛的葡萄酒。[23] 415年左右，小亚细亚的阿马西亚大主教阿斯特留斯（Asterius）在一次四旬节讲道中宣称，游牧民族之所以如此勇猛，是因为他们不喝酒，只喝水。[24] 这番卫道痕迹明显的天真言论最多只能蒙骗那些对希腊葡萄酒惊人的出口量以及蛮族战士的酗酒习惯一无所知的虔诚信徒。

阿提拉最爱在行宫逗留。[25] 他在这里用外交和军事手段与四大势力斡旋：西罗马帝国、东罗马帝国、领土之外的日耳曼部族和没有臣服于他的匈人部族。他的目标是成为伏尔加河和喀尔巴阡山脉之间所有匈人的统治者，同时他还想阻止东罗马和西罗马利用甚至扶持匈人势力反对他的行为。

普利斯库斯对第四种势力有一些了解，因为罗马使者团曾等候奥内革修斯和阿提拉的长子艾拉克从阿卡提尔人那里归来。[26] 阿卡提尔人也是匈人中的大部族，但他们分裂成了很多小部落和家族。他们的首领被普利斯库斯称为"国王"，即奥林匹奥多罗斯在 412 年提到过的"reges"。[27] 和查拉通一样，这些阿卡提尔人国王中间也有一位地位最高的王，名叫库里达克斯（Kuridachus）。皇帝狄奥多西二世给国王们送了厚礼，希望他们拒绝同阿提拉结盟，与罗马人缔结和约。但罗马人却不够机灵，没有料到匈人在地位尊卑的问题上特别敏感，结果事与愿违。库里达克斯是第二个收到礼物的，他感觉受到了蔑视，便请求阿提拉讨伐与他同族的其他国王。他也从罗马的失策中发现了分裂诸王、巩固个人权力的方法。对阿提拉而言，这正是一次向阿卡提尔人开战的好机会。奥内革修斯也带着罗马战俘投入了这场征战。[28] 最终有几个国王战死了，其他国王则带着族人向阿提拉献降。

这之后，库里达克斯不光是阿卡提尔人的首领，还能成为阿提拉之下的二把手。但是他不确定自己会不会步布列达及阿提拉其他亲属的后尘。因此，库里达克斯拒绝了阿提拉请他去行宫开庆功宴的邀约。但他向阿提拉进言奉承了一番，从而避免了被讨伐的命运："对凡人来说，在神明面前自处是很困难的。若凡人不能目不转睛地注视日轮，他又怎能安然无恙地觐见诸神中最伟大者？"[29]库里达克斯的这番推辞可以说是极佳的谄媚范本，罗马诗人便常常用这种方式恭维罗马皇帝，皇帝也听得心花怒放。阿提拉，诸神中最伟大者——库里达克斯在写下这句匈人并不常用的修辞时，应该并不是真心的。但若抛开普利斯库斯的手稿来看，库里达克斯的确承认了阿提拉在他和其他匈人国王的眼中已经成为最高统治者。在谢尔迪卡，有个罗马人竟敢把凡人阿提拉置于神明狄奥多西二世之后，因此匈人对此勃然大怒。[30]

库里达克斯运气不错。阿提拉让他继续统治一小部分阿卡提尔人，并派自己的儿子艾拉克去做了另一些分支部族和黑海周围其他匈人部族的国王。这引起了狄奥多西的注意。阿提拉死后，他的儿子邓吉西克（Dintzic）在潘诺尼亚与东哥特人作战，约达尼斯便提到过几个这时期被征服的部族：乌尔金祖尔人（Ulzinzuren）、安吉斯基利人（Angisciren）、比图戈人（Bittuguren）和巴多人（Bardoren）。[31]阿提拉自持为所有匈人的统治者，便不断要求狄奥多西遣返那些因不愿臣服于他而逃到罗马帝国的匈人，以及同百年来许多蛮族一般单纯为了在罗马帝国谋一个好前程的匈人。作为罗马皇帝的下属，他们要为皇帝服兵役，用进贡的形式纳税。但阿提拉两者都没有得到，倒是便宜了敌人。

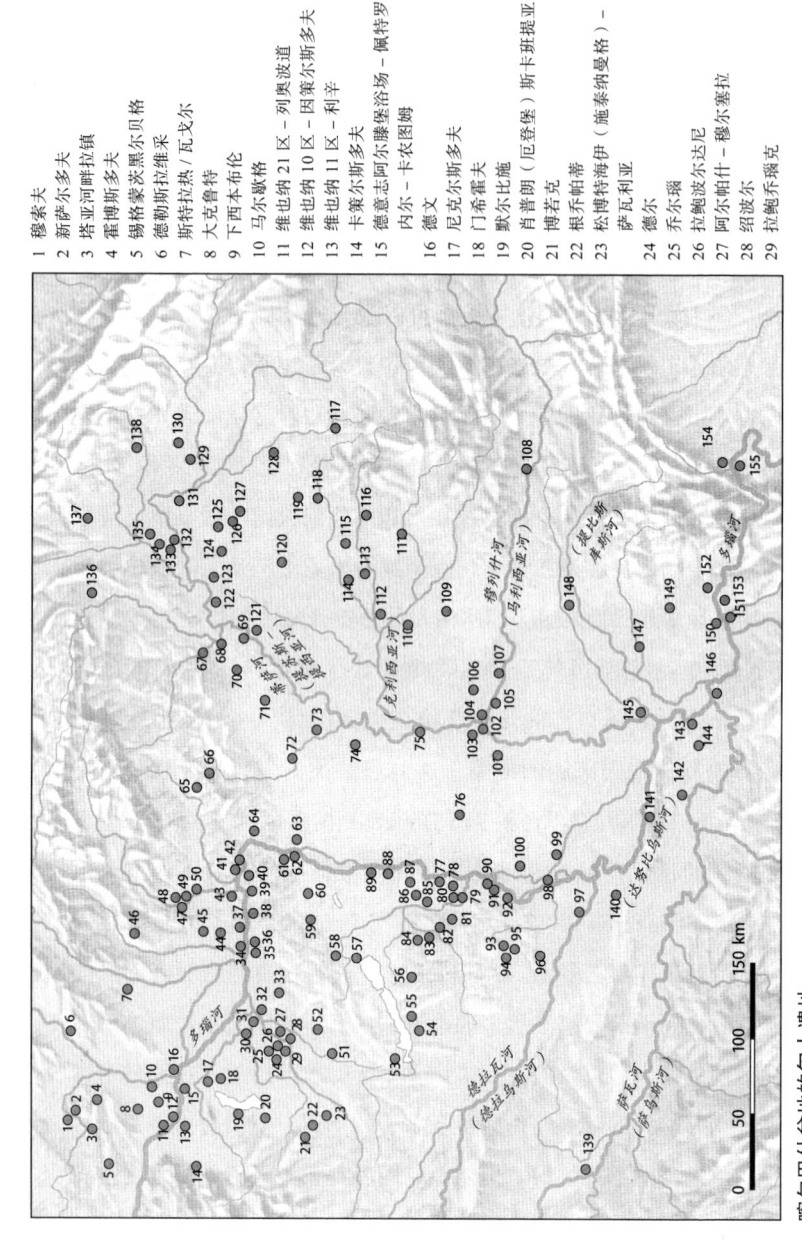

1 穆索夫
2 新萨尔多夫
3 塔亚河畔拉镇
4 霍博斯多夫
5 锡格蒙次黑尔贝格
6 德勒斯拉维埃
7 斯特拉热/瓦戈尔
8 大克鲁特
9 下丙本布伦
10 马戈敦格
11 维也纳21区 – 列奥波道
12 维也纳10区 – 因策尔斯多夫
13 维也纳11区 – 利辛
14 卡策尔斯多夫
15 德意志阿尔滕堡浴场 – 佩特罗内尔 – 卡衣图姆
16 德文
17 尼克尔斯多夫
18 门希霍夫
19 默尔比施
20 肖普朗（厄登堡）斯卡班提亚
21 博音克
22 根乔帕蒂
23 松博特海伊（施泰纳曼格）– 萨瓦利亚
24 德尔
25 乔尔瑙
26 拉鲍波尔达尼
27 阿尔帕什 – 穆尔塞拉
28 绍波尔
29 拉鲍乔瑞克

喀尔巴什盆地的匈人遗址

30 雷贝尼-兮德拉塔
31 拜齐
32 杰尔（拉布）-阿拉伯纳
33 潘诺恩哈尔姆
34 申扎（莱阿涅瓦尔）-凯拉曼提亚
35 舍尼-布里杰杰奥
36 哈马尔斯达（科莫恩）
37 马尔齐济瓦
38 拉伯特伦
39 埃斯泰尔毛罗什
40 皮利什考伊
41 紫布
42 紫布-霍默克杜罗
43 比利亚（贝尼）
44 戴丁考（法伊库尔特）
45 胡尔
46 霍斯提
47-49 莱什雷（雷瓦）
50 沙尔夫采（纳吉沙罗
51 基什皮里特
52 蒂什凯瓦尔
53 凯斯库海伊
54 塔什考
55 怆尔托托
56 齐奇
57 保普凯西
58 皇官堡
59 恰克瓦尔-佛米里亚纳
60 奥尔丘特紫奥博兹-威尔泰森特吉奥尔吉
61 布达古城-阿昆库姆
62 布达
63 布达佩斯-组格罗
64 瓦灰
65 卢古尼蒙拉西（科莫恩）
66 绍什豪尔普
67 希尔毛贝森约
68 基什什考伊
69 蒂普凯西
70 沙布
71 陶尔瑀梅芬
72 亚斯贝雷尼
73 亚林什希道
74 特尔泰尔
75 琼格拉瓦
76 奥尔索基斯塔莱克
77 佛德
78 托尔瑀
79 塞罗尼萨德
80 莫日
81 穆尔高
82 荷基耶斯
83 赖格伊
84 陶马希-奥多鲁
85 纳吉多罗格
86 哲尔克尼
87 内迈特凯尔
88 多瑀城堡
89 多瑀新城-中齐撒
90 下涅克
91 巴陶蔓克
92 杜陶塞克伦-卢与奥
93 佩奇（芬夫克尔岑）-紫皮亚纳
94 佩奇（芬夫克尔岑）
95 瑪古科托尔-干蒸格格普斯克
96 蒙卡卡尼
97 奥西耶克-穆尔泰
98 兹玛耶瓦茨（沃勒斯什尔卡-阿德诺瓦尔
99 巴奇基·莫诺什托尔（莫诺什托尔）
100 达沃德
101 勒斯凯-纳吉谢科尔
102 塞格德
103 德罗日马
104 毛劳多克
105 克尔芬福尔沃
106 霍德梅泽瓦-希牧奇
107 毛焦尔乔纳德
108 多布芬
109 贝凯什考鲍
110 迈泽拜尼
111 比卡奇
112 克勒什洛达尼
113 切克莫
114 菲泽什焦尔毛什
115 阿尔坦波
116 奥拉迪亚（纳吉瓦洛德）
117 希姆莱乌锡尔瓦涅伊（希姆古泰米约）
118 瑟库埃尼（塞凯利希德）
119 米哈伊谷多（艾尔米哈伊
120 德布勒森
121 凯萨切
122 蒂萨多布
123 蒂萨勒勒克
124 尼顿吉佐（紫卡拉）
125 奥罗斯
126 马利欧波奇
127 尼尔巴托尔
128 根乌
129 盖莱茶什
130 鲍克陶（纳吉鲍克陶）
131 小瓦尔道
132 蒂绍考拉德
133 博绍罗高洛姆
134 维戈尔德
135 斯特列达纳得博格罗姆（博德罗蓝尔多海伊）
136 恰尼亚（查尼）
137 博兹迪绍拉德（博兹迪奥）
138 穆卡切代（孟卡奇）
139 希沙克-西斯齐亚
140 温科夫齐-奇巴莱
141 茶什汀
142 斯雷姆斯卡米特罗维察-锡尔米乌姆
143 新巴诺沃奇-布尔格奈
144 佩特洛沃奇-巴西亚纳
145 蒂萨尔
146 贝奥格拉德（贝尔格莱德）-辛古多努姆
147 乌兹丁-乌约伙拉
148 兹拉拉斯（紫卡扎尔）
149 阿利布诺尔
150 库夫-卡斯特亚
151 君士坦提亚
152 奥拉湖杜布拉维察-马尔吉
153 莱斯拉塔
154 科斯托拉茨-费米拉扎
155 奥绍瓦

阿提拉可以信任艾拉克，他的这个儿子不会图谋建立自己的独立政权。另一方面艾拉克也大可放心，单是他父亲的威名就足以稳固他的国王宝座，那些王族以外的匈人以及部分曾经与他敌对的匈人都不敢轻易造次。普利斯库斯认为这种远距离影响是一种统治手段。用约达尼斯的话说就是，阿提拉"用自己的方式，通过在人们心中播撒对他的惧怕而让所有人陷入恐慌"。[32] 他的残暴带来恐惧，恐惧带来威望，威望带来权力。若威望和权力陷入危机或者行将消失，阿提拉便会立刻集结起一支行动迅捷的骑兵部队来将其重建。实际上很多时候，他只需做做样子威慑一下就够了。阿提拉逝世后，匈人为他们的国王哀悼悲吟，"他攻城略地，将东西罗马帝国都置于恐惧之中"。[33]

奥内革修斯讨伐东边阿卡提尔人的战役说明了阿提拉是如何在喀尔巴阡盆地北边和西边的蛮族地盘扩张势力，宣示权威的。从和他在451年一起进军西方的盟友名单中便能看出，阿提拉已经成功地将这些地区的蛮族纳入了统治范围，但文献对此都没有记载。只有罗马外交官罗慕路斯在一次同普利斯库斯的谈话中笼统地提到过，阿提拉的势力范围已经延伸到了大洋的小岛上。他所指的并不是不列颠群岛，而是波罗的海上的岛屿。[34] 匈人们并没有将家乡草原的战术——骑兵快速突袭——荒废掉。即便是在物产匮乏，战利品远不如多瑙河南岸的北方，生活在那里的部族也逃不过匈人的铁蹄践踏。直到波罗的海海岸，无处不是匈人侵袭的痕迹。阿提拉最擅长的威胁手段——战争——也从未失灵过。对方慑于威胁，派遣使者来给阿提拉送礼，这对双方来说便是征服的标志。在希腊历史学家的笔下，"进贡"变成了一个与阿提拉的权威相关的专业词汇。[35] 或许普利斯库斯在阿提拉行宫中见过的蛮族使者便是出于这个目的才来拜访阿提拉的。[36]或者他们正经历内忧外患，不得已向阿提拉求助。通过考古研究，人们甚至还猜测，这一时期有一股来自波兰的迁移大潮，其起因是北方的蛮族想加入匈人前往罗马帝国的大规模劫掠。约达尼斯在他的《罗马历史》中把"其他不同的民族连同国王一起"算进了阿提拉和哥特人及格皮德人的战时大联盟。[37]被征服民族和同盟民族之间的差别并不是很明显。甚至在阿提拉要求他们参战之前，他们便主动随阿提拉奔赴战场，以此向他证明自己的忠诚无可指摘。只要他们在阿提拉眼皮底下作战，阿提拉就无须担心有人会趁匈人主力不在时起兵叛乱。

阿提拉作为"审判者"的形象，乐于助人的性格和个人魅力为他赢得了权力和"国际"声誉。有人向他请愿，他也会趁机扩张势力。448年的巴高达人起义却不合时宜，这场起义使医生尤多克西乌斯（Eudoxius）流亡到了阿提拉的宫廷。[38] 450年，法兰克国王的两个儿子在父亲死后争夺王位，这个机会对阿提拉来说利用起来更顺手。弟弟向埃提乌斯求助，两人在罗马相会，最高指挥官将这位法兰克人收为养子，普利斯库斯也见过他。哥哥则和阿提拉结盟，阿提拉便以此为借口在第二年向莱茵河进军，入侵高卢。[39]

更令人震惊的是，450年，罗马皇帝瓦伦提尼安三世的姐姐尤斯塔·格拉塔·霍诺莉亚（Iusta Grata Honoria）向阿提拉寻求帮助。她的弟弟大概在437年授予了20岁的姐姐"奥古斯妲"（Augusta，即"奥古斯都"的阴性形式）的头衔。狄奥多西二世也曾把他的姐姐普尔喀丽亚（Pulcheria）提拔为奥古斯妲。瓦伦提尼安三世还在另一点上效仿了君士坦丁堡皇宫：普尔喀丽亚和她的妹妹阿尔卡迪亚和玛莉娜决定效仿她们虔诚的兄弟,自愿不婚,去做修女。瓦伦提尼安三世便也强迫霍诺莉亚放弃婚姻。这对叔侄这么做都是出于政治目的:他们祖父狄奥多西大帝一手建立的王朝决不能旁落外戚。但他们至今膝下都没有一位男性继承人。生于419年的瓦伦提尼安三世至少还有希望,但是不幸的霍诺莉亚给了他一个晴天霹雳:449年,32岁的她怀上了管家尤吉尼乌斯的孩子。本来皇家公主的管家是不会对拉韦纳的皇位继承产生任何威胁的。但如果霍诺莉亚生了个男孩呢?人们不得而知。这桩丑闻爆出时,瓦伦提尼安三世立刻处死了尤吉尼乌斯。他犯了叛君罪,理应被判死刑。而霍诺莉亚也要为她的失足行为付出代价,更何况她还想争夺母亲加拉·普拉西迪娅的财产,这样她的处境便更加糟糕了。她不得不在严密监视下离开皇宫,也许还被剥夺了奥古斯妲的称号。霍诺莉亚被送去了君士坦丁堡,她那些端庄贞洁的表姐妹们或许能治愈她的创伤。瓦伦提尼安三世在她返回之前或之后把她许配给了元老赫尔库拉努斯(Herculanus),他确认这个男人不会因入赘皇室而作威作福。为了嘉奖他的配合,瓦伦提尼安三世在452年将其提拔为执政官。[40]

瓦伦提尼安想要驯服霍诺莉亚的努力都落空了。适得其反的是,她不仅让她那狡猾程度同她不近人情程度相当的弟弟白期待了一场,还以西罗马和东罗马帝国的福祉为代价报了私仇。她暗地里派了心腹宦官赫阿辛修斯(Hyacinthus)去见阿提拉,令他转交了一个戒指,阿提拉认为这戒指是订婚信物。她还命人带去了一笔可观的黄金作为嫁妆。就算戒指没有吸引力,黄金也能为她赢得阿提拉的欢心。将来成为匈人王的无数夫人之一比同老实巴交的罗马元老缔结一段无聊的婚姻要有诱惑力得多。更何况阿提拉的正室克莱卡已经上了年纪，他很可能会把她扶为新的正室。拥有奥古斯妲头衔的罗马皇帝的姐姐将为他的宫廷再增添一抹荣光。霍诺莉亚料到了阿提拉会毫不犹豫地收下礼物，而她没有料到的是，阿提拉想要的嫁妆远不止于此。他派使者前往拉韦纳，要求瓦伦提尼安三世不仅把他的姐姐送过去，还要交出罗马帝国的半壁江山。他还找了个堂而皇之的理由："霍诺莉亚从父亲——君士坦提乌斯三世——那里继承了帝国，但她的兄弟出于贪欲从她手中抢走了统治权。"[41]

皇宫上下都被阿提拉的傲慢无理激怒了，于是决定开战。[42]埃提乌斯负责整军备战。对他来说，阿提拉对帝国领土的无耻要求使他们之间的外交友谊就此断绝。他知道瓦伦提尼安三世是支持他的，尽管他至今还算不上皇帝的朋友。瓦伦提尼安三世和他的最高指挥官一样愤怒，命人逮捕了"情书信使"赫阿辛修斯，待这位宦官不堪严刑逼供，交代了一切实情后，便将其处死。本来霍诺莉亚这次死罪难逃，多亏了她母亲加拉·普拉西迪娅的苦苦哀求，她才得以活命。而君士坦丁堡给出的建议却让瓦伦提尼安三世直摇头：狄奥多西二世严肃建议将霍诺莉亚送到阿提拉那里去。[43]这位皇帝愿意付出任何代价缔结和平，但他却忽视了一点，阿提拉拿不到称心如意的嫁妆就不会迎娶新妻。也许他还曾建议用金钱代替领土去满足匈人的贪欲，这样的话西罗马也得像东罗马那样把家底掏个底朝天。据估计，阿提拉在445年到453年之间从罗马搬走的黄金共有53950磅，也就是17665.92千克。狄奥多西二世的下下任皇帝利奥一世在457年登基时清点国库，共计10万磅黄金。阿提拉收入囊中的黄金比罗马国库的一半还多。[44]

但是，黄金已经不再能满足阿提拉了。他坚持要与拉韦纳和君士坦丁堡皇帝平起平坐的时代已经过去了。匈人使者团曾在谢尔迪卡的一场晚宴上强调了这一点，有个罗马人对皇帝与国王的地位平等性表示了质疑，便差点引起一场斗殴。[45] 阿提拉之所以要求皇帝只能派遣高官阶的使者，其实是因为害怕被看低。他甚至还准备一旦在外交来往中受到蔑视就以战争回击。[46] 而且狄奥多西二世和瓦伦提尼安三世在公开的交往中都不会用帝王头衔"巴西琉斯"（basileus）称呼他，这是普利斯库斯在提及阿提拉及其他蛮族国王时使用的历史称谓。[47]

但是，狄奥多西二世轻率的刺杀行动给了阿提拉贬低他的口实，因为他令先皇和皇位蒙羞。幸运（Týchē）让阿提拉这个"更优者"成为"统治者"。[48] 希腊语"depspotes"，在拉丁语中是"dominus"，一直以来指的都是罗马皇帝。阿提拉把"Týchē"理解为神的意志，神选中了他去统治世界。之前西罗马帝国的使者，元老卡西奥多乌斯和埃提乌斯的儿子卡皮里奥，以及经验丰富的外交官罗慕路斯就两次见识过阿提拉的野心。他们将所见所闻传回了罗马和拉韦纳。罗马人终于意识到，罗马皇帝宣称要成为世界之主的豪言壮语破灭了。他们的祖先奥古斯都誓要征服世界，但他现在的继承者却是匈人王。匈人王称霸的第一步便是打败罗马的死敌波斯人，而就连奥古斯都都不敢与波斯争斗。罗慕路斯和他的同伴并不觉得这是自大狂的夸夸其谈，他们真的相信阿提拉凭借其军事力量定能令东方臣服于他。或许正是在阿提拉统治期间，有人发现了战神阿瑞斯的宝剑并献给了他。不管这次发现是不是精心策划的，阿提拉都把它解释为上天之兆，"他注定统治世界"。[49]

不只是对希腊人和罗马人，对匈人而言，这位国王的名字便已彰显了他的自信与神勇。因为根据某种说法，"阿提拉"是一个匈人语词汇，意为"世界之主"。[50] 但这和雅各布·格林的解释迥然不同，格林认为阿提拉是哥特语对"父亲"的爱称。[51] 所以，这样一个热切守护匈人传统的国王的名字其实是异族语言中的昵称？至今对此仍然众说纷纭，莫衷一是。[52] 支持哥特词源说的人必须承认，他们并不知晓国王本来的匈人名，因为青少年时代的阿提拉不可能被叫作"爸爸"。希腊人喜欢给阿提拉的名字加上希腊语词尾，也就是阿提拉斯（Attilas）。普利斯库斯偏爱用"Attélas"，"éta"这个元音自古希腊以来便发"i"的音。如果阿提拉在匈人语中的确意为"世界之主"，那在阿提拉眼中，他的父亲蒙德祖克赐予的名字和失而复得的战神之剑一样，是一个预兆。然而，人们在其他民族中也能找到类似的情况：尤利乌斯·恺撒的敌人中有一个爱杜依贵族叫作杜姆诺瑞克斯（Dumnorix），这个凯尔特人名的意思也是"世界之主"。第一个和匈人冲突的日耳曼人，哥特国王厄尔曼纳里克的名字也是此意。[53]

第十三章

与西方的战争

阿提拉在450年下半年遇到了两个挑战。450年7月28日，狄奥多西二世意外坠马身亡，享年49岁，还没来得及立下王储。他的姐姐普尔喀丽亚和权势遮天的最高指挥官阿斯帕尔便安排了马尔西安作为皇位继承人。这位保民官在军队里身居要职，是阿斯帕尔多年来的亲信。为了巩固皇位，马尔西安入赘了皇室，娶了普尔喀丽亚为妻。但普尔喀丽亚事前要求缔结"约瑟婚姻"，也就是说两人不得行房，只做名义上的夫妻，这对于58岁的严格的基督徒马尔西安来说并不是什么难事。[1]

阿提拉一听说新皇继位，便立刻派遣使者前去君士坦丁堡，要求帝国继续向他交纳贡金。但马尔西安不是狄奥多西二世，他告诉使者这笔钱他是不会付的。如果阿提拉愿意保持和平，他便会送礼致谢；如果阿提拉以战争威胁，便有一支不比匈人弱小的军队在等着他们。阿提拉从来没有听过君士坦丁堡的这种腔调。不遵守前任君主签订的条约本来是匈人的法律观念，结果这次却发生在了推崇契约精神的罗马人身上。那些因为向匈人纳贡金而被重税压迫的人和先前被狄奥多西二世保证安全，但依旧深受威胁的多瑙河流域各行省的人民都为新皇的这一举措拊掌欢呼。阿提拉将会如何报复还不得而知，这不是他唯一需要忍受的回击。他还威胁拉韦纳，如果他未来的夫人霍诺莉亚受到不公正的待遇，被排挤出权力中心，他就要为她复仇。瓦伦提尼安三世的答复和马尔西安一样大胆：霍诺莉亚已经被许配给了另一个人，而且她不能参政，因为在罗马女人是不允许进入政府的。[2] 他可能还接着反讽了一句："女人在匈人那边是不是可以干政？"

西罗马使者罗慕路斯认定阿提拉无法忍受被人拒绝的滋味，东罗马使者马克西米努斯则认为，如果人们没有顺阿提拉的心意，他便会用武力来解决问题。[3] 当两位使者带给他罗马皇帝拒绝的消息时，阿提拉便大发雷霆。他盛怒难抑，奥内革修斯费了九牛二虎之力才让他平静下来。[4] 东罗马和西罗马相当于向他开战了，他也准备接受他们的宣战。但问题是：先进攻东罗马还是西罗马？[5] 马尔西安这时候企图息事宁人，派了阿波罗尼乌斯（Apollonius）去见阿提拉。使者刚到，阿提拉便派人询问他是否带来了逾期未偿的贡金。而在阿波罗尼乌斯否认后，他便拒绝接见背信弃义的皇帝派来的使者。但阿提拉还不死心，要求使者送上常规的使节礼物，如果连这都没有，他就要把使者处死。阿波罗尼乌斯面不改色地回复道：阿提拉只有先接见了他，他才会献上礼物。否则他宁可被处死，把礼物留给阿提拉做战利品。阿提拉十分欣赏他的勇敢，便允许他返回，但依然没有接见他。[6]

阿提拉从阿波罗尼乌斯的这次出使中得出结论，君士坦丁堡的皇帝尽管态度强硬，但依然更愿意通过谈判而非战争解决争端。于是他决定先击败西罗马帝国，然后再武力威胁东罗马帝国，问他们是否愿意继续缴纳狄奥多西二世承诺的贡金。[7] 在450年到451年的冬天，阿提拉派遣使者前往各处召集结盟的部族，要求他们为第二年春天入侵高卢做好准备。此外他还动用了不少外交手腕，这说明了他对帝国西部的大环境有着多么细致的了解。在一封给瓦伦提尼安三世皇帝的信件中，阿提拉似乎已经忘记了与霍诺莉亚的联姻和她的嫁妆，而是以罗马最高指挥官的身份宣称愿与罗马维持友谊。他还愿意帮助帝国对抗西哥特人，因为他也在过去的几年中不堪其扰。[8] 同时他致信图卢兹，让西哥特国王狄奥多里克解除与罗马在 418 年到期，又于 439 年重启的盟友关系，让他想想罗马人在过去的几年中都对他的族人做了些什么。如果狄奥多里克照办，那西哥特人在接下来进攻高卢的征战中将会是阿提拉有价值的盟友。"这个奸诈之人隐藏起他的野蛮可怖，他在踏入战场之前便用诡计作战。"约达尼斯对阿提拉离间拉韦纳和图卢兹的双面手段做了如此评价。[9]

阿提拉还和汪达尔国王盖萨里克结了盟。442 年，罗马承认了盖萨里克在阿非利加的统治权。几年后，汪达尔人和西哥特人之间的积怨再次爆发：盖萨里克的儿子胡勒瑞克娶了狄奥多里克的一位女儿，但胡勒瑞克认为她参与了一起针对他的袭击案，于是割掉了她的鼻子和耳朵，把她赶回了娘家，然后和瓦伦提尼安三世的女儿尤多西娅（Eudocia）订了婚。从这时候起，盖萨里克就不敢对狄奥多里克图谋复仇的可能性掉以轻心。而对于狄奥多里克来说，一位对他宣称与汪达尔人为敌的匈人国王自然是值得欢迎的。但他们之间并没有结盟，只是保持着信件往来。[10]

在拉韦纳，罗马人也同样积极使用外交手腕。为了排挤阿提拉这个"人间暴君"，瓦伦提尼安三世给狄奥多里克发去了一封信件，说阿提拉"妄图奴役全世界"、"并不为战争找理由，而是自认为无论做什么都是合理合法的"。451 年阿提拉开始进军时，埃提乌斯才终于在前高卢最高指挥官阿维图斯（Avitus）的帮助下将西哥特人拉进了罗马人的阵营。这是阿维图斯第二个重要功绩。[11]

但是事实上，人们所期待的东西罗马共同抗击阿提拉的联合大军却最终没有组建起来。瓦伦提尼安三世一直不愿认可由保民官马尔西安继承皇位，并娶表姐普尔喀丽亚为妻。直到452年初，阿提拉威胁入侵意大利时，他才决定在当年的3月30日公开承认马尔西安在罗马的地位。[12]

教宗利奥一世倒是没有这么拘谨，马尔西安在一封信件中向他宣告了自己登基的消息，并请其"为皇权稳固，国祚绵长而向永恒的上帝祷告"。[13] 教宗立刻承认其为罗马皇帝，并为了宗教会议积极地与他和普尔喀丽亚通信。在451年4月23日的一封信件中，利奥一世还劝说两位皇帝团结起来："如果上帝的圣灵保证了基督教皇帝互相和睦相处，那全世界便会信心加倍，因为爱与忠诚的力量会让他们所向无敌，在上帝借由信仰的力量将其宽恕后，无论是离经叛道的异端邪说还是蛮族敌人都会被瓦解。"[14]

在教宗利奥一世写下这些充满希望的句子时，急报传到罗马，阿提拉已经率领一支大军渡过了莱茵河。他的核心军队里除了匈人还有维拉米尔带领的东哥特人和阿达里克带领的格皮德人，这两位蛮族国王都与阿提拉交好。此外维拉米尔的兄弟提乌迪米尔（Thiudimer）和维德米尔（Videmir）也加入了大军。他们带来了"众多被他们征服的民众与民族"。[15] 出生于里昂，时年20岁的高卢元老，后来的大主教圣希多尼乌斯·阿波黎纳里斯（Sidonius Apollinaris）在一首于456年为阿维图斯而作的赞美诗中描写过这群民族大杂烩："一个英武的卢基人和一个格罗纳人，一道跟在一个伛头伛脑的格皮德人身后。拖着斯基利人的勃艮第人；前来进攻的有匈人、贝罗诺特人、诺伊人、巴斯塔纳人、图林根人、布鲁克特人、在内卡河上乘风破浪的法兰克人。"[16] 但是圣希多尼乌斯·阿波黎纳里斯对阿提拉军队的构成并非知根知底，他就忽略了东哥特人。为了让人对这支乌泱泱的蛮族大军有更深刻的印象，他自作主张地附会了好几个早已湮没在历史尘埃中的民族名字：贝罗诺特人、诺伊人、巴斯塔纳人。[17]

很难说阿提拉入侵高卢的这支大军究竟有多少人。有人错误地认为他们大概有 50 万人，正如约达尼斯记载的那样。但是这位历史学家口中的 50 万人指阿提拉在战争中能动员的匈人士兵总数，并非这次入侵高卢的军队人数。[18] 如果把大部队后勤和战争最后胜利的敌军人数算进来，对这次高卢战役参战人数比较真实的估计是 5 万人左右。[19]

在编年史作者希达提乌斯看来，阿提拉入侵高卢等于是撕毁了 443 年的和约。这个匈人一如既往地不可揣度。有人预料到了他的入侵，虔诚的大主教圣瑟法斯（Servatius aus Tongeren）在罗马耶稣使徒墓前所做的预言也与此有关："看，匈人将来到高卢并以狂风暴雨之势将其毁灭，这是上帝无可更改的决定。"《高卢编年史》认为，阿提拉要求娶霍诺莉亚为妻未遂才是发动战争的真正原因。[20] 没有人会质疑阿提拉想借由这次大行动既向外又向内宣示力量与权威。他手下的匈人要再次意识到阿提拉永远是他们不可战胜的王，是真正的世界统治者。喀尔巴阡盆地中的和平生活则是无法证明这一点的。

4 月 7 日，复活节前的星期六，阿提拉攻占并摧毁了梅斯。[21] 他必须在年初就发动战争。阿提拉很可能利用了多瑙河沿岸的街道和圣希多尼乌斯·阿波黎纳里斯提到过的内卡河。骑兵疾行开路，马车紧随其后。这些马车在关键的沙隆之战*中构成了一座车

---

* 沙隆之战也叫卡塔隆尼平原战役。

堡。圣希多尼乌斯所说的"内卡河法兰克人"的王子曾向阿提拉寻求过帮助，现在便带领子民追随了他。[22] 勃艮第人也自愿或被迫地加入了阿提拉的大军，他们是莱茵－美因地区的一支部族，曾经和阿提拉的叔叔奥克塔打过仗，现在凭借精湛的手工活在阿提拉手下当工匠。根据圣希多尼乌斯夸大其词的说法，他们"用双刃斧头迅速砍光了赫尔希尼亚森林（Hercynia）"，[23] 造出了横渡莱茵河的大小船只。赫尔希尼亚可以指莱茵河右岸的任意一片林地，而在此处指奥登瓦尔德和陶努斯山区的森林。匈人在美因茨横渡莱茵河，而在北边定居的盟友布鲁克特人则在科隆渡河。"比利时人，阿提拉已率领大军跨过了你们的原野！"圣希多尼乌斯继续写道。[24] 上比利时的大都市是特里尔，这座城市可能成了阿提拉在莱茵河左岸的第一个猎物。[25] 有一条行军大道和摩泽尔河并行，从特里尔延伸到梅斯（Mettensis urbs）。野蛮人把梅斯居民屠杀干净，连牧师都不放过。这让都尔的圣额我略十分震惊。野蛮人接着还放火烧城。虔诚的大主教都尔的圣额我略对这场灾难的解释和教会作家常见的说辞别无二致：梅斯的不幸是上帝对其居民罪行的惩罚。但是奇迹总是有的，基督教首位殉道者圣斯德望的礼拜堂便躲过了大火。据说这位圣人曾在天堂向耶稣使徒圣彼得和圣保罗祈祷。[26]

阿提拉行动的主要目标是战略位置十分重要的奥尔良（Aurelianensis urbs）。他想以奥尔良为据点进攻不服从他的西哥特人，毁灭西哥特王朝作为惩戒。高卢地区宽阔的平原为他的骑兵提供了理想的行军环境。在前往奥尔良的路上，凡是能攻占的地区都被阿提拉占领了。后世文献对此只有一两句笼统的记叙："很多高卢城市遭到了阿提拉最野蛮的进攻。"[27] 尽管经过了文学变形，但高卢大主教的生平记录依然反映了一些历史细节：特鲁瓦（Tricassina urbs）的居民逃入了山区，因为他们的城市没有城墙。而他们的大主教卢普斯（Lupus）为阿提拉祷告，令其无法焚毁城市。阿提拉被他祈祷的效果触动，便带着他一同上路了，并承诺再次抵达莱茵河时就放他回家。[28] 但生平记录里没有揭露的是，卢普斯还向阿提拉承诺了一笔数额可观的赎金，正是这笔钱才让他的祷告起了效果。他自己还答应在阿提拉身边做人质，直到赎金筹措完毕为止。在所有居民都出逃后，要做出这样的冒险行为并不容易。如果大主教在城破时为匈人祷告过，那他就遵循了耶稣"爱你的敌人"的教诲，但这显然和生平记录里提及的另一些内容不太一样，因为其中写到阿提拉只在与他分别时才表示希望得到他的祝祷。

圣希多尼乌斯·阿波黎纳里斯几年后在一封信中将卢普斯和奥特西欧杜鲁姆（今欧塞尔）的大主教日耳曼努斯和奥尔良勇敢的守卫者——大主教阿尼亚努斯（Anianus）相提并论。[29] 100多年后，都尔的圣额我略还写道，他那个时代的人们还歌颂着大主教们的英雄事迹，这位历史学家还在自己的史书里写下生动震撼的一章，赞美了奥尔良居民：当阿提拉攻打城市时，阿尼亚努斯和居民们不断反抗，他安慰绝望的人群增援马上就到。"这个时候，城墙已经在攻城槌的猛击下摇摇欲坠。千钧一发之际，埃提乌斯、西哥特国王迪奥多（狄奥多里克）和他的儿子托里斯蒙德（Thorismud）终于率大军赶到，逼出并赶走了敌人。"[30] 圣希多尼乌斯·阿波黎纳里斯在这封信中总结了这次事件："匈人围城、攻城、破城而入却没能洗劫城市的情形，以及这位临危受命的大主教的所有著名的预言。"侵略者已经进入了城市，所以圣额我略会写他们被"逼出去了"。彼时留在奥尔良城里的阿兰人国王桑吉巴努斯（Sangibanus）甚至还向阿提拉承诺过要把奥尔良献给他。[31] 阿尼亚努斯也许曾在城市即将陷落之际和阿提拉谈判，请他不要屠城。但当埃提乌斯率领哥特军队从后方赶来时，阿提拉便中断了谈判，立刻撤离了城市。阿提拉并不想同埃提乌斯正面开战，因为他只带了一小部分盟军进行围城，他的匈人大军这个时候正在外进行大范围的扫荡和掠夺。根据生平记录，阿尼亚努斯后来甚至还去大帐中找到了阿提拉，声称身为上帝指派给奥尔良的牧师，他拒绝交出这座城市。[32] 有阿兰人帮助奥尔良居民抵御匈人，阿提拉试图劝说他们的国王桑吉巴努斯投降，却徒劳无果。尽管桑吉巴努斯有通敌嫌疑，但他终究还是没有叛变。[33]

尽管后世传说进行了不少传奇化的加工，但在匈人肆虐的时代，作者不详的高卢大主教生平记录有着共同的史实基础。彼时很多大城市的大主教们都扮演着相似的角色。他们不只是教堂的宗教代言人，还在宗教领域外收获了政治权力和社会声望。这背后有两点原因：国家机构的权力日益衰退和大主教们的身世背景显赫——他们大部分来自城市里的上层社会或者帝国贵族阶级。危难之际，城市居民便把他们看作理所应当的领导者和救助者，全心信任他们祷告的力量，并希望他们（比如卢普斯和阿尼亚努斯）能口绽莲花，在同敌人谈判时取得胜利，规避最坏的结局。阿提拉在高卢的征战推动了中世纪教会影响力壮大，所以公元451年被一直铭记，并在文学中留下了深深的印迹。

巴黎的拯救者，圣女热纳维耶芙的故事更为传奇。她的生平记录是于520年著成的。她建议市民不要带着财物出城以求自保，而是应该信赖上帝。人们想用石头把这个假先知砸死或者将她推进河里淹死。曾受圣希多尼乌斯·阿波黎纳里斯赞美的大主教、欧塞尔的日耳曼努斯救了她。热纳维耶芙将全城的妇女们召集起来祷告。她们在夜间禁食并祈祷，最终巴黎没有受到敌人的侵害。[34]

根据后世一则未被证实的记录，奥尔良在451年6月14日得到了拯救。[35] 451年的上半年，埃提乌斯建起了一支防御军队。他主要依靠的是高卢内部的力量。因为依据圣希多尼乌斯的记载，他从意大利向北翻越阿尔卑斯山时只带了一小支军队。[36] 意大利人对抗击匈人，守卫高卢这个帝国的重要地区并不热心。但人们也不能责怪意大利人，因为自450年起，"一场史上最严重的饥荒席卷了意大利全境。"[37] 这时候西哥特人的态度就很重要了。他们会被诱惑而追随阿提拉吗？或者他们会因为瓦伦提尼安三世的父亲君士坦提乌斯三世在418年将高卢西南部的土地赠予他们，帮助他们建立了西哥特王国而报答瓦伦提尼安三世吗？埃提乌斯在阿维图斯帮助下，用好言好语在最后一刻争取到了西哥特人的支持。[38]

埃提乌斯和他的士兵招募官在高卢的边境地带也取得了令人瞩目的成就。约达尼斯——列举了被招募民族的名字：法兰克人、萨尔马提亚人、阿莫瑞卡人、莱提人、勃艮第人、萨克森人、利普里安人和奥利布里安人。"他们曾是罗马士兵，现在被招募为辅助军。"[39] 背教者尤利安皇帝早在358年就将法兰克人安置在了下比利时。[40] 被招募来的还有一些几十年来守卫莱茵河中游和下游边境的法兰克人，以及埃提乌斯在428年和431至432年征伐该地区后地位提升的法兰克人。他的法兰克养子也为他带来了很多追随者。[41] 在戴克里先、君士坦丁大帝和他的儿子君士坦提乌斯二世在多瑙河的征战后，一些零散的萨尔马提亚人群落便在高卢定居下来。[42] 阿莫瑞卡人之中还有巴高迪人，他们同埃提乌斯缔结了和约。"利提西亚人"或者"莱提人"是主动向罗马臣服的日耳曼人，他们获得了高卢的一片荒芜的土地（agri deserti），但条件是承诺跟随罗马征战。勃艮第人被埃提乌斯移居到萨珀迪亚后，在443年也向罗马做了相同的承诺。[43] 臭名昭著的萨克森海盗数十年来一直在侵袭高卢北部。但是和萨尔马提亚人一样，萨克森人很早就建立起了一支辅助军。[44] 利普里安人和奥利布里安人可能是之前驻扎在不列颠的军队，在罗马当局放弃不列颠后，他们便被重新安置到了高卢。[45] 约达尼斯接着还大致提到了"其他几支加入埃提乌斯军队的凯尔特和日耳曼部族"。[46] 他们接受招募的原因始终只有一个：他们未来是想成为阿提拉的臣民向他进贡，还是要同罗马维持从祖先那里继承下来的关系？莱茵河对岸总是不断地有青年人出头，迫切地想上战场。战争对他们来说不只是生活的调剂，还能为他们带来战利品和军饷。把五花八门的民族集结到一起，组成一支强大的联军，这便是埃提乌斯最大的军事成就。

在奥尔良战败后，阿提拉意识到，为了不影响大局胜利，他必须要和埃提乌斯来一场决战。敌人的每次回击都能削弱盟友的忠诚度，一旦他们私下准备哗变然后一走了之，那他就权势尽失了。约达尼斯指出了他的忧虑。后世有传说道，愤怒的阿提拉命人占卜，解读动物内脏和刮干净的白骨上的纹路，预见到了匈人的厄运以及敌方将领，也就是埃提乌斯的死亡。[47] 占卜师了解阿提拉暴烈易怒的性情，便预言匈人会取得胜利来讨他欢心。普利斯库斯曾私下里从一位匈人邻桌那里得知，阿提拉绝不会因为过度自信，认为自己备受好运眷顾而对占卜嗤之以鼻。[48]

阿提拉决定在已攻下的高卢地区为他的骑兵选择一个作战地点。后来有人认为匈人大军溃逃了，但其实这是一场战略撤退。[49] 阿提拉退回到了特鲁瓦，他没有放火将这座大主教卢普斯的城市烧成灰烬的决定为匈人带来了优势，现在这里成了阿提拉大军的补给站。特鲁瓦以北是卡塔隆尼平原（Campi Catalauni），那里是高卢部族卡塔隆尼人的故乡。马恩河和塞纳河圈出了一块盆地，盆地东边是香槟平原，西边是布利（Brie）。按照约达尼斯的说法，盆地东西走向的长度为100高卢里格，也就是220千米。东南—西北走向的宽度为70里格，约为140千米。约达尼斯还记下了这块战场本来的凯尔特语名"毛里亚奇平原"（Campi Mauriaci）。编年史把距离特鲁瓦5里格远的地方称作毛里卡（Maurica）。作为"本地历史学家和退休军官的爱好"，曾有人考察过战场的确切位置，但至今没有结果。[50] 阿提拉早就下令将所有的马车都集中于此，围成车阵，为即将到来的战斗准备了一座坚不可摧的战车堡垒。阿提拉率先抵达了这里，埃提乌斯紧随其后。决战当日拂晓，双方在战场边缘的山坡上交手。埃提乌斯和西哥特人在运筹布局时把占领高地也考虑了进去，这让他们取得了战役的胜利。[51] 在决战打响的前一晚，阿提拉部下的格皮德人和埃提乌斯属下的法兰克人展开了一场激烈的遭遇战，虽然约达尼斯笔下15000人的伤亡数字有些夸张，但双方的确损失惨重。[52] 这场交锋证明双方的盟友直到大战当天都是各自为战的，这也给军需补给减轻了不少压力。

山坡上的损失让阿提拉出离愤怒，他在大战开始前向全军做了一番极富煽动性的讲话。正如千百年来古希腊和罗马史书记载的将领演讲那样，约达尼斯记录的这篇讲话只是修辞的堆砌，但阿提拉对它做了些实时的改动：他们这次最强劲的敌人不是可鄙的罗马人，而是阿兰人和西哥特人。阿提拉曾试图拉拢他们，不过没有成功。[53]

埃提乌斯也知道他们兵强将猛，因此他把西哥特人放在阵地右翼，阿兰人放在中央，阿提拉亲率匈人精骑居中与之抗衡。约达尼斯认为，埃提乌斯之所以把阿兰人放在两翼之间是因为他不信任阿兰人，这样便能阻止他们逃跑，这样的做法是不可理喻的。[54]假如照他所写，最弱的阿兰人和最强的匈人都被部署在中间位置，战役的走向可能会大相径庭。事实上，双方交战时可能发现来者都是熟人，因为他们自祖辈起就在草原上和对方打了不少苦仗。

约达尼斯接着记叙了在下午开始的那场"恐怖骇人，风云难测，声势惊人，艰苦卓绝的战斗"。他添加了很多花里胡哨的文学修饰，以至于真实过程究竟是什么样的都不甚清晰。这位历史学家展现了阿提拉自相矛盾的形象：首先他是一位杀伐决断的军事指挥家，所有人都要听其号令。但是在与西哥特人的第一次正面对抗时，他若是没有和卫兵及时逃进车堡并据险防御，那他可能就会命丧当场。[55]而关于阿提拉的盟友，文献仅记载了一起略有争议的事件：东哥特人安达吉斯（Andages）将西哥特国王狄奥多里克射伤坠马，后者在接下来的混战中被自己的族人踩踏而死。[56]随着两军厮杀，天色渐晚，战场上埃提乌斯和狄奥多里克的儿子托里斯蒙德在黑暗中迷失方向，差点丢了性命。[57]

第二天清晨，阿提拉在战车堡垒中虚张声势，佯装要发起攻击，而埃提乌斯和哥特人则决定将其困死在车堡里。人们私下传言，阿提拉已经把马鞍堆在一起作为燃料，一旦敌人突破堡垒，他就放火自焚。[58] 盟友们离开战场，回到军营中等待着他下一步的指令，把战场留给了西哥特人和阵亡者们。毫无疑问，罗马联军胜利了。根据约达尼斯的说法，这场战役中共有16.5万人殒命，而编年史作者希达提乌斯甚至认为伤亡人数达到了30万人。[59] 两个数字都是他们猜想得来的，用以显示这场血战的规模之大与意义之重要。托里斯蒙德在遍地尸体中找到了他的父亲，西哥特人立即为国王举行了传统的火葬，接着把他的儿子拥上了王位。[60]

实际的伤亡数量极其巨大，以至于阿提拉和埃提乌斯都不敢带军再战。普洛斯佩尔·提洛认为匈人已丧失了战斗的信心。[61] 这种情况下对于双方最好的结局便是一致同意撤军。托里斯蒙德尤其急切地想回家，将王位的物质保障——国王财库收归己有，因为他有五个弟弟在图卢兹对他虎视眈眈。他担心"他们会强占父亲留下的财产，夺走他的王位，逼他不得不同他们进行一场艰难且惨痛的厮杀"。[62] 托里斯蒙德并没有看错他兄弟的野心。两年后，他的两个弟弟谋杀了他，分别当上了国王和副国王。[63]

埃提乌斯的法兰克养子在战后也面临着和托里斯蒙德一样的问题。当他顶着"战胜阿提拉之人"的荣誉返回部族时，他父亲的继承权便从他的哥哥那里转移到了他的手里。埃提乌斯也不能逼迫联军撤退，他必须让他们产生主动撤离的想法。事情过后才有人质疑他在耍花招，认为这个罗马人想自己留下来，让他的士兵独吞战利品。他还说服了法兰克人立即回乡，以免阿提拉在这期间盯上他们未加防守的部族领地。[64]

埃提乌斯想要围困匈人，把他们饿死在车堡中的计划失败了。没有西哥特人，这个计划就不可能实现。然而埃提乌斯令联军撤退的真正目的其实是要放匈人一马，以免哥特人势力壮大。[65]他有着高超的政治远见，知道如果没有匈人的军队，他在425年到439年就不能阻挡西哥特人的扩张，也不能镇压住巴高迪人和勃艮第人的反叛。[66]匈人让高卢维持了十年的和平，只不过这种平稳的状态被他们的国王打破了。

阿提拉一开始将西哥特人的撤退认作是军事计策。但当西哥特人不再出现时，他又重拾了信心。[67]埃提乌斯要和他再续旧日友谊，进行谈判吗？西哥特人和法兰克人没有继续进攻，反而撤离了战场，可以说阿提拉没有彻底失败，埃提乌斯也没有完全胜利，因为他的联军先前就已经分崩离析了。但同时代的史学家不这么想。在他们看来，阿提拉是个彻头彻尾的失败者。他在最后并不是走出车堡，踏上归途，而是狼狈地逃回家去的。[68]在后世的加洛林王朝史学家保鲁斯·狄亚库努斯（Paulus Diaconus）眼中，沙隆之战在世界历史上具有重要意义："最强民族从四面八方聚集到一起，共赴战场。而战斗空前惨烈，史书中都未曾记载过如此激烈的战役。"[69]

匈人王在高卢先是连续取得大捷，然后在奥尔良受挫，最后在卡塔隆尼平原惨遭不可挽回的失败，这其中的原因究竟是什么？当时的人们百思不得其解，现在这个问题依然没有答案。难道阿提拉手中可怖的匈人武器，部下使用复合弓的骑兵不足以保证胜利了？实际上约达尼斯在记载中并没有提到这些，不过他的叙述本来就漏洞百出，也说明不了什么问题。或者，匈人在过去几年中将战术重心从骑兵转移到了步兵上？这样做是没道理的，因为喀尔巴阡盆地甚至比草原还要更适合养马，而且骑兵快速突袭仍然是让对手陷入恐慌的最佳手段。众所周知，匈人都是罗圈腿，不善行走，阿提拉也不可能命令他们步行1500千米向高卢进军。实际上他的骑兵队依然如旧：他们冲击了罗马联军的方阵。方阵右翼是西哥特人，中间是阿兰人。[70] 占领高地的西哥特人保证方阵侧翼不会被包围，后方不会受到攻击。人们对阿兰人对战役的胜利做了多大贡献认识不足，因为哥特人约达尼斯对同族的功绩大吹大擂，但却贬低了阿兰人的作用。他认为西哥特人想要正面进攻阿提拉和匈人的中军，就得甩开阿兰人这个累赘。[71] 若罗马联军将一切都押在战场阵线上，那这则计策着实是胆大。但是也有另一篇文献较为客观地肯定了西哥特人和阿兰人的通力协作。约达尼斯也知道这篇文献，但却把它完全曲解了。他宣称，阿提拉在第二年入侵意大利后才回家，然后再次带着大军绕道入侵高卢。他一路推进到了卢瓦尔河去征服河对岸的阿兰人。聪慧的西哥特人国王托里斯蒙德对此有先见之明，便率兵驰援阿兰人。接下来的战役和沙隆之战基本别无二致，最后匈人王被赶回了家。[72]

阿提拉二征高卢是约达尼斯的又一个幻想，它从未真正发生过。这位历史学家很可能从另一篇文献中获得了灵感。那篇文献记录了去年的一场战役，阿兰人在其中表现得十分骁勇。约达尼斯便从中杜撰了一场阿提拉的新征程。

沙隆之战发生在451年6月下旬。阿提拉在9月初就率领精锐骑兵回到了家，载着战利品的车队随后便到，尽管战败，但战利品依旧足够丰盛了。他是否打算再立刻征战多瑙河，尤其在他还有一笔账要和同君士坦丁堡清算的情况下，在年关之前赢得一场大胜？阿提拉的副将有没有在他远征高卢的时候便擅自发动了袭击？因为皇帝马尔西安下半年一直在色雷斯打仗。他写了一封信给尼西亚的大主教们，请他们允许自己把宗教会议地点迁到迦克墩，并在信尾请他们为帝国祷告，"愿敌人来降，和平永驻，罗马帝国千秋万代"。9月22日，他在色雷斯的赫拉克利亚给大主教们写了第二封信，向他们承诺一旦解决好眼下的事务，他就立刻去拜访他们。[73] "眼下的事务"指的应该不是大会战。这位皇帝可能已经驱逐了匈人，把他们赶回了多瑙河对岸。

阿提拉结束了他在西方的第二次征战后，就要和马尔西安算总账了。他盯上的猎物并不是高卢，而是罗马帝国的心脏——意大利。阿提拉打算先将意大利洗劫一番，再逼迫他们臣服进贡。与此相较之下，他以最高指挥官的身份从拉韦纳获得的贡金就不足挂齿了。汪达尔国王盖萨里克把贪婪的目光转向了地中海上的岛屿，毕竟陆地上的霸主仍是匈人。正如歌谣所传唱的那样，阿提拉的意大利进军之行也是一次迎亲之旅：在瓦伦提尼安三世坚决拒绝将姐姐嫁给他后，这位国王便决定亲自去迎娶霍诺莉亚，把她和她的嫁妆都带走。[74] 在谋杀布列达之后，他曾踏上过罗马的土地。尽管那次他没有走多远，但他也拿到了潘诺尼亚的部分领土和最高指挥官的荣誉。[75] 这让他有充足的理由继续前进。

当前的环境对阿提拉十分有利：埃提乌斯极力避免再次召集西哥特人参战。西哥特人要是趁机扩张势力，那他就是搬起石头砸自己的脚。年轻的国王托里斯蒙德身边也危机四伏，他担心他的五位兄弟之一会趁其不备反叛篡位。上一年最强劲的对手已经离场了，法兰克人也没有兴趣为意大利以身涉险。埃提乌斯从意大利带去高卢的部队是他的军队中最弱小的那部分。在这段时间里，他们不太可能有太大长进，尤其当时意大利被饥荒蹂躏的痕迹还亲自久久未消。[76]而且，皇宫里最有权势的人已经不在人世了：一直保护着女儿霍诺莉亚的摄政太后加拉·普拉西迪娅于450年11月27日去世。有人猜测阿提拉承受着来自匈人同族的压力，这并非空穴来风。[77]他自己"在意外失败后怒火攻心"。[78]他渴望着向匈人展示自己固有的实力，把他们带去战利品更丰富的地方抢掠，毕竟多瑙河南边的各省已经被掏了个底朝天。只有一些匈人成了喀尔巴阡盆地里和平生活的村民。

对阿提拉来说，入侵意大利和入侵高卢相比，他有个战略上的优势：他可以在潘诺尼亚的统治区神不知鬼不觉地召集军队，率领一股"重生的力量"（redintegratis viribus）从那里出发，沿着古老宽阔的军用大道急速向西推进，去轰开阿奎莱亚这座军事重镇的大门。[79]阿提拉神机妙算，他的骑兵风驰电掣，将埃提乌斯打了个措手不及。埃提乌斯没想到匈人在高卢惨败后能如此迅速地卷土重来。后来人们批评他耽误了封锁阿尔卑斯山隘口，抵挡入侵的时机。这种指责是不公正的，因为人们没有搞清楚朱利安阿尔卑斯山的地形状况。[80]幸运的是阿奎莱亚的守卫军精明强干，在匈人袭来之前就及时封锁了这座坚城的大门。城墙的东边还有纳蒂索河（今纳蒂索内河）作为一道天然的屏障。因此阿奎莱亚早年开始便是意大利牢不可拔的关口，入侵者很难将其攻破。[81]361年到362年，尤利安皇帝的军队尽管有着高超的攻城术，耗费了半年也没能将其拿下。[82]匈人已经在多次作战中磨炼了攻城技巧，但在阿奎莱亚城前还是碰了一鼻子灰。三个月的僵持不下后，匈人们粮草将尽，开始发起牢骚。阿提拉已经打算放弃这座城市了，但若进军高卢的话，他无法承受第二次失败。所幸阿提拉有个能力，能扭转战局，转败为胜：用豪言壮语感染士兵，激励他们奋起搏击。他的演说成功了，战士们变得更加饥渴嗜血。抵抗者们最后不得不投降。

有传言道阿提拉看见了鹳鸟飞离阿奎莱亚，认为这是城市即将陷落的征兆。这其实是后人杜撰的。普利斯库斯知道这位国王深信预兆，便将这则故事收录进他的著作，普罗科匹厄斯、约达尼斯和保鲁斯·狄亚库努斯也相继效仿。[83] 保鲁斯·狄亚库努斯笔下的另一则故事更贴近现实：阿奎莱亚有一位名叫狄格娜的贵族女子貌美动人，品行高洁。她在城墙边有一处带塔楼的房屋，从塔楼上可以眺望纳蒂索河。当匈人冲进城市时，她害怕被他们奸污，便登上塔楼，蒙上脸跳河自尽了。[84]

阿奎莱亚陷落后被抢劫一空，沦为废墟。[85] 很多居民被屠杀，只有年轻男子存活了下来，被掳为奴隶。若是把他们带上继续进军，这些人会大大拖累行军速度。于是他们便被拖去匈人的地盘，有的人甚至为了求生主动为奴。当他们六年后获准返乡时，对于那些已婚的战俘来说，依照教规便出现了一些棘手的问题：有些人的妻子以为丈夫不会再回来而改嫁，有的妻子甚至为了再结新欢而宣称丈夫已经死亡。大主教尼西塔斯（Nicetas）向教宗利奥一世求助，他行文微妙的答复表明了该如何裁定困于匈人地界的基督徒战俘：有的人被迫或者因为饥饿而不得不啖食异教徒的牲肉，这不是罪孽，因为他们没有承认异教的神。使徒圣保罗在《哥林多前书》中便是这么裁定的。而有的人出于恐惧或者无知在阿提拉帝国境内接受了异教的洗礼，他们应该依据年龄和身体状况接受不同程度的惩罚，为自己赎罪。还有一些未洗礼者在异乡病入膏肓，接受了异教徒的洗礼。这种人需要接受一次按手礼，因为异教牧师的洗礼是有效的。[86] 教宗利奥一世没有提及那些因盼望着丈夫归来而没有再婚的女人,她们为了救回丈夫甚至还亲自送去了赎金。而那些并非因生活艰难,而是因"缺乏自持"(pro incontinentia)再婚的女人则不会这样做。她们如果拒绝回到第一任丈夫身边,就会被开除教籍。

尽管再没人像奥内革修斯的朋友那般走运,但或许也有几个战俘在六年的俘虏生涯中越混越好。从教宗利奥一世的书信中可以推断,大部分战俘在被奴役压垮了身体,无法再劳作后才能返回故乡。阿提拉的帝国在454年后开始瓦解,内部一片混乱。这些战俘屡遭易主,命运也没有出现转机。利奥还提到过很多被认为已经去世的人突然再次出现。阿奎莱亚被包围时,他们及时逃到了附近的岛屿城市格拉都斯(今格拉多),或者流亡去了亚德里亚北部的潟湖。

和在高卢时一样,阿提拉在围困阿奎莱亚三个月后派了一部分军队去意大利北部平原攻占其他城市,在那里骑兵能策马奔腾。拉韦纳的人只能眼睁睁地看着敌人逼近,焦虑万分。拉韦纳所处的地理位置优于北意大利的其他城市,能够为皇宫提供更坚固的防护。但是瓦伦提尼安三世和埃提乌斯在425年目睹这层防御被突破,当时的拉韦纳不得不向敌人投降。[87]因此拉韦纳的居民都在思考要不要弃城渡海,逃离这个是非之地。现在走还来得及,因为匈人还在围攻北部波河平原的城市。人们对逃亡犹豫不决,是否可能是为自己的懦弱感到羞耻?编年史作家普洛斯佩尔·提洛是如此猜测的。[88]

匈人把阿奎莱亚摧毁得如此彻底,以至于一眼望去满目疮痍。匈人"更加肆无忌惮地冲击维内特剩下的城池,渴饮罗马之血而不餍足"。维内特这片地区在波河北岸,交通网络四通八达。[89]接下来遭殃的是邻近的康考迪亚（Concordia），然后是南方的港口城市阿尔提努姆（今阿尔蒂诺）。它的居民逃到了海中的一座小岛上，也就是后来的威尼斯。[90] 从阿尔蒂努姆到帕塔维姆（今帕多瓦）只有30千米。然后是维岑提亚（今维琴察）、维罗拉、布瑞克西亚（今布雷西亚）和佩尔加姆（今贝尔加莫），它们对匈人的攻击毫无抵抗。但居民的妥协没有换来好报，他们的房子都被抢光烧毁。[91]

西边的米蒂奥拉努姆（今米兰），"利古里亚的首府，曾经的帝都"，也很有诱惑力。[92] 都灵的大主教马克西姆斯于453年在其主教堂的落成典礼上做了一次布道，"平息了野蛮人的狂怒"（furor barbaricus complanavit）。[93] 这次布道证实了城市曾遭到攻击。米兰的居民完全没有抵抗，在匈人攻入城市时，大多人慌不择路地逃走了。他们之所以能脱身，是因为入侵者"顾虑着他们缓慢挪动、装载得沉甸甸的马车"。这是布道里最有洞察力的一句。包括神职人员在内的一些居民留了下来，被匈人杀害了。但是匈人并不想再来次大屠杀。他们已经杀得够多了，抓得俘虏也足够了。最重要的是，他们要保护自己一路缴获的战利品，米兰的战利品尤为丰厚。为了给战利品留够车上的空间，他们可能都没有带上自己的妻子和孩子。

过了米兰，匈人军队迅速向提奇努姆（今帕维亚）推进。这座城市在米兰以南直线35千米处。然后大军又沿着波河再次向东往曼托瓦方向挺进，一路烧杀抢掠。[94] 马克西姆斯在他的布道中提到，沿途的果树都被烧掉，牲畜群都被牵走。大主教对强奸事件只字未提。一次令人震惊的考古发现表明，强奸事件是存在的：1990—2000年间，在曼托瓦东部、波河北岸的小村落菲卡罗洛，一片古代时代晚期的墓地被发掘了出来。考古学家在研究了其中的 60 具骨架后认为，至少有两位死者的血统在一两代以前就混入了中亚男人的基因。[95] 人们无须做太多设想就可以得出结论，这两位死者的母亲或者祖母是阿提拉进军中的受害者。

　　阿提拉在曼托瓦附近，波河和明乔河交汇形成的三角洲之间驻扎下来。他从潘诺尼亚出发后就没有让他的大军休息过。他们和意大利的高卢与日耳曼军队一样陷入了困境：[96] 在酷热的溽暑，波河平原的沼泽地带疟疾肆虐，夺去了很多人的生命。此外还有粮草短缺的问题，毕竟上一年的饥荒余波尚未散尽。编年史作者希达提乌斯认为这是上天让匈人祸不单行。匈人面临的军事形势也不容乐观。马尔西安为了感谢瓦伦提尼安三世最终承认其为共治皇帝，决定派兵跨海支援西罗马帝国。拉韦纳的大人物不再谈论逃亡一事，埃提乌斯手中又有了一支劲旅。[97] 但是他们的实力还不足以同匈人决战。埃提乌斯是否真如编年史作家马尔切利努斯·科莫斯在回顾沙隆之战时所描述的那样，是"国王阿提拉的噩梦"？[98] 这位最高指挥官的确击退了几支越过波河的匈人小部队。同时家乡传来的消息让阿提拉坐立不安。马尔西安趁他不在将匈人赶回了多瑙河对岸。至今还没有哪个皇帝敢这样做。[99]

　　这时阿提拉在他的大帐中宣称，要将针对瓦伦提尼安三世的战争作为战略重点，向罗马进军，推翻旧的世界霸主，自己取而代之。他手下的将帅们纷纷劝阻。他们可能确实指出了一件往事：401 年哥特人阿拉里克侵入罗马不久后便为自己招致厄运，暴毙身亡。把罗马的这次大灾难记录下来的，正是普利斯库斯。[100] 从现实条件看，阿提拉也不能拉长战线：南方的粮草补给会更为艰难。阿拉里克对此也有体会。而且匈人的马车上已经塞满了战利品，他们更愿意回家而非继续往南行进。最后拉韦纳终于抛出了橄榄枝，请求进行谈判。阿提拉不必去罗马，罗马自己会来找他。

不久后，罗马派出了一个三人使者团，为首的是教宗利奥一世。敏感的阿提拉对使者的官阶十分重视，而这次的使者团阵容无可挑剔：基督教的最高代表人利奥，前执政官耿纳迪乌斯·阿维努斯（Gennadius Avienus）以及近卫军长官特里吉提乌斯（Trygetius）。罗马教宗和匈人王会面之地的名字——安布莱乌斯（Ambuleius）——也被世代流传。[101] 瓦伦提尼安三世和罗马元老院恳求利奥接受这个任务。后来一条奉承教宗的注解补充道，阿提拉对他的到来感到格外高兴。假如阿提拉真的很开心，那么他一定是像往常一样为使者带来的礼物和高额赎金而喜悦，使者能用这笔钱从他那里买下和平。文献中对此没有记载，但却记录了阿提拉再次要求罗马把霍诺莉亚和嫁妆都交给他。阿提拉宣称这次他会离开意大利，但他会再回来接他的妻子，并将给罗马带来更沉重的打击，在那之后，真正的和平才会到来。最后双方终于达成了和解，使者团至少为罗马争取到了喘息的机会。像来时一样，教宗利奥一世匆匆离去：他相信上帝是不会让信徒的努力白费的。[102]

同霍诺莉亚的婚约对匈人王来说十分重要，但更重要的是惩罚拒绝缴纳贡金的马尔西安。这位皇帝还厚颜无耻地侵入了匈人的领土，这是促使阿提拉返乡的根本原因。他要做好准备，以便在第二年攻打君士坦丁堡的这位不听话的君主。在高卢和意大利之后，东罗马也要成为阿提拉刀俎下的鱼肉了。从后世出土的硬币和遗迹可以看出，匈人大军中有一部分返乡时没有按照常规路线往东北方向走，翻越朱利安山脉，而是穿过阿迪杰河河谷向北

▲ 《阿提拉的宴会》，匈牙利画家莫尔作品。作为匈人帝国的最高统治者，阿提拉十分善于在臣民和敌人面前塑造自己的权威形象。他召开的宴会令罗马使者普利斯库斯一行人印象深刻。

◀ 加拉·普拉西迪娅与其子瓦伦提尼安三世，以及丈夫君士坦提乌斯三世（右侧）。加拉·普拉西迪娅是西罗马后期最具权势的人物之一，瓦伦提尼安三世在位之初，她作为摄政太后掌控了极大的权力，但在与埃提乌斯的权力斗争中落败后，她便退居幕后，不再直接对宫廷决策拥有影响力。

▲ 沙隆之战中的匈人。沙隆之战是阿提拉入侵高卢的决定性会战,在这场战斗中,埃提乌斯率领的罗马与蛮族联军击败了不可一世的阿提拉率领的匈人大军。沙隆之战被罗马史家称为"阿提拉的噩梦",在后来的欧洲人中间也成了一个重要的文艺主题,但实际上这场战败对于阿提拉的损害似乎并不十分巨大,因为匈人在潘诺尼亚地区的根据地并未受到威胁,而且尽管部队受挫,阿提拉还是运回了丰厚的战利品。

◀ 一份 11 世纪伊比利亚手稿中的西哥特士兵形象。西哥特人于 435 年击败罗马将军利托留斯,在图卢兹建立了稳固的王国政权,并接受了西罗马帝国的册封。451 年的沙隆之战中,西哥特人在国王狄奥多里克一世的率领下与埃提乌斯联合对抗匈人大军,尽管国王战死沙场,但这场联合行动最终取得了胜利。

▶ 阿奎莱亚的罗马遗址。452年，阿提拉率领匈人大军卷土重来，入侵意大利地区，在意大利北部四处劫掠，其中军事重镇阿奎莱亚遭到了尤其严重的破坏，从此之后再也没有恢复元气。

▲ 《教宗利奥与阿提拉的会面》，意大利画家拉斐尔作品。为了阻止阿提拉向罗马进军，西罗马帝国派出了以教宗利奥一世为首的使团，通过谈判暂时打消了阿提拉南进的念头。此事后来被西欧基督徒视为拯救罗马城的神迹，在中世纪历史传说中广为流传。

◀ 东罗马皇帝马尔西安（450—457在位）。狄奥多西二世死后，马尔西安一反先帝妥协退让的政策，拒绝向阿提拉支付岁贡，还在阿提拉远征西罗马帝国期间驱逐了多瑙河以南的匈人部族。

▲ 阿提拉之死。453年，阿提拉准备以入侵来报复东罗马皇帝马尔西安的羞辱，但他的暴死打破了一切计划，成为了匈人帝国迅速衰亡的转折点。阿提拉的死亡谜团重重，时人众说纷纭，其中最广为人接受的看法认为阿提拉是在新婚之夜被大量鼻出血呛死的。

▶ 萨珊波斯国王霍斯劳一世（531—579在位）。霍斯劳一世是萨珊波斯历史上最为雄才大略的君主之一，因主持中央集权改革和奉行积极对外扩张的政策而著名。在霍斯劳一世与东罗马帝国皇帝查士丁尼一世的斗争中，双方都曾利用过匈人势力。

◀ 东罗马皇帝查士丁尼一世（527—565在位）。查士丁尼一世是东罗马帝国最后一位有能力直接控制西地中海的皇帝，他在位时修建了著名的圣索菲亚大教堂，对北非和意大利发起了再征服战争，将这些领土重新纳入罗马帝国境内，还为争夺拉齐卡与霍斯劳一世进行了旷日持久的战争。在查士丁尼时期的诸多战争中，都能看到匈人的身影。

▲ 6—7世纪的阿瓦尔人金币，仿照希拉克略时期的拉文纳样式铸造。阿瓦尔人最早出现在5世纪后期的历史文献中，他们是一支自中亚迁徙至欧洲的骑马游牧民族，于6世纪后期进入潘诺尼亚地区，从此在中欧与东欧定居。阿瓦尔人与西欧和东罗马帝国发生了诸多冲突，在查理曼时代的文学作品中多被泛称为"匈人"。

▲ 贝利撒留（500—565）。东罗马帝国将领，查士丁尼一世再征服战争的总指挥官，为东罗马帝国征服了大片土地，在波斯战场也发挥了重要作用。他部下的匈人将领苏尼卡在征服汪达尔王国与西西里的战争中战绩斐然。

▲ 《黄金传说》是一部写于13世纪的圣徒传记集，书中收集了许多古代天主教圣徒的生平传记，体现了当时西欧天主教徒的世界观与对历史事件的看法。其中教宗利奥与阿提拉会面的故事就影射了神圣罗马帝国皇帝亨利四世与教宗格里高利七世之间的叙任权斗争。

▲ 生有恶魔之角的阿提拉。德国画家路德维希·布赫霍恩作品。

▲ 阿提拉的形象被后世的大量艺术家利用。比如这幅19世纪末的德国肉精广告便描绘了阿提拉的残暴掠夺行径和5世纪匈人帝国的版图。

◀ 1924年奥地利导演弗里兹·朗执导的无声电影《尼伯龙根之歌（下）：克林希尔德的复仇》。海报上跃马扬鞭者即是史诗中的匈人君主埃策尔，其原型是历史上的匈人王阿提拉。

走，然后沿着德拉瓦河向东行进。[103]

阿提拉刚一到家就立刻派了使者去君士坦丁堡，让他用严厉的口吻向皇帝马尔西安转达："他要毁掉帝国各省，因为他没有收到皇帝狄奥多西二世承诺过的贡金，而且即使他早已习惯了敌人的背信弃义，马尔西安却做出了比他的预想更令人不齿的行为。"[104] 文献没有记载使者是否给了皇帝一个机会，让他像已故的狄奥多西二世那样尽快补上贡金，这样他还能免去临头的灾祸。文献也没有说马尔西安是认真地考虑过这个机会，还是用动员军队来回应阿提拉的要求。文献对这段历史保持沉默是可以理解的。因为罗马帝国的命运发生了令人惊讶的转折，转折的结果让当时的历史学者回想起了亚历山大大帝突然驾崩或者尤利乌斯·恺撒被谋杀的事件。和阿提拉一样，这两位在离世前都正准备进行一场大征战。

第十四章

尾声

每个匈人都理所应当地认为，国王的权力与财富还可以体现在拥有多少女人上。匈人中一夫多妻的现象是很常见的，[1]但是这样的现象大多仅局限于贵族阶层。正如奥内革修斯那样，尽管他处尊居显，其府邸也不能比国王的华贵，所以没有任何匈人贵族敢于在娶妻的数量上超过阿提拉。阿提拉自己也很在意与属下保持距离。就算不考虑联姻背后的政治意图，国王也有特权去挑选族内和异族中最漂亮的女子为妻，给予她们的家族荣华富贵，让他们为自己效力。阿提拉准备发兵去攻打虔诚的基督徒马尔西安——老普尔喀丽亚名义上的丈夫，但在这之前他打算先举办一场盛大的婚礼，这次的新娘是伊笛可（Ildico）。从名字来看她应该是一位"非常美丽"（decora valde）的日耳曼女人。"婚礼热闹非凡，阿提拉兴致盎然"（in nuptiis hilaritate nimia resolutus）。他一反常态地狂酣豪饮，"在就寝时已经酩酊大醉"（vino somnoque gravatus）。[2]

然而在半夜，这位新郎突然流起了鼻血。他之前就经常受到流鼻血的折磨，但这次出血量实在太大。最终，阿提拉在大吃大喝后被鼻血呛死。"这位国王战功彪炳，威名远扬，却因为醉酒死于非命。"给约达尼斯提供了资料的普利斯库斯不是第一个这样总结的人。[3]尽管这位历史学家为罗马帝国意外地少了一位最危险的强敌而感到欣慰，但他在字里行间中还是流露出了震惊之情："他的人生多么传奇，他的结局多么庸常（mors tam fuit vilis, ut vita mirabilis）。"

强大的阿提拉一直以来都深信自己被好运眷顾。但是，无论对伟人俊杰还是凡夫俗子，幸运女神（Týchē）都不会永远垂青。另一方面哥特人约达尼斯也知道，"如果阿提拉没有如所有民族（包括罗马人）所盼望的那样撒手人寰，那哥特人就永远无法脱离匈人的统治"。[4] 基督徒认为，上帝是为阿提拉对全人类犯下的罪孽而降罚于他。教宗利奥一世在454年给马尔西安的一封信里开头便讲道："我欣喜于上帝的怜悯，这份怜悯保障了罗马帝国的福祉和公教会的和平。"[5] 普利斯库斯记载，马尔西安在阿提拉暴毙的那晚做了一个梦：一位神明向他走来，展示了一把匈人的破弓。君士坦丁堡和拉韦纳都长长地松了一口气，很多蛮族国王也为这位摆脱这位暴君而欢天喜地，他们认为阿提拉的死是"上天的礼物"。[6]

新婚之夜过后的第二天清晨，阿提拉的侍从们都小心翼翼地在外等候，不去打扰新婚燕尔的国王和夫人。直到太阳当空他们才开始感到不安，在大声呼喊无人应答后，他们破门而入，发现了已经断气的阿提拉和蒙着头哭泣的伊笛可。阿提拉的尸体上没有明显的外伤，他们便明白了昨晚发生了什么。[7] 国王去世的消息飞速地传开，匈人纷纷涌来为阿提拉举办传统葬礼。他们扯掉自己的头发，在脸上抓出深深的伤痕，"因为最伟大的战士不应以女性的哀号和泪水，而应以男人的鲜血来哀悼"。在一片广阔的荒野上，阿提拉的尸体被裹在帐篷布里，躺在灵柩台上。匈人精骑们围绕着灵柩台，歌颂着阿提拉的英雄人生：

无与伦比的匈人王阿提拉，

蒙德祖克之子，

他引领着最英勇的民族，

凭借前所未有的权势

成为斯基泰和日耳曼世界唯一的王。

他攻城略地，

让两大罗马帝国都陷入了恐慌，

但他没有去征服残兵败将

把他们当作猎物，

而是为求情所心软

同意接受岁贡。

他在走完了幸运眷顾的人生路程后，

没有被敌人手刃，

没有被亲友暗算，

而是没有痛苦地

在安详中悄然离世，

未损伤他的民族一分一毫。

谁会认为这就是结局，

而不打算为之复仇？[8]

普利斯库斯亲眼见证过阿提拉是如何在行宫里被歌声迎接，而宴会上的两名歌手又是如何赞美他的功绩的。约达尼斯从普利斯库斯的著作中引用的文本在大体上是符合史实的，读者只有在结尾部分的细节中才感受到了这位哥特人的主观色彩。[9]而颂歌里说阿提拉并非死于亲友之手也不是在影射阿提拉谋杀胞兄，这个场合中应该没有人敢冒这个大不韪。之所以会有这句话，可能是因为有人猜测一定是因为有人捣鬼，国王才会离奇死亡。埃提乌斯嫌疑最大，据说这位阿提拉最强劲的对手贿赂了他身边的一名护卫去杀害了国王。在东罗马蹩脚的刺杀计划失败后，"最后的罗马人"终于得逞。[10] 阿提拉的新夫人很可能也掺和了进来，有说法称她用一把小刀刺死了阿提拉。[11]

匈人们堆起了一座巨大的坟丘后，葬礼继续进行。他们在坟丘上设下酒宴（strava），用热闹欢悦代替悲痛哀伤。[12] 这座坟丘是一处悼念死者的纪念地，是一座埋藏着陪葬品的衣冠冢。第二天晚上，阿提拉的遗体被悄悄埋到了另一处地方，整个过程也是秘密进行的。装遗体的棺材有三层：最里面是金棺，中间是银棺，最外面是铁棺。后世对金属象征意义的解释更像是从罗马人的视角出发的：铁代表各民族的征服者阿提拉，金和银代表他从东罗马和西罗马获得的贡金和礼物。阿提拉从敌人那里缴获来的武器也被一起放入墓穴，陪葬的还有镶嵌宝石的马具和行宫里的各种饰品。[13] 游牧民族贵族墓穴的考古出土物证实并补充了约达尼斯的记载：马骨和马皮，死者的木偶和画像以及体现了匈人祖先崇拜的陪葬品残片。[14] 陪葬品里还有所谓的"匈人锅釜"。[15] 其中最大的釜高一米，重一公担，*用来表示对阿提拉的尊敬。

只有一小群精选出来的匈人贵族和阿提拉的儿子参加了葬礼。夜间葬礼的结尾让历史学家感到惊骇：为了提防盗墓贼，挖掘墓穴的奴隶都被接连杀害了，他们"付出了劳动，却落了个惨死的结局"。[16] 410年年底，一群战俘被命令排干布森托河的水，

---

* 相当于100千克。

以便在河床上挖墓穴来隐藏西哥特国王阿拉里克的宝藏,他们完成工作后也遭受了同样的命运。[17]

阿提拉之死也评判了他的历史功绩:一年后,他的帝国便不复存在了。阿提拉纳入统治的大片版图本来就是靠他本人维系在一起的,他死后王国就这么瓦解了。阿提拉有没有考虑给王国建立起一种内部机制,让王国不因统治者更迭而动荡,像东罗马和西罗马帝国那般长久稳定?谁来捍卫这种机制?阿提拉的目标是要继续攻占帝国领土,吹嘘自己是未来世界之主。这其实都说明了,他最受用的还是他和前辈们屡试不爽的军事实力,即"通过不断的军事进攻传播恐慌,带着给自己、匈人和盟友的战利品凯旋,要求异族进贡"。他就是用这种方式在"国际"上远近闻名的,这种盛名是他在收割物质以外获得的精神胜利。物质和精神二者结合,就保证了他和他的家族在未来面对内部潜藏的反对势力时的统治地位。这样的一位匈人王在生活中还需要别的东西吗?

普利斯库斯在阿提拉的行宫中见过他的长子艾拉克和幼子厄尔纳克,他在写书的时候也谈及了他们在父亲死后扮演的角色,但两位当时都没有给普利斯库斯留下一定会继承阿提拉王位的印象。父亲端坐在长沙发上,艾拉克低着头坐在长沙发的边上,不敢和父亲直接对视。厄尔纳克却被预言会拯救即将衰落的匈人王国。[18]这个预言没有成真,匈人帝国一蹶不振。448年,也就是普利斯库斯拜访匈人国的那年,厄尔纳克被阿提拉任命为阿卡提尔部族的国王,他是阿提拉在去世时唯一获封国王称号的儿子。但是在到453年的五年间,厄尔纳克没能在他的兄弟,各部族首领以及与阿提拉结盟的国王面前巩固继承的权力。独裁者通常都会被繁衍子嗣的欲望所裹挟，而这往往会招致危险，约达尼斯甚至声称阿提拉"因其难以抑制的性欲（licentiam libidinis）"几乎留下了一个部族那么多的儿子。[19] 这位历史学家除了艾拉克和厄尔纳克以外，却只知道三名儿子的名字：艾姆内祖尔（Emnetzur）、乌尔金杜尔（Ultzindur）和邓吉西克。[20] 因为每个儿子都想从权力上分一杯羹，他们便想把父亲缔造的整个帝国（包括匈人部族和非匈人部族在内）分割成地位相等的小邦，然后每人都独占一处称王。[21] 但是阿提拉家族完全不接受这种政治上的胡作非为，国王正统的儿子们也不愿留给同父异母的兄弟商讨的余地。普利斯库斯又一次靠想象掩盖了自己对此的无知，杜撰了一则历史故事，而约达尼斯也将此照搬过来。卢阿和奥克塔，布列达和阿提拉之间的分裂又将再次上演，这次帝国甚至可能会一分为三或者一分为四。

编年史学家普洛斯佩尔·提洛却认为另一则消息更加可靠：阿提拉死后，"儿子们在王位继承上产生了严重分歧。接着有几个曾臣服于匈人的部族相继反叛，这便引发了战争，那些最蛮横的民族在多方混战后被歼灭殆尽"。[22] 尤吉皮乌斯在圣赛维林的生平记录里插入了对这段战争的描写：阿提拉死后，"上下潘诺尼亚和多瑙河沿岸的领土都陷入了岌岌可危的境地"。[23]

深受阿提拉器重的格皮德人国王阿达里克第一个反叛，声称他的同盟是与阿提拉，而非与他的儿子们订立的，解除了同匈人的盟约。随后便有很多部族效仿他脱离匈人的束缚，然后便是普洛斯佩尔·提洛和尤吉皮乌斯提到的战争，这场战争在潘诺尼亚的内道达到了高潮。在阿达里克的领导下，反叛的部族组成了庞大的联军。[24] 第二年艾拉克成功地将匈人和仍然忠心的部族集结到了一起，与阿达里克针锋相对。危难之中，他那些争执不休的兄弟也抛弃嫌隙，团结在他的周围。内道到底在哪里至今仍无定论，约达尼斯只是提到过这个地方在潘诺尼亚。[25] 历史学家对这场战役模糊不清的记载传达的信息只有参战双方都曾被阿提拉征服统一过。约达尼斯依照参战者的战斗方式来进行描述，但却没有明确指出谁是格皮德人阵营的，谁是匈人阵营的。从他们后来的命运走向可以推断，鲁吉人、苏维汇人和赫鲁利人支持格皮德人，哥特人支持艾拉克，阿兰人似乎分裂成两股势力了。[26] 总的来看，双方战力是平衡的。根据已有的战绩，匈人更有可能取得胜利。但在苦战的最后，阿达里克的联军居然占据了上风。"人们曾相信，世界必须向匈人屈服，但现在是匈人不得不屈服。"艾拉克于此战死，约达尼斯为他献上一段悼词，纠正了普利斯库斯笔下艾拉克的形象。阿提拉最宠爱的儿子并不是幼子厄尔纳克，而是他，阿提拉的长子。如果阿提拉还在世，那他就会为他的第一继承人在战死之前如此骁勇无畏，击败了如此多的敌人而感到无比骄傲。内道战役中，约有三万匈人和非匈人战死。[27]

约达尼斯对艾拉克的颂赞也是写给阿提拉帝国的悼词，这位历史学家借此打了一个著名的"国家躯体"比方："领土和子民都分崩离析了，一个躯干上生出不同的肢体，它们再也无法共风雨同患难。在头颅被斩下后，它们便互相攻伐。作为最强悍的民族，他们如果没有彼此伤害、自相残杀，便也永远不会遇到匹敌的对手。"[28]

阿提拉在沙隆之战的失败对于他个人来说十分尴尬，但是因为高卢远在天边，这次失败并没有威胁到他的帝国。而内道战役的失败就不同，它发生在潘诺尼亚，而潘诺尼亚已经被他统治了将近十年。得胜的格皮德人占领了蒂萨河东南边的匈人核心区域,以及南喀尔巴阡和河流上游的东哥特人定居点小瓦拉几亚。他们占领的领土囊括了旧罗马行省达基亚的大部分地区,这片区域在罗马人撤退后被称为戈提亚(Gotia),到约达尼斯的时代被称为格皮迪亚(Gepidia)。[29]

在占领行动结束之前,国王阿达里克就派了使者去君士坦丁堡觐见皇帝马尔西安,皇帝承认了这位匈人克星新征服的领地,与他议和并签订了盟约,还承诺将会送给他岁贡作为皇家大礼。[30] 东罗马再次成为最高权威,马尔西安成了阿提拉的继承者。东哥特人也向皇帝求助,从他那里获得了岁贡和潘诺尼亚的土地。内道战役后,匈人势力衰退,不得不优先考虑谈判而非征战。[31]

马尔西安也宽宏大量地准许了一些匈人部族的请求,但是他有意让他们的定居点互相离得远一些,以防有朝一日也被他们聚众反叛。他将一些匈人、萨尔马提亚人以及瑟曼迪人一起安置在伊利里亚城市卡斯特拉马尔特纳(Castramartena)。[32] 他把上斯基提亚的边缘地区给了阿提拉幼子厄尔纳克及其部众作为新的定居点。厄尔纳克的血亲或者兄弟艾姆内祖尔和乌尔金杜尔将多瑙河南岸、达基亚的乌图斯、埃斯库斯(Oescus)和阿尔姆斯(Almus)占为己有,没有向马尔西安提出请求。当大量的匈人自行渡过多瑙河向罗马臣服时,他们还坚守着部族旧制。他们成了雇佣兵,从此之后不再称自己为匈人,而是"萨克罗蒙提斯人"(Sacromontisi)和"佛萨提斯人"(Fossatisii)。[33]

在马尔西安的允许下,除了厄尔纳克的匈人以外,堪达克(Candac)带领的一群阿兰人以及斯基利人和萨达加利人,也在下默西亚和上斯基提亚找到了新家园。[34] 至于和格皮德人在内道战役中并肩作战的鲁吉人，尤吉皮乌斯在圣赛维林的生平记录里对他们的命运一笔带过。他们的国王弗拉奇提乌斯（Flaccitheus）和这位圣徒交好，也是马尔西安的新盟友之一。[35] 他们主要居住在多瑙河中段以北的地区，河对岸便是上默西亚。

但是阿提拉的好几个儿子都和罗马帝国保持着距离。内道战役后他们聚集在一起，带领族人去了黑海北岸，他们的祖先曾经在那里赶走了哥特人。[36] 也许能在草原上与故土毗邻而居对匈人来说很有吸引力。东哥特人也理应受到惩罚，他们在内道战役后和匈人分道扬镳，与罗马人结盟，在潘诺尼亚定居。在国王维拉米尔和他的两位兄弟提乌迪梅尔（Thiudimer）和维德米尔（Viedemir）的带领下，东哥特人分成了三个部落。455年左右，匈人出人意料地袭击了维拉米尔和另一个部落，但是他们失算了。哥特人进行了顽强的抵抗，把侵略者赶回了多瑙河对岸，并追击到了第聂伯河，在匈人语中被称为"瓦尔"（Var）的伯瑞斯特纳斯河或者达纳布鲁斯河。[37]

匈人的领袖应该是阿提拉的次子邓吉西克，他在艾拉克死后成为首领，试图追寻父亲的足迹。父亲的失败使他十分恼怒，以至于他在几年后再次袭击了哥特人。他想借此机会驱逐潘诺尼亚的匈人部族——萨达吉斯人或者萨达加利人。他将手下的小部族：乌尔金祖尔人、安吉斯基利人、比图古尔人和巴尔多尔人集结成一支远征军，开始劫掠锡尔米乌姆和辛吉多努姆之间的城市巴西亚纳（Bassiana）。哥特人此时正在和萨达吉斯人打仗，只得撤退回援。战火再次燃起，而匈人再度战败。约达尼斯接下来的总结表现了哥特人对此的自豪感："从前至今，残余的匈人都惧怕哥特人的武器。"[38]

邓吉西克想要以传统的强盗手段谋取战利品的愿望落空后，他也不得不承认兄弟厄尔纳克投靠皇帝的做法更加聪明，便向君士坦丁堡派去了使者。厄尔纳克也很支持他。匈人迫切地请求君士坦丁堡允许他们像以前那样在多瑙河沿岸的固定地点同罗马人做生意。他们发誓保证以后和平度日，不再挑起争端。在内道战败，提供粮草的盟友叛变之后，所有不被允许在罗马帝国境内定居的匈人的生活境况江河日下。皇帝马尔西安本来同意了匈人的请求，但是他在455年去世了，他的继任者利奥一世（445—474在位）断然回绝了使者。他不相信匈人对和平的承诺。[39] 皇帝之所以不信任匈人，是因为一个匈人部族在国王巴兰梅尔的带领下无视和约，侵略了罗马城市。在皇帝使者的诘问下，巴兰梅尔道歉说他的部族物资匮乏，走投无路才不得已如此。在获得了每年300磅黄金的贡金后，他发誓不会再挑起争端。[40]

在此期间，又一波民族大迁徙让东罗马皇帝忙乱不迭，它将黑海东边和北边的地区搅得鸡犬不宁。第一次出现在东罗马帝国前沿的阿瓦尔人引发了这次迁徙。他们驱逐了哈萨克斯坦草原的沙比尔人，而沙比尔人接下来又赶走了萨拉古尔人、乌罗格人、乌诺古尔人这些和匈人有着亲缘关系的民族。匈人民族中的阿卡提尔人挡在了萨拉古尔人迁徙的路上，于是在他们的国王，阿提拉的儿子艾拉克死后，阿卡提尔人便在几场战役中被打败了。然后萨拉古尔人、乌罗格人和乌诺古尔人投奔了皇帝利奥一世。他们也想在罗马帝国境内占有一片土地。但是除了礼物和客套话，他们没有从皇帝利奥那里得到任何东西。[41]

而在468年，利奥一世连礼物和客套话都没有给匈人邓吉西克，因为他，阿提拉的嫡子，拿战争威胁他，还在多瑙河下游聚集军队。邓吉西克催促幼弟厄尔纳克和他一起发兵。但厄尔纳克拒绝了他,因为他还得对付新家园上斯基提亚的敌人。[42] 实际上,邓吉西克并不是真的想要开战,当色雷斯的最高指挥官阿纳加斯特斯(Anagastes)向他宣战时,他却主动要求再和利奥就土地和贡金进行一次谈判。为了避免眼下的战争,皇帝现在也不再拒绝。[43]

但是邓吉西克对利奥开出的条件不甚满意,便和阿纳加斯特斯开战了。他战败身亡,胜利者把他的头颅送去了君士坦丁堡,编年史作家马尔切利努斯·科莫斯在469年记录了此事。主要记载君士坦丁堡历史的《复活节编年史》(Chronicon paschale)补充了几处细节:正当竞技场——首都核心的政治场所——的驾车比赛如火如荼时,战败者的头颅被送到了这里。在胜利的欢庆中,它被带上了梅塞大道。这条皇家大道直通皇宫,也是城市的中轴线。然后头颅被放在齐罗基尔孔(Xylokirkon)示众。齐罗基尔孔是君士坦丁堡大帝建造的竞技场前身,位于城市之外。全城居民为了一睹阿提拉之子的容貌,争先恐后地涌出城去。匈人之灾似乎终于解除了。[44]

不久后,东罗马帝国再次证明了其优势地位,这次功不可没的是一个匈人。皇帝利奥之外最有权势的男人,最高指挥官阿斯帕尔手下有一位名叫谢尔夏(Chelchal)的副将,他是个匈人。他们和包括凯旋的色雷斯最高指挥官阿纳加斯特斯在内的一群将领共同开拔,去对抗一支为了移居而入侵色雷斯的哥特人-匈人联军。他们成功地将入侵者围困在一处山谷里,等待敌人因饥饿而溃败。很快入侵者便主动提出,如果能得到一块土地来定居,他们就投降。罗马人承诺会向皇帝传达他们的条件,但是忍饥挨饿的入侵者却等不及了。于是罗马人给他们提供了食物,但条件是他们得分散成单独的小组以便接受控制。谢尔夏去了第一个组，向哥特人首领透露皇帝许诺的居住地只对匈人有利，而哥特人却总是得不到好处。哥特农民供养着匈人，匈人却如恶狼般加害于他们，把他们当作奴隶对待。他作为一位匈人，想给他们一个提醒。哥特人被这位抨击族人、看似好心的匈人说服了，便哗变攻击了他们的盟友。阿斯帕尔刚一看到这样的景象，便立刻下令出击哥特人。现在哥特人才反应过来他们被谢尔夏骗了。哥特人抵死反抗，最后却几无一人生还。阿斯帕尔在谢尔夏的帮助下实施了一出诡计，这出诡计源于旧时罗马的蛮族政策，塔西佗曾因此许愿道："各蛮族即便没有对我们的敬爱，也愿他们至少互相仇恨，世代相伐——这是我的心愿。因为对我们这群为帝国命运劳心的人来说，最大的幸运莫过于敌人内部的分裂叛离。"[45]

但是对匈人来说，这不是什么非得向阿斯帕尔和奸诈的同族谢尔夏报复的血海深仇。他们依然拥有源源不断的雇佣兵员，谁付的钱多，他们就为谁作战。达尔马提亚的军事长官马尔切利努斯便雇用了一支匈人军队为其效力，以此来保障自己的割据地位。在瓦伦提尼安皇帝于454年亲手刺杀了他的好友埃提乌斯后，马尔切利努斯便公开同皇帝决裂了。[46]马尔切利努斯在457年带着他的匈人军队为皇帝马约里安效力，把汪达尔人从西西里赶了出去，接着他又带着匈人回到了达尔马提亚。然后，因为他的势力过于壮大，威胁到了最高指挥官李希梅尔（Ricimer）的地位，李希梅尔试图用更高的酬金去策反他手下的匈人。[47]马尔切利努斯在467年随新皇安特米乌斯前往意大利，以及在468年作为最高指挥官再次对抗汪达尔人时，身边可能也有匈人的身影。[48]同年，他在西西里遇袭身亡。而在他死前，他的匈人却没有保护他。他的竞争对手李希梅尔策划了这场谋杀，并且显然达到了他的目的，因为他终于成功地贿赂了马尔切利努斯手下的匈人。[49]皇帝马约里安和利比乌斯·塞维鲁（Libius Severus）也分别在461年和465年死于李希梅尔之手。

467年，在罗马元老院的要求下，东罗马皇帝利奥一世将最高指挥官安特米乌斯推荐为继承人。他的理由是安特米乌斯不久前击败了一大群匈人。当时正值隆冬，这群匈人在首领霍尔米达克（Hormidac）的带领下驾车横穿结冰的多瑙河，从内陆达基亚和河外达基亚开始，一路劫掠到了谢尔迪卡（索非亚）。安特米乌斯在那里将他们击溃，尽管他的副将在战斗中叛逃投敌了。匈人接受了安特米乌斯的条件——处死投敌者——后便投降了。[50]

多瑙河对岸的匈人没有忘记，当君士坦丁堡出现皇位更迭时，便是一个入侵罗马土地的好时机。474年1月，皇帝利奥一世驾崩。他在一年前就把外孙利奥二世任命为奥古斯都。而现在他只有七岁，于是他的父亲，利奥一世的女婿，现任最高指挥官芝诺便继承了皇位。对他来说，守卫帝国边境尚且不是眼下最紧急的事务，于是匈人趁他疏忽侵入了色雷斯。[51]

没有任何史书记载这次的入侵结果如何。其中一个原因便是哥特人异军突起。也是在474年，年满20岁的狄奥多里克在马其顿被哥特人拥为国王，他之后在意大利获得了"大王"的称号。有一部分哥特人在战胜匈人后便移居到了马其顿。在接下来几年中，哥特人内部的纷争和与君士坦丁堡变幻不定的关系让巴尔干半岛动荡不宁。皇帝芝诺在首都的权力斗争更是给现状火上浇油。哥特人狄奥多里克·斯特拉波时而是芝诺的最高指挥官，时而又是芝诺的劲敌。当他在480年扫荡色雷斯，向君士坦丁堡进军时，皇帝只得向匈人求助。这些匈人首次以全新的名字出现在历史舞台上：保加尔人。[52]

之后继任的皇帝也都曾雇佣过匈人，他们依然是最可怕最凶残的战士。与其说这些匈人是部族，还不如说他们是战士部落。当查士丁尼手下的名将，最高指挥官贝利撒留（Belisar）在530年与波斯人作战时，他还在著名的达拉战役中将600名匈人弓骑兵布置在右翼。他们由自己的首领苏尼卡（Sunika）和艾甘（Aigan）指挥，为罗马的胜利做出了重大贡献。[53]三年后贝利撒留又毫不犹豫地率领他们去阿非利加对抗汪达尔人。苏尼卡和艾甘在军队中晋升后，匈人辛尼昂（Sinnion）和巴拉斯（Balas）接过了指挥权，"两人并肩作战，拥有极强的勇气和战力"。[54]匈人所做的一切都令他们更为臭名昭著。535年，贝利撒留在意大利和东哥特人作战。这次他的队伍中有200名匈人。他的军队先赢下了西西里，在第二年围困了那不勒斯，不过该城发起了强烈的抵抗。城市陷落后，一场大屠杀开始了，而匈人在其中尤其令人发指。他们甚至残酷地杀害了在教堂里避难的民众。最后贝利撒留不得不出面阻止他们的嗜血暴行，来至少救下幸存的妇孺与奴隶。[55]

高加索北边的草原民族阿瓦尔人西迁所引发的民族大迁徙不仅仅使得东罗马和匈人部族萨拉古尔人、乌罗格人和乌诺古尔人开始了和平接触，[56]还促使沙比尔人，"最穷兵黩武的民族"，在515年对小亚细亚发起了一场声势浩大的入侵，这令人回想起395年的匈人入侵。和那时一样，入侵者通过里海隘口向卡帕多西亚推进。他们满载战利品退去后，留下的是堆积如山的尸体，被夷为平地、付之一炬的城市与村庄。他们造成的破坏极其严重，以至于皇帝阿纳斯塔修斯（491—518 在位）不得不免除这些行省三年的赋税，并采取措施对抗将来的侵袭。[57]

阿卡提尔人在几次战败后意识到，沙比尔人已经壮大成了最危险的匈人部族。[58] 阿纳斯塔修斯的继任者皇帝查士丁一世（519—527 在位）决定利用沙比尔人的战力来对抗波斯人，对他们的劫掠行为睁一只眼闭一只眼。他们的国王兹尔吉比斯（Zilgibis）接受了罗马的高额酬金，但又被波斯国王卡瓦德一世（Kavades I，488—531 在位）用更高的酬金收买。但是他的两面派手法和贪欲却把他推向了深渊。查士丁和卡瓦德就这位背叛者进行了交流，在一次会谈中，波斯国王下令将这位被公开指控背叛的匈人当场杀死。接着他下了一道密令，趁夜屠杀聚在一起的 2 万名匈人，只有少数人得以逃脱。[59]

拉齐卡（Laziké）和伊比利亚，即今天的格鲁吉亚是波斯人和东罗马争端的关键地区。527 年，查士丁驾崩，他的继任者查士丁尼一世（527—565 在位）必须继续应对同年爆发的战争，战争双方的军队中都有匈人参与。但在战争的第一年中，并不是所有匈人都被罗马人的酬金所诱惑，克里米亚的匈人有的拒绝，有的接受了罗马人开出的价码。[60] 528 年发生了一件令人惊讶的事，沙比尔人的部族首次迎来一位女首领，此人名叫波雅（Boa）或者波雅瑞克斯（Boarex），是前任国王布拉赫（Blach）的遗孀。[61] 据说她麾下有 10 万大军，因此查士丁尼毫不犹豫地接受了她的结盟提议，并且利用价值连城的礼物与大量酬金显示了诚意，而波雅也值得起这个价。她进攻了匈人国王提兰克斯（Tyranx）和哥罗姆（Glom），他们正率领 2 万名战士前去支援波斯国王卡瓦德。哥罗姆在战斗中殒命，提兰克斯被俘。波雅把他五花大绑，送给了查士丁尼，查士丁尼便在君士坦丁堡把他钉在了十字架上。[62]

528年，年轻的皇帝查士丁尼还得到个意外之喜：克里米亚匈人之首，国王格罗德（Grod）前来君士坦丁堡请求洗礼。查士丁尼担任他的教父，并慷慨地送出了大量的礼物。他没有忘记相关的政策，派遣了军事保民官德尔玛提乌斯（Delmatius）带着一分队士兵陪格罗德返乡。他们要在匈人的首都博斯普鲁斯（它的旧名潘提卡彭已经逐渐被遗忘）维持新的匈人-罗马盟友关系。但是一位匈人国王受洗成为基督徒，成了基督徒皇帝的教子，可以说是与"匈人"之名所代表的一切概念完全相悖。当格罗德甚至开始熔毁银和琥珀金（一种金和银的天然合金）制的异教神像并卖给罗马人换得钱币时，他的族人忍无可忍，谋杀了他，将他的兄弟穆格尔（Mugel）拥为国王。这次反叛的挑起人是匈人祭司，我们从这里才第一次知道他们的存在。接着弑君者进攻了博斯普鲁斯的罗马军营，杀光了所有人，不留一个活口。显然在他们眼里，基督教是拜占庭的一种权力工具。而查士丁尼的反应证实了这一点：愤怒的皇帝下令两面夹击匈人。最高指挥官巴杜亚留斯（Baduarius）和戈迪拉斯（Godilas）带领大军从奥德苏斯（Odessus）出发直奔博斯普鲁斯，而将军约翰在哥特人的支持下从水路发起进攻。匈人无力招架，纷纷逃窜。[63]

残存的哥特人在查士丁尼的统治下恢复了些元气。皇帝给博斯普鲁斯和赫尔松修建了防御工事，将这两座城市整饬一新。他设置了更多的堡垒保护克里米亚的海岸区域。考古发掘的6世纪克里米亚哥特遗迹上可以明显看到拜占庭影响。[64]

亚美尼亚大主教卡尔度斯特（Kardust）为了安抚罗马战俘，第一次前往匈人部族沙比尔人的领地后，皇帝查士丁尼便委托他带着七个助手在那里传教。他甚至还着手把宗教经典翻译成匈人语。皇帝给他提供了后勤支持，送给他30头家畜、油、葡萄酒、亚麻布以及圣餐餐具。卡尔度斯特返回后，亚美尼亚人主教马克（Mak）和几个牧师接手了他的工作。他用砖盖起了一座教堂，试图通过引入农耕技术来吸引沙比尔人开始定居生活。唯一的不知名见证者兴奋地对此做了描述，尽管在流传下来的叙利亚语文献里，教会史学家扎卡里亚斯（Zacharias）增添了很多花里胡哨的修辞，但也不能掩盖传教士成效寥寥的事实。[65]

为罗马效力的匈人也准备好要接受洗礼了。人们也不能怪罪这些人，因为他们只是想为事业腾达铺路而已。其中一个有名的例子就是匈人长官苏尼卡，他在拜占庭做到了军政长官的位置，在波斯战争（530—531）中是最高指挥官贝利撒留的得力助手。[66]

531年，沙比尔人再次入侵罗马帝国的亚美尼亚、幼发拉底河上游区域和附近的奇里乞亚。和16年前的同族相比，他们这次的残暴有过之而无不及。君士坦丁堡方面怀疑，波斯老国王卡瓦德刚刚去世，他的儿子霍斯劳一世继位后便在背后煽风点火，唆使沙比尔人入侵罗马帝国。但是这种猜疑是站不住脚的。英勇的最高指挥官多洛提乌斯（Dorotheus）从返乡的强盗手中夺回了大批战利品。[67]

罗马帝国与波斯帝国边境线十分绵长，高加索只是其中的一处战场，草原上的匈人介入了这里。幼发拉底河流域的边境地区的战争形势变幻莫测，两大帝国之间进行了旷日持久的谈判，终于在532年达成了110年的和平之约。[68]和其他贴着"永久和平"标签的长期条约一样，这份条约也没能兑现承诺。一转眼过去了六年，霍斯劳谴责他的"兄弟"查士丁尼写信给匈人要求他们入侵波斯。而匈人向波斯人泄露了这封信。[69]似乎波斯人和罗马人又想利用沙比尔人各部族之间的仇恨来为自己谋利。

查士丁尼还多次用这个手段来守护东罗马帝国的北部边境。因为尽管他沿着多瑙河中游和下游设置并修缮了一串防御工事，但这条"水界墙"还是漏洞颇多，现在没有阿提拉这样的国王来征服蛮族并加以约束，他们便又进入了罗马帝国的行省。查士丁尼先是重点在阿非利加与汪达尔人作战，然后又全力在意大利打击哥特人。而罗马与波斯之间的关系也不断在战争与议和之间摇摆不定。同时代的历史学家阿加提亚斯在君士坦丁堡对皇帝毫不吝惜溢美之词：查士丁尼"早已认识到要利用任何行之有效的计策在野蛮人中挑拨离间，唆使他们互相攻击"。[70]

让阿加提亚斯对皇帝大加称赞的诱因是两支匈人部族，他、历史学家普罗科匹厄斯和护卫官米南德（Menander Protector）在查士丁尼的统治时期都曾提到过他们：库特力古尔人和乌提古尔人。[71]他们难道在内道战役后从阿提拉帝国的废墟中东山再起了吗？或者他们最近才从东方进军到亚速海和多瑙河下游的权力真空区域吗？库特力古尔人在亚速海西边定居，那里曾经是哥特人的领地，这是他们第一次越过多瑙河入侵罗马领土。格皮德人在551年让库特力古尔人来帮忙对抗伦巴底人。伦巴底人此前向南迁移，在皇帝查士丁尼的允许下占领了潘诺尼亚北部。他们在那里迎头撞上了格皮德人，这并不是皇帝在多瑙河南边想看到的境况。[72]库特力古尔人很快便答应了格皮德人的求援。首领支尼亚隆（Chinialon）带了12000名战士前来参战，开始扫荡格皮德定居区域另一边的罗马行省。[73]

查士丁尼为了稳住库特力古尔人而支付的高额贡金打了水漂,这让他十分愤怒。[74] 因此他决定向住在亚速海和顿河另一边的乌提古尔人寻求支援,借助匈人的力量整治匈人。他已经给他们送过巨额的礼金,这次他又添了一笔钱让他们无法拒绝。[75] 乌提古尔人表示顺从。在 2000 名哥特人的支援下,国王桑迪尔(Sandil)率领族人袭击了库特力古尔人的地盘。而库特力古尔人留守的战士人数尚足,于是一场激烈的大战就此展开。乌提古尔人获胜了,俘虏了敌方的妇女与儿童。库特力古尔人手下众多的罗马战俘趁机逃回了故乡。还有 2000 名库特力古尔人带着妻儿逃走,投奔查士丁尼,后者将色雷斯的土地赐给了他们。[76] 皇帝认为最明智的做法便是与库特力古尔人结盟,同格皮德人和解。他支付了一大笔金苏勒德斯,格皮德人撤出了罗马的国土,并与帝国订立了和约。[77] 纳税人只敢对礼金的日益增长略抱微词,而文学家则在纸上发泄他们的不满。谁要是大声抗议,就会被皇家征税官记录在册,发去服兵役。而与这项在后世被称为"支票簿外交"的绥靖政策相比,继续扩充人数已然膨胀的军队,雇佣更多的蛮族辅助军也不便宜多少。[78]

查士丁尼给帝国北部买下了六年的和平。557 年,库特力古尔人的新任国王扎贝尔甘(Zabergan)尽管收了君士坦丁堡很多钱,却还是率领部落掀起骚乱,为入侵色雷斯备战。查士丁尼又故技重施,派遣了几位使者去乌提古尔王桑迪尔那里,向他许诺,如果他击退扎贝尔甘的话就额外付给他一笔巨款。但这次桑迪尔却推辞了:乌提古尔人和库特力古尔人别无二致,去攻打有亲缘的部族情理不容。他历数道:两个部族语言一样,服饰一样,都住在帐篷里,饮食习惯也一样。但是为了不与皇帝翻脸,失去贡金，他在最后表示会从旁帮助查士丁尼，给他找一条出路：他会牵走库特力古尔人的马。因为没有匈人能只靠双脚走去罗马帝国。[79]

但是桑迪尔接下来并没有实现这个计划，一场血战就此展开。两年后，559年的3月，扎贝尔甘带领一支骑兵大军从河口处越过了结冰的多瑙河。他们一路未受抵抗，横穿了下默西亚和上斯基提亚行省，入侵了色雷斯，那里的军事防御同样十分薄弱。[80]他在这里将军队一分为三，一支分队去入侵希腊，另一支分队袭击克森尼索。扎贝尔甘自己则带领7000人直奔君士坦丁堡。相比库特力古尔人，皇帝对乌提古尔人的评价要高得多。据说扎贝尔甘想让皇帝知道，他再也不能容忍这种冷落了。[81]

历史学家阿加提亚斯曾经在君士坦丁堡亲历了敌军入侵，还在他的第五册和最后一册著作中对此有所记载。他目睹了匈人的残暴嗜血，尽管曾经早已对此有耳闻涉猎，但仍然深感惊骇。尤为让他触动的是修女与孕妇的命运，她们在被强奸后又被掳走，半路出生的孩子也悲惨地夭折了。[82]年轻军官日耳曼努斯成功地守卫了克森尼索，而复职的将军贝利撒留在君士坦丁堡城外挫败了扎贝尔甘。[83]不出所料，查士丁尼付了一大笔金币才让匈人撤军并归还了战俘。[84]

但是扎贝尔甘和库特力古尔人不可能逍遥太久。查士丁尼再次怂恿桑迪尔打击库特力古尔人，因为后者试图借由同罗马人的战争来使亲缘部族相形见绌。直至此时，皇帝在同匈人的战争中都很少获胜。但在接下来乌提古尔人和库特力古尔人的部族纷争中，查士丁尼坐收渔翁之利。阿加提亚斯总结道：两大部族很快便因为互相攻杀抢掠而元气大伤，"最后力量耗尽，彻底瓦解，以至于失去了原有的族名。匈人就此沉沦,若他们之中还有人幸存,也成了别人的奴隶,接受了主人的族名"。[85]

在阿加提亚斯看来,这种结局是对匈人所犯罪行的惩罚。同时它也是整部匈人历史的终曲。这位历史学家之前就在一篇关于匈人及其部族的概要中总结过:他们突然出现,赶走了原住民,占据了他们的家园。"但是好景不长,旋踵间他们便灰飞烟灭了。"[86]

第十五章

回忆没有尽头

阿加提亚斯给匈人历史画下的最后一笔可谓浓墨重彩。首先进入人们视野的是阿瓦尔人，他们穿越过哈萨克斯坦草原，向西迁移，在查士丁尼一世统治的时代抵达了东罗马帝国的北部边境。[1]第一批出现在君士坦丁堡的阿瓦尔人被视作另一支匈人部族。毕竟他们行进的路线和以往的草原民族一样，而且在服饰外貌上也与之差别不大。[2]在他们的帮助下，伦巴底人于567年将格皮德人赶出了喀尔巴阡盆地和潘诺尼亚。当这些"长胡子"们在568年进攻意大利时，阿瓦尔人首先占领了空荡荡的喀尔巴阡盆地。把住在阿提拉帝国旧日核心区域的居民称为匈人，现在看来倒是合情合理了。阿瓦尔人同罗马帝国的关系也令人怀疑他们很可能和匈人颇有渊源。

阿瓦尔人刚在新家园落脚，他们的首领，拥有"可汗"头衔的伯颜（Baian）就派了一名使者和翻译去拜见查士丁尼的继任者查士丁二世（565—578在位）。使者要求皇帝赐予他们锡尔米乌姆。阿提拉曾占领过这座城市，最后同阿瓦尔人结盟的伦巴底人赶走了那里的格皮德人，控制了这座城市。除此之外，伯颜提出的第二个要求令君士坦丁堡方面大为震惊：皇帝送给库特力古尔人和乌提古尔人的贡金现在要转交给他，因为他现在是这两个部族的首领。为了把贡金拿到手，可汗还认查士丁二世为父。但他意图太过于明显，皇帝并不买账。[3]

对法兰克人来说，阿瓦尔人从一开始就是匈人。562年，阿瓦尔人袭击了墨洛温王朝的国王西吉贝尔特一世，后者在上一年瓜分法兰克王国时得到了多瑙河以南和莱茵河以东直到图林根的土地。都尔的圣额我略再次提起了451年的入侵事件，即"匈人又一次试图侵占高卢"。[4] 圣额我略一直都没有用"阿瓦尔人"，而是用"匈人"来称呼入侵者。西吉贝尔特让他成为都尔的大主教，还在首都兰斯举行了接受圣职的仪式。他是要与他的赞助人西吉贝尔特一世保持用语习惯上的一致吗？[5] 第二次与所谓的"匈人"交锋时，西吉贝尔特一世沦为俘虏。在送出了丰厚的礼物后，他为自己赎得自由身，和胜利者签订了一份条约。[6]

在查理大帝的宫廷上，匈人和阿瓦尔人的称谓同时存在，互相混淆。保鲁斯·狄亚库努斯注意到这个现象，在他的《伦巴底人史》中解释道："阿瓦尔人先是被称作匈人，后来依据一位本族国王的名字被称为阿瓦尔人。"保鲁斯·狄亚库努斯在这里把外来称谓和民族本名做了一个区分。作为历史学家，他在后续的写作中只使用外来称谓"匈人"，偶尔会以"匈人或者阿瓦尔人"来称呼。[7]

查理大帝自己是公开拒绝"匈人"这个历史称谓的，始终只使用阿瓦尔人这个名字。781年9月8日，他在为征战阿瓦尔人备战的过程中写信给他的妻子法丝特拉达（Fastrada），信中说他已经做了三天的思想准备，全程只提到了"阿瓦尔人"。[8]《法兰克王国编年史》(Annales regni Francorum)，或称《帝国编年史》，也秉持着这样的用语习惯。782年后，当阿瓦可汗第一次派遣使者觐见查理大帝时，旧版编年史便记录了阿瓦尔人国王的政治与军事观点。查理大帝的儿子丕平也认为自己发兵攻打的是阿瓦尔人,而非匈人。宫廷乐师安吉尔贝特(Angilbert)于796年用一首诗迎接他的凯旋:丕平给了阿瓦尔人政权致命一击,夺取了著名的阿瓦尔宝藏。[9]在805年和811年,最新版的《帝国编年史》才把被征服的阿瓦尔人称为"匈人"。[10]840年左右,阿斯特洛诺姆斯(Astronomus)在虔诚者路易的传记中提到了其父查理大帝与阿瓦尔人的战争,他依照查理的说法,又使用了阿瓦尔人的称谓。[11]

查理大帝身边的一群诗人,学者和艺术家则有意使用"匈人"的旧称。保鲁斯只是其中一人。西哥特人提奥杜尔夫(Theodulf),后来奥尔良的大主教,在这方面表现得更为明显。在诗歌《致查理国王》中,他为战胜匈人欢欣鼓舞。提奥杜尔夫化用了诗人科利普斯(Corippus)在献给阿瓦尔人的克星查士丁二世的诗作中使用的诗句,把其中的"阿瓦尔人"(Avarus)换成了"匈人"(Hunnus)。[12]艾因哈德在查理大帝死后写了一本关于他的生平传记。他也和他的朋友提奥杜尔夫一样,并没有依照查理大帝的用语习惯。只有写到查理791年征伐阿瓦尔人时,他才在一开始说国王"征伐阿瓦尔人,也就是匈人"(contra Avares sive Hunos)。这之后他重复了很多次"匈人"这个民族称谓。[13]

约达尼斯的《哥特史》和保鲁斯·狄亚库努斯的《罗马史》给文化水平较高的宫廷社会介绍了有关匈人的历史知识。查理大帝的顾问阿尔库因(Alkuin)自796年担任都尔马丁修道院的院长,在801年给朋友,宫廷诗人安吉尔贝特——他在亚琛被比作荷马——的一封信中写道,他想索取一份约达尼斯文稿的抄本。[14]不仅如此,阿提拉的形象与有关他入侵高卢的历史记忆在西法兰克王国仍旧鲜活。加洛林王朝著名的主教府更能让人忆起往昔，它们都曾是匈人手下的牺牲品：梅斯，加洛林王朝成员的坟墓；兰斯，加洛林国王受膏仪式的举办地；奥尔良，798年查理大帝把好友，西哥特人提奥杜尔夫任命为此地的大主教。面对阿提拉毫无畏惧的奥尔良大主教阿尼亚努斯和特鲁瓦大主教卢普斯已经被封圣并设坛纪念。圣人传记歌颂着他们的勇敢，他们的圣遗物被瞻仰，教堂每年都会纪念他们的庆典和忌日。[15] 有的大主教不只被冠以圣人的光环，后来还被加封骑士勋位，成为"阿提拉之敌"。其中最有名的便是通厄伦的圣瑟法斯（Servatius von Tongeren）。4世纪，他多次在宗教会议上向上帝忏悔，都尔的圣额我略或其前任就让他去罗马朝圣。他带回了耶稣使徒圣彼得的预言，告诉梅斯的大主教尤斯提努斯（Iustinus），匈人将会入侵高卢。[16] 后来的一则传说则完全不管纪年，把他写成是与阿提拉同时代的人。[17] 圣乌苏拉也遭遇了同样的命运。她于10世纪在科隆落入匈人之手。野蛮人不负恶名，这位英格兰公主和随行的11000名贞女都被杀殉教。[18]

有关阿提拉和匈人的传说广为流传，不断节外生枝，最后甚至进入了中古高地德语史诗和斯堪的纳维亚的萨迦。尽管后世进行了深入的研究，它们具体的传播路径还是不甚清晰。但是查理大帝的宫廷应该在其中扮演了一个传播中介的角色，他们用匈人代替阿瓦尔人，因此与历史上的匈人拉近了将近500年。查理大帝的历史自觉也起了很大的作用，因为"蛮族的和古代的歌谣（barbara et antiquissima carmina）都在歌颂先王们的成功，查理命人将这些歌谣收集起来并制定成册，世代流传"。[19] 他的很多博学多才的朋友也在帮忙搜寻歌谣，"蛮族"不仅局限于"日耳曼人"。总有这个或那个收集者读过约达尼斯的《哥特史》,知晓了阿提拉葬礼上颂扬其丰功伟绩的哀歌,这正好能够满足查理大帝的需要。[20]

查理大帝的宫廷还把阿提拉看作历史人物,但他的名字随着时间的推移愈发被神化。这个过程始于9世纪或者10世纪在圣加仑完成的拉丁语著作《瓦尔塔留斯》(*Waltharius*)。在这部叙事诗的开头,征服者阿提拉作为主角粉墨登场,他在西方逼迫被征服的民族进贡。阿提拉和他的俘虏瓦尔特(Walther)、哈根(Hagen)和希尔德贡德(Hildegund)一走进在匈牙利的国王行宫,便逃离了历史的范畴。当诗人偶尔使用"阿瓦尔人"而非"匈人"时,这部分内容便可追溯到查理大帝的宫廷。[21] 圣加仑的诺特克·巴尔布鲁斯(Notker Balbulus)在他的《查理大帝功绩》中更是坚定地认为:查理大帝在对抗阿瓦尔人的战争中对手始终是匈人。他的消息提供者参与过这几场战争,坚称事实的确如此。[22]

《瓦尔塔留斯》联系起了中古高地德语史诗中的埃策尔和北欧萨迦中的阿特里(Atli)。这二位最终都成了诗意的文学想象中的人物,他们的创作者从口头相传和书面记载的古老故事中采集神话英雄的特质,添加到笔下的人物身上,因此就诞生了不同的匈人王文学形象,[23] 但有时作者也会添加一点历史元素。最著名的例子便是《尼伯龙根之歌》,它把勃艮第人在436年败于匈人的历史事件加工了一番。[24] 早前的一则野史传说或许也对《尼伯龙根之歌》产生过影响:当阿提拉451年进军高卢时,勃艮第国王贡迪卡利乌斯(Gundicarius)与他正面交锋,战死沙场。但是勃艮第人当时已经在萨珀迪亚居住了八年,不可能和阿提拉相遇。

保鲁斯·狄亚库努斯用一句话总结了所有古老故事的核心："阿提拉第一次出现在高卢后就杀死了反抗他的勃艮第国王贡迪卡利乌斯。"[25] 但是值得注意的是，《尼伯龙根之歌》里的埃策尔和历史上的阿提拉有很多相异之处，女主角克里姆希尔特和匈人王最年轻的新娘与死亡时的见证人伊笛可之间也有诸多不同。[26] 13 世纪，《沃尔姆斯的玫瑰花园》的不知名作者在读过《尼伯龙根之歌》后，便更改了它那血腥的结局：勃艮第国王吉比克（Gibich）在众多战役后成了阿提拉的封臣。[27]

阿提拉的故事在意大利也世代相传，而且都和他在 452 年的入侵有关。在岁月长河中，他也逐渐成了一个神话形象。匈牙利人——新一波"匈人"——在 894 年到 900 年间占领了喀尔巴阡盆地，更推动了匈人传说的发展。[28] 匈牙利人从那里开始骚扰中欧，自 898 年起多次入侵意大利。他们在摩德纳被坚实的城墙阻挡，但这不是他们失败的唯一原因。正如先前对抗阿提拉时一样，该城的主保圣人，大主教圣吉米尼亚诺（Geminianus）也保护了这座城市。他的信徒本就众多，在匈牙利人进攻期间更是涨了不少，尽管他们都忽视了一个事实：他死于 452 年，已经去世将近五百年了。他和阿提拉相遇时情景的描述令人印象深刻：当匈人接近摩德纳时，吉米尼亚诺正在城墙上散步。阿提拉向他喊话问其姓名。吉米尼亚诺回答道，他是上帝的仆人。匈人王又回应道："我是阿提拉，上帝之鞭（flagellum Dei）。不尊重主人的仆人要被鞭打（flagellantur）。"吉米尼亚诺接着便命人将城门打开，奇迹发生了：匈人像盲人一样穿过街道，离开了摩德纳，没有损伤城中财产与居民的一丝一毫。[29]

"上帝之鞭"后来几乎成了阿提拉的代称。佛罗伦萨的历史学家本康帕尼（Boncompagni）在12世纪末写了《安科纳围城战记录》。该城在1167年和1174年成功地抵御了神圣罗马帝国皇帝巴巴罗萨的军队。相比之下，452年的阿提拉还更厉害一些："上帝之鞭摧毁了城墙。"[30] 而帝都拉韦纳那边的情况有所不同：大主教约翰和围城者进行了一段长谈。在谈话结束时，阿提拉十分欣赏大主教的虔诚，于是撤军。9世纪，来自拉韦纳的牧师阿格内鲁斯（Agnellus）在教会史中记下了这段对话来展现大主教的勇敢。[31] 这里和摩德纳以及安科纳一样，人们很排斥阿提拉从没有越过波河的说法。但是几百年后，许多意大利城市都几乎为匈人王曾经大驾光临而感到自豪，而匈人的入侵并没有妨碍这些城市之后的繁荣。唯一的例外是可怜的阿奎莱亚，它再也没从匈人带来的毁灭性打击中恢复生机。查理大帝时代的一首诗歌便用悲切的语句哀叹了它的断壁残垣。[32] 中世纪的地理学家在提及阿尔提努姆（Altinum）和阿奎莱亚时也不忘补充一句：这两座城市已经被阿提拉毁灭。[33] 一位不知名的意大利诗人宣称阿提拉曾在帕多瓦城（Padua）前折戟，他还称其是母狗生养的，这会不会就是阿提拉疯狂嗜血的原因呢？[34] 中世纪，甚至直到19世纪，人们在描绘"上帝之鞭"时都乐意给他添上恶魔之角。

阿提拉在意大利碰上的最强劲的对手依然是教宗利奥一世。这位匈人在他面前不得不下马跪地，应他的请求释放所有的战俘，然后撤离了意大利。"世界上最强的胜者却被一位牧师战胜了"，他自己这样对一位士兵说。他解释道，教宗右手边还有一位全副武装的战士，抽出宝剑威胁道："如果你不服从，就带着你的人下地狱去吧。"雅各·德·佛拉金在写于1263至1267年之间的《黄金传说》中再现了这个场景。人们在这一幕的背后可以看出作者在暗指教宗与神圣罗马帝国皇帝之间的叙任权之争以及1077年的"卡诺萨之行",在这里利奥一世的原型是格列高利七世,而阿提拉的原型是皇帝亨利四世。《黄金传说》成为广受欢迎的畅销书籍,传遍了整个欧洲。[35]

对拉斐尔来说,故事集《黄金传说》太脱离现实了。1511年到1514年他在梵蒂冈的艾利奥多洛房间(Stanza di Eliodoro)里画下了教宗与匈人王相遇的场景。在画面中心,阿提拉骑在黑马上耀武扬威,而利奥骑着白马从左边进入画面。

人文主义者不久后对利奥和阿提拉的故事只能付之一笑。因为在1515年,奥格斯堡的康拉德·波伊廷格在他的故乡印刷出版了第一版约达尼斯的《哥特史》,到16世纪末,巴塞尔、巴黎、里昂和莱顿相继出了七版。[36] 在1603年,波伊廷格的同乡大卫·霍舍尔也在奥格斯堡出版了第一版君士坦丁七世的《使者摘录》,这让普利斯库斯的著作更容易为人解读。四年后,他出版了普罗科匹厄斯的八册《战争史》。《哥特战记》的拉丁语译本已经在1441年和1481—1483年在意大利出版。霍舍尔版的君士坦丁七世的著作在1648年巴黎出版的《拜占庭历史引文集》(Corpus Byzantinae Historiae)中再版,于1729年在威尼斯的《拜占庭历史引文集》中再版。[37]

1667年,皮埃尔·高乃依的戏剧《阿提拉:匈人之王》在巴黎首演,法国历史学家给他提供了历史模板。在前言中,作者将流鼻血定为阿提拉的死因,这和马尔切利努斯·科莫斯的观点不同,他认为是伊笛可(剧中作"伊迪奥奈")在新婚之夜谋杀了阿提拉。在高乃依的笔下,新娘还没来得及动手,国王就一命呜呼了。故事发生在沙隆之战后,阿提拉的行宫里,高乃依应该是从普利斯库斯的详细记载中获得了灵感。约达尼斯的文献资料更容易获得，他提供了最重要的戏剧人物：除了阿提拉和伊笛可，以及伊笛可的对手霍诺莉亚，还有格皮德人国王阿卡狄乌斯和哥特人国王维拉米尔。这部戏剧的结构、人物的心理活动和纠葛的人物关系在当时和现在的文学批评中都赢得了认可，尽管有些人，比如伏尔泰，对其不屑一顾。[38]

孟德斯鸠于1734年发表《罗马盛衰原因论》，在第19章谈到了阿提拉。他仔细阅读了普利斯库斯和约达尼斯的文献，并引用了其中的一些语句。他甚至还提到过一次普利斯库斯的名字。他给了第19章三个副标题："阿提拉的伟大；蛮族迁移的原因；西罗马帝国首先被击溃的理由"。[39]这些副标题让人对阿提拉的历史意义有了个直观的认识：他的伟大至少在西方取代了罗马的伟大，这是孟德斯鸠一直秉承的看法。罗马的衰落究竟是因为基督徒还是异教徒？他在对这个争论颇多的老问题上做了一番导论后，便一转话题，提到了在他看来具有决定性的原因——强权政治：罗马早前把所有质疑其统治的势力分割开来，但是却没能分裂阿提拉的势力。罗马必须承认，阿提拉征服了从多瑙河到莱茵河之间的所有民族，摧毁了两条河流沿岸的防御工事，逼迫两大帝国向他进贡。孟德斯鸠不遗余力地引用了普利斯库斯笔下阿提拉对狄奥多西二世"大言不惭"的评论：这位皇帝拥有一个品德高贵的父亲，但他自己却失去了贵族应有的美德，向阿提拉进贡，成了他的奴仆，又如同恶仆一般给主人设下圈套。除此以外他还是一个骗子，打破了他要许配给阿提拉的部下一位妻子的承诺。[40]

孟德斯鸠接下来的观点十分独到。他认为依据匈人政策，阿提拉唯一的目标就是"征服"（soumettre），而不是"占有"（conquérir）各个民族。因此他任由罗马继续存活，自己则满足于统治各个蛮族。他并不想建立像罗马这样的大帝国。但是孟德斯鸠却得出这样的结论："他是有史以来最伟大的君主之一。"他这么说是因为阿提拉的哀歌中有一句"斯基泰和日耳曼帝国唯一的主宰"，以及他所采取的政治策略让罗马人长期处于恐慌之中。

接下来，孟德斯鸠谈到了阿提拉的宫廷生活和性格特征，在这里他把普利斯库斯的文献运用到了极致："他被部下所惧怕，但显然并不被臣属仇恨。他极为自负，同时诡计多端。暴烈易怒，但是又足够聪明，懂得原谅或者延缓惩罚，直到榨干冒犯者的利用价值为止。如果和平能给他带来更大的好处，那他就不会发动战争。他下属的国王都对他忠心耿耿，唯独他自己坚守匈人习俗，崇尚简朴。"

最后便是阿提拉死后发生的事件。这些事件从侧面印证了阿提拉的历史意义，也触及了孟德斯鸠要探讨的主题——罗马的衰亡：所有曾经臣服于阿提拉的蛮族都你争我斗，而罗马已虚弱无比，乃至最小的部族都能轻易威胁其统治。孟德斯鸠对罗马和其他民族的关系做了一个概述，最后以他的核心观点结束了这一章：城市崛起，是因为罗马人极为幸运，一个接一个地战胜了其他的民族。"罗马之所以被毁灭，是因为所有民族一拥而上，从四面八方同时发起进攻。"

孟德斯鸠笔下的阿提拉受到了爱德华·吉本的高度赞扬。[41]他在1781年写完了《罗马帝国衰亡史》第二卷，在第34和35章中，他对阿提拉及其征服史做了全方位的描写，而前者只是"用大胆而不失优雅的笔触描述了一些最非凡的历史事实,揭示了阿提拉的自负和罗马的屈辱"。值得钦佩的是,孟德斯鸠把先前被人们忽视的普利斯库斯的文献残篇发掘了出来,而吉本也热衷于利用普利斯库斯的文献。他花很大篇幅讲述了普利斯库斯的匈人国之旅和君士坦丁堡方面恶毒的刺杀计划及其可悲的破产结局。[42] 和法国人孟德斯鸠一样,这位英国人也极度反感懦弱且奢侈的狄奥多西二世为换取和平而支付高额贡金的行为。其他皇帝也受到过这样的指责,普罗科匹厄斯在《秘史》中对查士丁尼一世的批评比谁都激烈。[43] 当讲到狄奥多西二世美化阿纳托利乌斯和诺姆斯在449年同阿提拉签订的条约时,吉本仿佛不经意地评价道:"皇帝通过向臣民征收重税而榨取的金钱本可以让人们去打一场勇敢的胜仗的。"[44] 他特别重视小堡垒阿兹姆斯(或称阿兹蒙提乌姆)抵抗阿提拉麾下匈人的故事,并得出了一个结论,对狄奥多西二世做了一番批评:"每个士兵,每位政客都必须得承认,如果阿兹蒙提乌姆人的态度能够得到支持与推广,那么那些野蛮人就会被迫停止践踏罗马的尊严。"[45] 吉本也是一位英国军官,他参加了英国抵御法国入侵的七年战争,在从1759年到1763年枫丹白露和约签订为止的四年时间里担任汉普郡民兵队长。

吉本在第35章详细地复述了阿提拉征战高卢和意大利的经过,但他并不认为这位匈人如同孟德斯鸠认定的那般伟大。他在匈人王死后谨慎地总结道:"匈人王国动荡不安,分崩离析,这反而发扬了阿提拉的名声。因为他仅靠自己超人的天赋(genius),便将如此众多而互不相同的群体维系在了一起。"[46] "genius"在18世纪的英文中指的是某种特别的能力。吉本认为阿提拉生前并不是天才,但当他死后,人们把他和他的儿子们相比,他就是了,因为他的儿子们都无法管理好他打下的基业。

15年后，阿提拉似乎又出现在了意大利。但那不是传说中在教宗和大主教面前下跪的阿提拉，而是452年入侵意大利，烧光城市和村庄，留下遍地尸骸的匈人王。新的阿提拉——拿破仑·波拿巴便是如此作为。1796年2月2日，在伊莫拉和法恩扎之间的塞尼奥河畔，罗马教宗的军队被"渎圣的"法国革命军无情击溃了。因为敌军中有几位牧师参战并战死，拿破仑担心教宗庇护六世和意大利的教士会对他发动舆论攻击，让他蒙上"阿提拉"的污名，毕竟已经有消息传到了他耳朵里。拿破仑不久后出现在法恩扎的牧师集会上，当他看到修道院长时，便立刻愤怒地责骂他："去告诉你们的教宗，波拿巴不是阿提拉；如果波拿巴是阿提拉，那就告诉他，他可就是利奥的后继者了。"[47]教宗利奥一世当年曾直面阿提拉，而庇护六世却企图在拿破仑大军压境之前逃离罗马。

但是对于敌人来说，拿破仑依然是阿提拉。1808年，拿破仑吞掉整个德国后，让·保罗给他加上了阿提拉的古老绰号："上帝之鞭"。[48]"阿提拉拿破仑"是人们对拿破仑自己所作族谱的讽刺，他把自己的家族血统追溯到了墨洛温王朝国王，克洛维之父希尔德里克身上。[49]1813年，拿破仑第一次退位后，作家、政治家本杰明·康斯坦为了煽惑法国公众而嘲弄道："命运之人，当代阿提拉，世界在他面前沉寂不语，而他不懂得如何死去。"[50]但等到拿破仑从厄尔巴岛归来，在1815年4月22日任命他为国务委员时，康斯坦对拿破仑的憎恨也就戛然而止了。拿破仑自己被流放后，也在圣赫勒拿岛同宫廷总管埃曼努尔（Emmanuel Comte de Las Cases）的谈话中略微得意地提及，人们叫他"当代阿提拉，骑马的罗伯斯庇尔"。[51]他的编年史作家后来发表了这些谈话。1880年,法国诗人、作家亨利·德·博尼耶(Henri de Bornier)也认为阿提拉和拿破仑的事业有很多相似之处。[52]

对伟人的崇拜在19世纪达到巅峰,雅各·布克哈特(Jacob Burckhardt)在他的《世界历史研究》中对世界伟人做了深入的探讨,阿提拉自然不例外。[53]传说与史录交相辉映,孕育了诗歌、短篇故事、小说和戏剧。[54]作曲家创作了歌剧,其中最有名的是1846年朱塞佩·威尔第(Giuseppe Verdis)的《阿提拉》。这部歌剧脚本的原型是扎哈里亚斯·维尔纳(Zacharias Werner)1808年的戏剧《阿提拉:匈人之王》。贝多芬也曾设想过要以维尔纳的戏剧为蓝本创作一出歌剧。[55]艺术界也对匈人王的生平十分着迷。[56]

阿提拉和匈人的故事在匈牙利延续着,这些故事始于9世纪和10世纪匈牙利人的入侵,他们被同时代的人称为"匈人"。中世纪盛期关于匈牙利的历史都是按照这条线索记录的。在匈牙利国王贝拉三世(1173—1197在位)赞助下完成《匈牙利人功绩书》(*Gesta Hungarorum*)的不知名作者做了一个族谱,从圣经中诺亚的儿子雅弗到玛各再到摩格,从这一支家族里诞生了"名扬八方的强者阿提拉",他在451年入侵潘诺尼亚,驱赶罗马人,建立了匈人王国。玛各的后代有乌吉克和阿尔姆斯,匈牙利的国王和公爵也都拥有这支家族的血脉。[57]这样的构想来自戈特弗里德·冯·维特波(Gottfried von Viterbo),他是腓特烈·巴巴罗萨的宫廷乐师和公证人。巴巴罗萨在1189年的十字军东征中和贝拉三世在匈牙利有过一次亲切的会面。[58]

历史学家西蒙·德·凯扎(Simon de Keza)在国王拉斯洛四

世（1272—1279）的宫廷中写了《匈牙利人功绩书》，把《旧约》中的大猎人宁录——书中记作"门洛特"（Menroth）——说成是匈牙利人的祖先。宁录和他的妻子艾内特（Eneth）育有两个儿子，胡诺和摩戈（Hunor and Mogor），"匈人或者匈牙利人便来源于此"。[59] "阿提拉"后来成了匈牙利民族服装的代名词。这个名字又被用于匈牙利皇家轻骑兵的制服短裙，它成了其他欧洲军队的制服模板。

在17世纪和18世纪的匈牙利文学中，阿提拉的形象在野蛮的异教暴君和模范的基督教政治家之间摇摆不定。有的人异想天开，还认为匈牙利匈人早在史前时代就已在全球四处迁徙，占据了彼时渺无人烟的北美洲大陆。19世纪的民族运动却再次让匈牙利人的目光离开哈布斯堡，集中到了远东的故乡之上。[60]

普鲁士人和他们的阿提拉——俾斯麦在1870—1871年的普法战争后从法国手中夺走了阿尔萨斯和洛林，在法国人眼中，他们就是匈人强盗。1890年俾斯麦辞职后，下一位"阿提拉"紧接着登场，皇帝威廉二世的复仇主义和法国的反日耳曼主义让人回想起阿提拉入侵高卢，但在卡塔隆尼平原上拉丁西方打败野蛮东方的事迹，让人们又不禁从中攫取了一丝希望。诗人维克多·德·拉普拉德（Victor de Laprade）在1873年用悲伤的诗句与盛行的反德宣传相应和："在野蛮人践踏过的土地上，要如何采摘鲜花，如何欢庆佳节？"然后他回顾了历史：阿提拉大军给饱受嘲弄的法国带来了恐惧，战争唤醒了古代的战士。最后他便呼吁同胞要对野蛮人以同样的方式以牙还牙，以眼还眼。[61]

阿提拉和匈人同时也是法国对德国美化"尼伯龙根"，宣扬好战精神的回应，德国已经将《尼伯龙根之歌》拔高到了德意志民族史诗的高度。[62] 20 世纪，阿提拉和匈人再次被当作政治武器的土壤已经成熟，而他们的形象至今仍在被利用。本书第一章《阿提拉在当下》便已证明了这一点。

致 谢

在此感谢我在波恩大学历史学院的同事。尽管研究资金不足，他们也抽出了很多时间为已经退休的我提供了莫大的帮助。所以我拜托桑德拉·奥托女士在我的上任秘书埃德尔加德·普斐勒的支持下将我的手稿录入了电脑。丹尼尔·皮翁兹克先生为我提供了波恩大学图书馆、州图书馆和不同大学研究机构的文献资料。他还和我的上任助理约尔格·冯德林（亚琛）博士一起校对了文稿，检查了引文。迈克尔·莫伊尔先生也从旁协助。我还要感谢我的夫人。最后我要感谢来自拉尔的C.H.贝克出版社的史蒂芬博士，是他说动了我开始本书的写作。他的经验、对工作的热爱以及安德里亚·摩根女士的帮助对我的《匈人王阿提拉》大有裨益。

我已将书中的希腊语、拉丁语以及现代外语引文进行了翻译。

克劳斯·罗森
2015年11月，波恩

注　释

第一章　阿提拉在当下

1. L. Canali, Fermare Attila. La tradizione classica come antidoto all'avanzata della barbarie, Mailand 2009.
2. Die Einnahme Löwens und die Vernichtung seiner Bibliothek: W. Schivelbusch, Die Bibliothek von Löwen. Eine Episode aus der Zeit der Weltkriege, München – Wien 1988. Der deutsche Text von Rollands Brief: H.A. Walter, Romain Rolland schreibt zweimal nach Deutschland 1914. 1933, und G. Hauptmann, K. Wolfskehl, F. Gundolf, R. G. Binding, W. v. Scholz, G. Kolbenheyer antworten, Berlin 1967.
3. Schivelbusch, ebd. 28.
4. Walter, ebd. 10–11.
5. Zur Entstehung und Wirkung des Manifests ausführlich: J. von Ungern Sternberg – W. von UngernSternberg, Der Aufruf ‹An die Kulturwelt!›. Das Manifest der 93 und die Anfänge der Kriegspropaganda im Ersten Weltkrieg, Menschen und Strukturen. Historisch-Sozialwissenschaftliche Studien 21, Frankfurt a. Main 2013², Ein Faksimile des Aufrufs: ebd. 209–212.
6. H. Roland – M. Beyen – G. Draye (Hgg.), Deutschlandbilder in Belgien 1830–1940, Studien zur Geschichte und Kultur Nordwesteuropas 22, Münster u. a. 2011, 454.
7. Roland u. a., ebd. 295.
8. Der originale Text und die revidierte Fassung: B. Sösemann, Die sog. Hunnenrede Wilhelms II. Textkritische und interpretatorische Bemerkungen zur Ansprache des Kaisers vom 27. Juli 1900 in Bremerhaven, Historische Zeitschrift 222, 1976, 342–358.
9. Th. Heuss, Friedrich Naumann. Der Mann, das Werk, die Zeit, Stuttgart – Tübingen 1949², 123–124.

10. Wiederabgedruckt in: R. Kipling, The Complete Verse, London 2006, 262–263.
11. A. Dorchain, Pierre Corneille, Paris 1918, 406–407. Das Zitat des Schriftstellers und Dichters bei May, Attila *Redivivus* 103. Die vollständigen Angaben zu allen nur mit Verfassernamen und Kurztitel zitierten Aufsätzen und Monographien finden sich im Literaturverzeichnis.
12. Th. F. Schneider – H. Wagener (Hgg.), »Huns« vs. »Corned Beef«. Representation of the Other in American and German Literature and Film on World War I, Schriften des Erich Maria RemarqueArchivs 21, Göttingen, 2007.
13. Zitiert nach J. Man, Attila the Hun. A Barbarian King and the Fall of Rome, London u. a. 2006², 374.
14. Der englische Text zitiert von H. Scherf, John Maynard Keynes (1883–1946), in: J. Starbatty, Klassiker des ökonomischen Denkens I–II, Hamburg 2012, II 288.
15. F. Aschau, Die Weltbühne 20, Erstes Halbjahr 1924, Nachdruck Königstein/ Ts. 1978, 742–743.
16. E. Jäckel – A. Kuhn, Hitler. Sämtliche Aufzeichnungen 1905–1924. Quellen und Darstellungen zur Zeitgeschichte 21, Stuttgart 1980, 371; ferner 382; 414; 577; 641.
17. W. Hubatsch, Hitlers Weisungen für die Kriegführung 1939–1945. Dokumente des Oberkommandos der Wehrmacht, Bonn 2000, 79–81.
18. P. Mermet – Y. M. Danan, Les thèmes de propagande après le 22 juin 1941, Revue d'histoire de la deuxième guerre mondiale 16, 1966, 49.
19. M. Domarus, Hitler. Reden 1932 bis 1945, Band 2,2: Untergang 1941–1945, Wiesbaden 1973, 1918–1919.
20. H. Picker, Hitlers Tischgespräche im Führerhauptquartier, Stuttgart 1977³, 209.
21. Picker, ebd. 493.
22. Picker, ebd. 246.
23. Picker, ebd. 95.
24. E. Fröhlich (Hg.), Die Tagebücher von Joseph Goebbels, Teil II, Band 7, München u. a. 1993, 289.
25. Domarus, ebd. 2000.
26. Domarus, ebd. 2004.
27. D. Segal, Echoes of Attila in Twentieth-Century Russia, in: Bäuml – Birnbaum, Attila 116.
28. P. Hartmann – St. Schmitz, Kölner Stämme. Menschen – Mythen – Maskenspiel, Köln 1991.

第二章 扫荡欧洲

1. Ambrosius, Kommentar zum Lukasevangelium 10,10 (CCL 14, 348). *Kämpfe und Nachrichten von Kämpfen* ist ein Zitat aus Matthäus 24,6. Abkürzungen der Textausgaben werden im Abkürzungsverzeichnis S. 300–301 aufgelöst.
2. Rufinus, Kirchengeschichte 11,13.
3. Ambrosius, Über den Glauben für Kaiser Gratian 2,16,137 (CSEL 78, 104–105) zu Ezechiel 38,15.
4. Hieronymus, Brief 60,16; 77,8.
5. Eunapius, Fragment 41.
6. Ammianus Marcellinus 31,5,10. Zu seinem Grundsatz, nur die *summitates* zu berichten, Rosen, Ammianus Marcellinus 57; 138.
7. Ammianus Marcellinus 31,5,11.
8. Ammianus Marcellinus 31,5,12–13.
9. Das ewige Rom: *victura, dum erunt homines, Roma* (ebd. 14,6,3); *victura ··· Roma* bedeutet auch das Rom, das siegen wird. Ammianus benutzte bewusst das gleichlautende Futurpartizip von *vivere* und *vincere*, leben und siegen: Rosen, Wege und Irrwege der römischen Gothenpolitik 86.
10. Sozomenus, 6,37,3. Zum Sitz der Hunnen am Maeotissee: Jordanes 39,206 (in einer literarischen Feldherrnrede Attilas vor der Schlacht auf den Katalaunischen Feldern im Jahr 451); Procopius, Gotenkrieg 4,5,4–5; Agathias 5,11,2. Nach einem Bittgebet des katholisch gewordenen Frankenkönigs Chlodwig zeigte eine Hirschkuh ihm und seinem Heer eine Furt über die vom Regen angeschwollene Vienne und ermöglichte so 507 den Sieg über die arianischen Westgoten in der bedeutenden Schlacht von Vouillé: Gregor von Tours, Zehn Bücher Geschichten 2,37.
11. Aischylus, Gefesselter Prometheus 700–741.
12. Strabo 7,4,8,312.
13. Jordanes 24,123–124, wo Priscus genannt wird; Sozomenus 6,37,4–5; Procopius 4,5,8–11; Agathias 5,11,3.
14. Zu Sagen mit wegweisenden Tieren im eurasischen Raum: Maenchen-Helfen, Die Welt der Hunnen 445,2.
15. Jordanes 24,124; Procopius 4,5,9.
16. Philostorgius 9,17.
17. Jordanes 24,121–124; Procopius 4,5,9. Zu den *haliurunnae* und der ursprünglichen gotischen Wortform *haliarunae*: N. Wagner, Anzeiger für deutsches

Altertum und deutsche Literatur 85, 2, 1974, 68.
18. Priscus 8,146; Jordanes 35,183.
19. Ammianus Marcellinus 31,2,23.
20. Ammianus Marcellinus 31,1–2,1.
21. Ammianus Marcellinus 21,1,9; 13.
22. W. Ensslin, Zur Geschichtsschreibung und Weltanschauung des Ammianus.
23. Marcellinus, Klio Beiheft 16, 1923, Nachdruck 1971, 83–96.
24. Lukas 21,11; vgl. Matthäus 24,7; Markus 13,8.
25. Philostorgius 11,8.
26. Philostorgius 10,9. W. Gundel, Kometen, RE 11,1 (1921/1966), 1189–1190.
27. Philostorgius 11,7.
28. Hieronymus, Brief 107,2.
29. Prudentius, Apotheosis 430–432.
30. Prudentius, ebd. 421–448. Kritische Bestandsaufnahme zum Thema Hunnen und Christentum: MaenchenHelfen, Die Welt der Hunnen 190–194.

第三章　谁是匈人

1. Nach dem Weltbild des im 2. nachchristlichen Jahrhundert lebenden Geogra phen Claudius Ptolemaeus lag für die Anrainer des Mittelmeers das Land jenseits des Schwarzen Meeres und des Maeotissees nicht im Osten, sondern im Norden: H. Kiepert, Formae orbis antiqui, Nachdruck Rom 1996, Tafel 36: Orbis terrarum secundum Cl. Ptolemaeum.
2. Sidonius Apollinaris, Gedicht 7, 319–321.
3. Ein anonymes Exzerpt von Poseidonius' Klimatheorie, die er in einem verlo renen Werk entwickelt hat, findet sich bei Vitruvius, Zehn Bücher über Archi tektur 6,1,1–12. K. Schmidt, Kosmologische Aspekte im Geschichtswerk des Poseidonios, Hypomnemata 63, 1980, 26–27. Poseidonius' Vorläufer sind der Verfasser der pseudohippokratischen Schrift Über Lüfte, Wasser und Orte sowie Plato (Politeia 4,435 e) und Aristoteles (Politik 7,7,1327 b 23–28; Proble- mata 12,910 a 28–30; 14,999 b 9–24).
4. Dauge, Le barbare 468.
5. Theodoretus, Kommentar zu den Psalmen 17,14–15, PG 80,977.
6. Herodot 4,16.
7. Ephorus, F. Jacoby, FGrHist 70, F 158,1. Strabo 11,2,2,493.
8. Homer, Ilias 13,5–6. Strabo 7,3,7,300; 7,3,9,302 zitiert der Geograph dazu

neben Ephorus den Dichter Hesiod aus dem 7. Jahrhundert v.Chr.; vgl. Herodot 4,2; Columella, Über die Landwirtschaft 7,2.
9. Strabo 11,6,4,508.
10. Symmachus, Rede 1,2, MGH AA 6, 1, 319.
11. Dionysii Orbis Descriptio 730, in: Müller, GGM 2, 149.
12. Ptolemaeus 3,5,25.
13. Vgl. S. 34.
14. Marciani Heracleensis Periplus Maris exteri 38, in: Müller, GGM 1, 559.
15. Ammianus Marcellinus 22,8,31.
16. Ammianus Marcellinus 31,2,1.
17. Thukydides 1,23,5–6.
18. Herodot 4,6,1–2; 11,1–2; 4,19.
19. Zosimus 4,20,3 nach Eunapius. Die Königsskythen: Herodot 4,20,1–2; 22,3; 56–57; 59,1; 71,2.
20. Hieronymus, Brief 77,8.
21. Ovid, Tristien 3,12,51.
22. Andreas von Caesarea, PG 106,416 B zur Geheimen Offenbarung 20,8.
23. A. Herrmann, Massagetai, RE 14,2 (1930/1966), 2123–2130.
24. Ammianus Marcellinus 23,5,16; 31,2,12. Procopius, Bd. 4: Index nominum 277.
25. Herodot 4,23,1–2.
26. W. W. How – J. Wells, A Commentary on Herodotus 1, Oxford 1912, Nachdruck 1964, 310.
27. Zosimus 4,20,3. F. Paschoud, Quand parut la première édition de l' *Histoire* d'Eunape?, Bonner Historia-Augusta-Colloquium 1977/1978, Bonn 1980, 154–155 = ders., Eunape, Olympiodore, Zosime, Scripta minora, Bari 2006, 98.
28. Orosius 1,2,45.
29. Ptolemaeus, Geographica 6,16,6. A. Herrmann, Ottorokorrai, RE 18,2 (1942/1968), 1888–1889.
30. Orosius 7,33,10.
31. Parzinger, Die frühen Völker Eurasiens 762–771.
32. Parzinger, ebd. 741–750.
33. Eine Übersicht bietet Parzingers Beilage III.
34. De la Vaissière, Huns et Xiongnu (vgl. unten Anmerkung 41). Pritsak, The Hunnic Language 470, Anmerkung 230 gegen Doerfer, Zur Sprache der Hunnen.

35. Dionysius, GGM 2, 666–678.
36. F. Schlütz – F. Lehmkuhl, Climatic change in the Russian Altai, southern Siberia, based on palynological and geomorphological results, with implica tions for climatic teleconnections and human history since the middle Holo cene, Vegetation History and Archaeobotany 16, 2007, 101–118.
37. M. McCormick u. a., Climate Change during and after the Roman Empire: Reconstructing the Past from Scientific and Historical Evidence, Journal of Interdisciplinary History 43, 2, 2012, 190; Lamb, Climate, history and the mo dern world 151–153.
38. Kim, The Huns 36
39. Parzinger, ebd. 751–755.
40. Tomka, Zwischen Hsiung-nu und Hunnen aus archäologischer Sicht, in: His torisches Museum der Pfalz, Hunnen zwischen Asien und Europa; A. Koch, Hunnisches in Xinjiang? Überlegungen zum europäisch-asiatischen Kultur austausch an der Wende zum Mittelalter, in: Historisches Museum der Pfalz, Attila 135–145; Schmauder, Die Hunnen 50–52; ferner Sinor, The Cambridge History of Early Inner Asia 177–178. Vgl. dagegen Schäfer, Untersuchungen 40–51 mit der Forschungsgeschichte. Zu de la Vaissière, dem derzeit ener gischsten Vertreter einer gemeinsamen Herkunft von Hunnen und Xiongnu, bemerkt Beckwith, Empires of the Silk Road 404, 51: «… there unfortunately remain many problems that he does not resolve. Most significantly, he does not discuss the phonology of the Chinese transcription. But this is after all the key issue.»
41. Wenskus, Stammesbildung 61–62; 99–100. E. de la Vaissière, The Steppe World and the Rise of he Huns, in: Maas, The Cambridge Companion to the Age of Attila 178–182; 190–191: Unabhängig von der Frage der gemeinsamen Abstammung ist «Xiongnu» die chinesische Transkription von «Hunnen», wobei dieses Ethnikon ursprünglich keine generische Bezeichnung, sondern ein individueller Stammesname gewesen sei.
42. Agathias 5,11,2.
43. Ammianus Marcellinus 31,2,17.
44. Ammianus Marcellinus lehnt sich an Sallust, Jugurthinischer Krieg 18,12 an; vgl. den Kommentar von E. Koestermann, Heidelberg 1971, 94. Die Übertra gung und Ausbreitung eines Ethnikons von einer kleineren Gruppe auf einen größeren Verband kam auch sonst häufig vor: Norden, Die germanische Ur geschichte 318–351; Wenskus, Stammesbildung 63–75.

45. Bóna, Das Hunnenreich 30; Anke, Studien 148.
46. Primärstamm: Wenskus, Stammesbildung 18; 247–248; 573. Hegemonial stamm: Schramm, Ein Damm bricht 114–115.
47. Pritsak, The Hunnic Language; ders., Stammesnamen und Titulaturen der Altaischen Völker, Ural-Altaische Jahrbücher 24, 1952, 51–52.
48. Herodot 4,20,2; 22,3; 56; 57; 59,1; 71,2. Strabo 7,3,17,306; Ptolemaeus 5,9,16. Die königlichen Hunnen, gern königliche Skythen genannt: Priscus 1.1,2 u. ö.; Zosimus 4,20,3.
49. Priscus 8,94; 170; 172.
50. Herodot 4,24.
51. Strabo 11,4,6,503.
52. O. Pritsak hat mit Recht seiner grundlegenden Untersuchung den Titel gege ben: «The Hunnic Language of the Attila Clan». Die Sprachen der anderen Hunnenstämme sind unbekannt.
53. Mehr noch als die Abstammung der Hunnen ist ihre Sprache ein Feld für scharfe Auseinandersetzungen. Man vergleiche die Replik von Pritsak, The Hunnic Language 470, 230 auf Doerfer, Zur Sprache der Hunnen, oder die Diskussion in: Popoli delle steppe 209–212.
54. Die Hephthaliten: A. Lippold, RE Supplementband 14 (1974), 127–137. Die Chioniten: Ammianus Marcellinus 16,9,4; 17,5,1; 18,6,22; 19,1,7; 2,1; 3;6.
55. Procopius, Perserkrieg 1,3,1–5.
56. Dazu der kritische Apparat bei Müller, GGM 2,149.
57. Wolfram, Goten, Register 579.
58. Synesius, Über das Königtum 15 (16); vgl. ders., Ägyptische Erzählungen oder Über die Vorsehung 2,2.
59. Ammianus Marcellinus 30,2,6; 31,2,20.
60. Sarazenen 14,4; Gallier 15,12; Perser 23,6,75–84; Thrakien und die Schwarz meerregion 22,8; 27,4; Ägypten 22,15–16; Persien 23,6,1–74; 85–88. Rosen, Ammi anus Marcellinus 79–86. Der Hunnenexkurs: 31,2,1–12.
61. Ammianus Marcellinus 31,2,1.
62. Ammianus Marcellinus 19,8,6–7.
63. Gießauf, Barbaren – Monster – Gottesgeisseln 64–65, Anmerkung 221.
64. Jordanes 5,37.
65. Richter, Die Darstellung der Hunnen 371 verweist auf Pausanias 1,21,5; Taci tus, Germania 46,3 und Diodor 3,15,7.
66. Werner, Beiträge 8; 49; Bóna, Das Hunnenreich 28; 40.

67. Bóna, ebd. 30; Anke, Studien 148; vgl. S. 33.
68. R. Kory, Tätowierung, RGA 35 (2007), 61–63.
69. K. W. Alt, Schädeldeformationen, RGA 26 (2004), 571–577.
70. Priscus 8,87; 167; Jordanes 49,256–257.
71. Cicero, Über die Natur der Götter 1,43.
72. Homer, Odyssee 9,106–108. Kritias, in: H. Diels – W. Kranz, Die Fragmente der Vorsokratiker 88, B. 25; Livius 21,4,9.
73. Ammianus Marcellinus 31,2,12–25. Der Historiker benutzt die Namensform Halani.
74. Ammianus Marcellinus 31,2,13; 17.
75. Ammianus Marcellinus 31,2,12.
76. Eine umfassende, nicht nur griechische und lateinische Zeugnisse enthaltende Quellensammlung bietet Alemany, Sources.
77. Ammianus Marcellinus 31,2,21.
78. Claudianus, Gegen Rufinus 1, 323–331, MGH AA 10, 30–31. Der Herausgeber Th. Birt vertritt die Abhängigkeit von Ammianus Marcellinus: ebd. IX, 1.
79. CTh 9,40,2.
80. Sidonius Apollinaris, Gedicht 2: Panegyricus auf Anthemius 243–269. Anthemius' Krieg gegen die Hunnen: ebd. 272–287. Fälschlich führt der Dichter für die Schädeldeformationen (S. 41) einen militärischen Grund an.
81. Jordanes 24,127–128.
82. Ambrosius, Über Tobias 11,38–39 (CSEL 32,2,539–540).
83. Tacitus, Germania 24,2.
84. Ambrosius, Über den Glauben für Kaiser Gratian 2,16,140 (CSEL 78, 106).
85. Seneca, Trost für Helvia 7,3–5; Rosen, Völkerwanderung 22–24.

第四章　入侵

1. Herodot 4,28,1; Strabo 7,3,18,307; 11,2,8,494.
2. Ammianus Marcellinus 22,7,10.
3. Eunapius, Fragment 27,1.
4. Ammianus Marcellinus 27,5,6; 31,3,1 mit der Namensform Ermenrichus. Jordanes 23,116; 24,129; 130: Hermanarius.
5. Jordanes 23,116. Schramm, Die nordöstlichen Eroberungen der Rußlandgoten; Wolfram, Goten 95–98. Zur Doppelbezeichnung Ostgoten – Greutungen: Wolfram, ebd. 383,11. Der Amaler Ermanarich: Jordanes 23,116.

6. Ammianus Marcellinus 31,2,20–21.
7. Jordanes 24,126.
8. Ammianus Marcellinus 31,3,1.
9. Jordanes 24,126, wo fünf Namen erscheinen. Zur Korrektur der Überlieferung Maenchen-Helfen, Die Welt der Hunnen 272. Die Identität der Stämme bleibt umstritten. Vorsichtig ist Moravcsik, Byzantinoturcica 2, 66; 94; 142; 318–319 (zu der bei Priscus 1,1 überlieferten Form Tunsures) und verweist immer nur auf Mommsen, der die Stämme im Index seiner Jordanes-Ausgabe als Hun nen bezeichnet hat. Zusammenfassend wurden sie vor 375 aber nie Hunnen genannt, weshalb die Zeitgenossen mit Recht behaupten konnten, man habe bisher nie von diesem Volk gehört.
10. Ammianus Marcellinus 31,4,6; er zitiert Vergil, Georgica 2,105–106.
11. Vernadsky, The Eurasian Nomads 411.
12. Procopius, Gotenkrieg 4,5,15; 21.
13. Procopius, ebd. 4,4,9; 5,21.
14. Gajdukevič, Das bosporanische Reich 493–495. Zosimus 4,20,3–5 hat beide Unternehmungen zusammengezogen. Die künstliche Schädeldeformierung auf der Krim: Werner, Beiträge 13.
15. Jordanes 24,130. Zum Namen Balamber: Schramm, Ein Damm bricht 115; Schäfer, Balamber 243–244.
16. Ammianus Marcellinus 31,2,7.
17. Herodot 4,121.
18. Zosimus 4,20,4.
19. Historisches Museum der Pfalz, Amazonen: E. Fialko, Skythische ‹Amazo nen› in den Nordschwarzmeersteppen 119–127; N. V. Polos' mak, Die Amazone von Pazyryk, ebd. 129–137; R. Rolle, Bewaffnung und mögliche Kampfweise skythischer Kriegerinnen, ebd. 153–159; dies., Frauen und Pferde, ebd. 160–163.
20. Werner, Beiträge 66; vgl. Ammianus Marcellinus 31,2,10.
21. Bóna, Das Hunnenreich 28–29.
22. Procopius, Gotenkrieg 4,3,5–10; zu Strabo 11,5,3–4,504; 12,3,21–22,550. Eng lische Archäologen entdeckten in der Grafschaft Cumbria ein Grab mit zwei brandbestatteten Kriegerinnen, die aus dem Donaugebiet gekommen waren: Frankfurter Allgemeine Sonntagszeitung vom 25.12.2004.
23. Ammianus Marcellinus 31,2,16.
24. Strabo 7,4,8,312.

25. Ammianus Marcellinus 17,12,1–3.
26. Jordanes 4,129. Zu den Rosomonen: Maenchen-Helfen, Die Welt der Hunnen 17–18.
27. Jordanes, ebd.
28. Jordanes 24,130. Der plötzliche Angriff der Hunnen: Ammianus Marcellinus 31,3,1.
29. Überrennen im Griechischen *katathein*, *epidramein*, *katadramein* (für den griechischen Zirkumflex benutze ich der Einfachheit halber den Akut), *epitréchein*, *katatréchein*, was Ammianus 31,2,7; 3,1 mit *perrumpere* wiedergibt. Kimmerische Reiterkrieger: Strabo 11,2,5,494; 8,3,511. Hunnen: Eunapius, Fragment 41; So crates 7,43,1; Procopius, Gotenkrieg 4,3,10; 5,16; Agathias 5,11,6; 13,1.
30. Zosimus 4,20,5; 26,1; vgl. Herodot 4,46,3; Ammianus Marcellinus 17,12,3. Die Schnelligkeit der Hunnen: Hieronymus, Brief 77,8.
31. Zosimus 4,22,2; Socrates 7,30,2.
32. Herodot 4,46,3; Strabo 7,3,17,307.
33. Vegetius 1,20,2.
34. Ammianus Marcellinus 31,3,2. Zur greutungischen Reiterei ebd. 31,12,17.
35. Jordanes 24,130.
36. Ammianus Marcellinus 31,3,1–2.
37. Ammianus Marcellinus ebd.; Jordanes 24,130. Ermanarich «entledigte sich seines Lebens» (*vitae suae defunctus est*) wird manchmal zu allgemein mit «er starb» übersetzt. Der *triumphator*: Jordanes 24,129; der Vergleich mit Alexander: ebd. 23,116. Zu seinem Nachleben in der germanischen Heldensage: O. Gschwantler, Ermanrich, sein Selbstmord und die Hamdirsage. Zur Darstellung von Ermanrichs Ende in Getica 24,129 f., in: Wolfram–Daim, Die Völker an der mittleren und unteren Donau 187–204.
38. H. Beck, Ermanarich, RGA 7 (1989), 512–515; J. Heinzle, Ermenrichs Tod, LdMA 3 (1986/1999), 2157.
39. Ammianus Marcellinus 31,3,8.
40. Ammianus Marcellinus 31,3,3 mit der Namensform Vithimiris.
41. Ebd. 31,3,3. D. Claude, Die ostgotischen Königserhebungen, in: Wolfram–Daim, ebd. 151. Saphrax und wahrscheinlich auch Alatheus waren keine gotischen Namen, was bei dem polyethnischen Stammesverband nicht verwunderlich ist; vgl. Wolfram, Goten 17; 102.
42. Ammianus Marcellinus 31,3,3. Zu dem angeblichen Greutungenwall, den sie

errichtet haben sollen, Wolfram, Goten 400–401, 96.
43. Zum Titel *iudex* und seinem Inhalt: Ulrich, Barbarische Gesellschaftsstruk tur 113–128.
44. Ammianus Marcellinus 31,3,4–8, wo Athanarichs anfängliche Doppelstrate gie nur aus der Zweiteilung seines Aufgebots zu erschließen ist. Zur Geogra phie: K. K. Klein, Römische und gotische Wallanlagen in der Dobrudscha und südlichen Moldau. Ein Beitrag zur Kenntnis der Goteneinfälle des 4. nachchristlichen Jahrhunderts und der Limesverteidigung an der unteren Donau mit einer Karte, Jahrbuch der DobrudschaDeutschen 6, 1961, 22–23. Klein stützt sich u. a. auf die Ausgrabungen von R. Vulpe, Le Vallum de la Moldavie Inférieure et le «Mur» d'Athanaric, 's Gravenhage 1957. Wolfram, Goten 80.
45. Ammianus Marcellinus 31,3,8, wo Fritigern und Alaviv noch nicht genannt werden.
46. A. Lippold, Ulfila, RE A 9,1 (1961), 519–520; Krautschik, Hunnensturm und Germanenflut 32–39.
47. Valens und sein Kronrat: Eunapius, Fragment 42. Die Völkerwanderung: Am mianus Marcellinus 31,4,2.
48. Eunapius, ebd.
49. Ammianus Marcellinus 31,4,6–8. Gutmann, Studien zur römischen Außen politik 140; 147.
50. Ammianus Marcellinus 31,4,12; 5,3.
51. Ammianus Marcellinus 31,4,13. Die unzugängliche Gebirgsregion waren die Karpaten. Keine Einigkeit besteht über die Lokalisierung von Caucalanda. Vorgeschlagen wurde das Quellgebiet der Marisia, der Kleine und Große Kokel in den mittleren Karpaten, auch wegen der Klangähnlichkeit (C. Patsch, RE 3,2 (1899/1970), 1801), oder das Quellgebiet des Alutus (Wolfram, Goten 102 mit der Nebenform Aluta). Athanarichs Flucht: Ammianus Marcellinus 27,5,10; Zosimus 4,31,4–5.
52. Ammianus Marcellinus 31,4,11.
53. Ammianus Marcellinus 31,8,6–9; Zosimus 4,20,7; 22,1.
54. Ammianus Marcellinus wollte mit seiner Darstellung in Buch 31 den Römern ein politisches und militärisches Lehrstück für die Zukunft des Reiches geben getreu Ciceros Auffassung: «Die Geschichte ist Lehrerin für das Leben» – *historia magistra vitae*: Rosen, Wege und Irrwege der römischen Gothenpolitik; Cicero, Über den Redner 2,36.
55. Sozomenus 6,37,15; Ammianus Marcellinus 31,9,3.

56. Ammianus Marcellinus 31,8,4; 16,3.
57. Zum Verlauf der Schlacht, die Ammianus Marcellinus 31,13 ausführlich schildert: Rosen, Die Völkerwanderung 7–11.
58. Ammianus Marcellinus 31,16,3.
59. Ammianus Marcellinus 31,16,7.
60. Jordanes 26,138.
61. Bóna, Das Hunnenreich 135–136; Kazanski, Les Goths et les Huns; I. Ioniță, Sântanade-Mureș-Černjachov-Kultur, RAG 26 (2004), 449.
62. S. 189.
63. Jordanes 48,246–248.
64. Wohnsitz der Anten: Procopius, Gotenkrieg 4,4,9. Den Fluss Erac hat man mit dem Phasis am Westabhang des Kaukasus identifiziert: Th. Mommsen zu Jordanes 48,249, MGH AA 5, 122.
65. Jordanes 48,249.
66. Jordanes 48,250 mit der Namensform Thorismud.
67. Jordanes 48,250.
68. Jordanes 48,251.
69. Priscus 39,4. P. Tomka, Relazione sui materiali archeologici unnici in Ungheria, in: Blason Scarel, Attila *Flagellum Dei*? 40.
70. Werner, Beiträge 14–15; Karte 9/Tafel 73. Nicht ausgeschlossen ist jedoch, dass die Goten diese Sitte bereits früher übernommen hatten.
71. Anke, Studien 15–16; Bierbrauer, Ostgermanen 97–105; ders., Ethnos und Mobilität 15–19. Bei der ethnischen Zuordnung mahnt M. Kazanski in der Rezension von Bóna, Das Hunnenreich zur Vorsicht: L'archéologie de »l'empire« hunnique; J. Tejral, Archäologischer Beitrag zur Erkenntnis der völkerwanderungszeitlichen Ethnostrukturen nördlich der mittleren Donau, in: H. Friesinger – F. Daim (Hgg.), Typen der Ethnogenese unter besonderer Berücksichtigung der Bayern Teil 2. Veröffentlichungen der Kommission für Frühmittelalterforschung, Bd. 13, Österreichische Akademie der Wissenschaften, Philoso-phischhistorische Klasse. Denkschriften, 204. Band, 1990, 27: «Der Versuch, die ethnische Zugehörigkeit der Träger fremder Kulturelemente im Raum nördlich der mittleren Donau genauer zu ermitteln, scheint etwas verfrüht.»
72. Bierbrauer, Ethnos und Mobilität 48–55.

第五章　在罗马帝国与野蛮王国之间

1. Epitome de Caesaribus 47,3; Orosius 7,34,2–3; Zosimus 4,24,4; 25,1.

2. Socrates 5,6,2.
3. Vegetius 1,20,2.
4. Ammianus Marcellinus 31,16,8.
5. Zosimus 4,25,2–3. Modares' Befehl, beim Anschleichen jedes Geräusch zu ver meiden, hat die Suda, das byzantinische Lexikon aus dem 10. Jahrhundert, bewahrt. Sie zitiert für diese Einzelheit Eunapius' Geschichtswerk und belegt somit, dass dieser Historiker die Quelle für Zosimus' Erzählung war.
6. S. 105; 226.
7. Procopius, Vandalenkrieg 1,12,8. Er nennt die Hunnen hier wie öfter «Massa geten»; vgl. S. 29.
8. Vegetius 3,10,16.
9. Ammianus Marcellinus 31,7,7; Historia Augusta, Vita des Claudius Gothicus 8,5 u. ö. J. Straub, Carrago, in: ders., Studien zur Historia Augusta, Berlin 1952, 19–39.
10. S. 189.
11. Amminaus Marcellinus 31,13,2.
12. Zosimus 5,22,3.
13. Zosimus 4,25,4.
14. Gregor von Nazianz, Briefe 136 und 137.
15. Consularia Constantinopolitana, MGH AA 9, 243; Themistius, Rede 14, 182 c; Symmachus, Brief 1,95,2; Orosius 7,34,5–6; vgl. Ausonius, Dankrede an Gra tian 2,7 (MGH AA 5, 2, 21).
16. Hieronymus, Brief 60,16.
17. Jordanes 27,140–141. Etwas wirr ist Zosimus 4,34,2–3.
18. A. Mócsy, Pannonia, RE Supplement 9 (1962), 578; Vitalianus' Versagen: Ammianus Marcellinus 25,10,9; Zosimus 4,34,1.
19. Eunapius, Fragment 50.
20. Zosimus 4,33,1–2.
21. Jordanes 27,140–141, wo nur von Goten die Rede ist. Die Siedlungsgebiete: Nagy, The Last Century of Pannonia 320. Auch aus Pacatus, Panegyrici Latini 12(2),11,4; 32,4 geht hervor, dass das Dreierbündnis Land in Pannonien be kam. Ein Hinweis auf den Friedensvertrag bei Ambrosius, De fide ad Gratia num 2,16,142. (CSEL 78, 106–107). G. Gottlieb hat nachgewiesen, dass Ambro sius die ersten beiden Bücher von De fide ad Gratianum im Sommer und Herbst 380 geschrieben hat: Ambrosius von Mailand und Kaiser Gratian, Hy pomnemata 40, 1973. Pferdezucht: C.

Patsch, Eravisci, RE 6,1 (1907/1970), 390.
22. Ammianus Marcellinus 31,4,1; 12,8–9.
23. Ein Katalog der Ansiedlungen mit gelegentlichen Zahlenangaben, aus denen man auf die grundsätzlich begrenzte Ansiedlungspolitik schließen kann: G. E. M. de Ste. Croix, The Class Struggle in the Ancient Greek World, Lon don 1981, 509–518.
24. Ammianus Marcellinus 31,4,6.
25. Jordanes 27,140–141. Gutmann, Studien zur römischen Aussenpolitik 254–255. Mögliche Spuren der Dreivölkerkoalition in Gräbern: Bierbrauer, Ostger manen 101.
26. Alföldi, Der Untergang der Römerherrschaft in Pannonien 2,87.
27. Zosimus 4,34,6.
28. Ammianus Marcellinus 31,12,8–9.
29. Eunapius, Fragment 43. Zum Bezug auf den Vertrag von 382: MaenchenHel fen, Die Welt der Hunnen 28; 356, 208.
30. Themistius, Rede 16,211 a–d. Themistius wird durch mehrere spätere Zeugnisse ergänzt: Jones, The Later Roman Empire 1099, 46. Trotzdem hat der Vertrag eine breite Diskussion in der Forschung hervorgerufen: Gutmann, Studien zur römischen Außenpolitik 210–215. Umfassend zu den (möglichen) Einzelbestim mungen: Schulz, Die Entwicklung des römischen Völkerrechts 57–78. Ein schränkend: R. M. Errington, Theodosius and the Goths, Chiron 26, 1996, 1–27.
31. Gomolka – Fuchs, Zur Militärbesatzung 518–520; dies., Spätrömische Limes kastelle 212.
32. Ambrosius, Brief 30 (24), 4; 8. Der Mailänder Bischof sollte zwischen Valenti nian und Magnus Maximus vermitteln und berichtete dem Kaiser in dem Brief anschaulich über seine Begegnung mit dem Usurpator.
33. Pacatus, Panegyrici Latini 12 (2),32,4.
34. Zosimus 4,45,3.
35. Pacatus ebd. 32,5. Das Fleisch: S. 36; 38; 40.
36. Ambrosius, Brief 1 a (40) 22 (CSEL 82, 172).
37. Ambrosius ebd.; Zosimus ebd.
38. Eine Andeutung bei Socrates 5,14,1; Sozomenus 7,14,6.
39. Pacatus 34,1–2; 35,4.
40. Johannes Antiochenus, Fragment 187; nach Blockley 2, 88–89, stammt der Satz aus Eunapius. Vgl. Socrates 5,25,9; Sozomenus 7,24,1.

41. Zosimus 4,57,2; 58,2; Johannes ebd.
42. H. Callies, Die fremden Truppen im römischen Heer des Prinzipats und die sogenannten nationalen Numeri. Beiträge zur Geschichte des römischen Heeres, 45. Bericht der Römischgermanischen Kommission 1964, 140–141.
43. Orosius 7,35,19; Theodoretus 5,24,3.
44. Zosimus 4,58,3–4.
45. Das Datum: Consularia Italica MGH AA 9, 298; Socrates 5,25,16. Erklärung des Flussnamens Frigidus: Philostorgius 11,2. Der älteste Bericht über die Bora findet sich 396 beim Dichter Claudius Claudianus: Lobrede zum dritten Konsulat des Honorius 93–101. Wenig später schreibt darüber Rufinus 11,33. Augustinus beruft sich auf Augenzeugen: Über den Gottesstaat 5,25. Ferner: Orosius 7,35,17; Socrates 5,25,14; Sozomenus 7,24,6; Theodoretus 7,24,6. Eine kritische Wertung der Quellen und der modernen Darstellungen: M. Springer, Die Schlacht am Frigidus als quellenkundliches und literatur geschichtliches Problem, in: Bratož, Westillyricum und Nordostitalien 45–94. Springer ist skeptisch gegenüber einer zweitägigen Schlacht, die jedoch schon der Heide Eunapius (= Zosimus 4, 58,3–4) noch vor dem Christ Theo doretus kennt. Unzweifelhaft sind die zwei Abschnitte der Schlacht, in der Theodosius eine fast schon sichere Niederlage in einen Sieg verwandelt.
46. Rufinus ebd.: «··· es sollte nicht den Anschein haben, Theodosius habe durch Barbaren gesiegt».
47. Ausführlich Rufinus ebd. Den Namen des Mose, der auf einem Berggipfel betete, während sein Feldherr Josua die Amalekiter besiegte (Exodus 17,8–14), brauchte Rufinus nicht zu nennen. Seinen Lesern, die das Alte Testament kannten, kam die Parallele von selbst in den Sinn.
48. Zosimus 4,57,4.
49. Rufinus 11,32; Sozomenus 7,22,7–8; Theodoretus 5,24,1–2. Eine Anspielung bei Claudianus, Gegen Eutropius 1,309–316.
50. Zosimus 4,57,2; 59,1.
51. Eine Anspielung bei Claudianus, Gegen Rufinus 1,322–348.
52. Ein Überblick über Stilichos Karriere und Politik: PLRE 1, 853–858. Seine hun nische Leibwache: Zosimus 5,34,1.
53. Claudianus, Gegen Rufinus 2,75–85; Chronica Gallica MGH AA 9, 650,34.
54. H. Bellen, Die germanische Leibwache der römischen Kaiser des julischclau dischen Hauses, Akademie der Wissenschaften und der Literatur. Abhand lungen der Geistes und Sozialwissenschaftlichen Klasse 1981, 11.

55. Cassius Dio 78 (79),6,1. K.W. Welwei, Die ‹Löwen› Caracallas, Bonner Jahrbücher 1992, 192, 231–239.
56. Zosimus 5,34,1. Ammianus Marcellinus 31,2,9.
57. Chronica Gallica, ebd.

第六章　罗马帝国：自助仓库

1. Kallinikus, Leben des Hypatius 3,11, SCh 177, 83–84.
2. Claudianus, Gegen Rufinus 2,23–26; Socrates 6,1,6 (übernommen von Cassiodorus, Historica ecclesiastica tripartita 10,1,5); Sozomenus 8,1,2.
3. Claudianus, ebd. 2,26–28.
4. Zosimus 5,5–6; vgl. Claudianus, ebd. 2,36–85.
5. Priscus 8,140; Ammianus Marcellinus 31,2,7.
6. Claudianus, ebd. 2,28–36; Philostorgius 11,8, S. 138, 3–5. Die Kaspische Pforte: H. Treidler, Portae Caspiae, RE 22, 1 (1970), 322–333.
7. Hieronymus, Brief 67,8.
8. Übersetzung aus dem Syrischen von P. S. Landersdorfer, Bibliothek der Kirchenväter 6, Kempten – München 1913, 12–13; 15.
9. O. von Gebhardt, Die Akten der edessenischen Bekenner Gurjas, Samonas und Abilos, herausgegeben von E. von Dobschütz, Texte und Untersuchungen 37,2 (1911), 150.
10. G. Greatrex – M. Greatrex, The Hunnic Invasion of the East of 395, 69–70.
11. Priscus 8,142.
12. Greatrex – Greatrex, ebd. 67.
13. Von Gebhardt, ebd. 187.
14. Brief 64,8. Zum Einfall der Hunnen 395 vgl. MaenchenHelfen, Die Welt der Hunnen 38–43.
15. Claudianus' Invektive Gegen Eutropius 1,234–286 ist die einzige Quelle für Eutropius' Hunnenfeldzug. Dessen Karriere: PLRE 2, 440–444. Eutropius' Leistung würdigt G. Albert, Stilicho und der Hunnenfeldzug des Eutropius, Chiron 9, 1979, 621–645.

第七章　匈人国王与罗马皇帝

1. Synesius, An Arcadius über das Kaisertum 15 = 16,1081 A. Zu den Jahrgeldern an Barbarenfürsten und zur Kritik daran: K. Rosen, Julian. Kaiser, Gott und Christenhasser, Stuttgart 2006, 160; 163–164; 479,55.

2. Zosimus 5,22,1 und Sozomenus 9,5,1 mit der Namensform Uldin. Jordanes, Römische Geschichte 321 und Marcellius Comes, MGH AA 11, 69 nennen ihn *rex* – König mit der Namensform Huldin. Schramm, Ein Damm bricht 115–116.
3. Zosimus 5,21,6–22,3; Sozomenus 8,4,20; Philostorgius 11,8.
4. Ammianus Marcellinus 31,2,11.
5. Zosimus 5,22,3.
6. Marcellinus Comes, MGH AA 11, 66.
7. G. Albert, Goten in Konstantinopel. Untersuchungen zur oströmischen Ge schichte um das Jahr 400 n.Chr., Paderborn u. a. 1984, 87–182.
8. Rosen, Konstantin 162–163 mit einer Stellensammlung 426, 8–10. Zu bild lichen Darstellungen: B. Bischoff – W. Koehler, Eine illustrierte Ausgabe der spätantiken Ravennater Annalen, in: W. R. W. Koehler (Hg.), Medieval Studies in Memory of A. Kingsley Porter, Cambridge 1939, 130–131 = Un' edizione illus trata degli Annali ravennati del Basso impero, Studi romagnoli 3, 1952, 7; 9.
9. Über 200 000 Mann: Orosius 7,37,4 = Marcellinus Comes, MGH AA 11, 68; Jordanes, Römische Geschichte 321. 400 000 Mann: Zosimus 5,26,3.
10. Zosimus, ebd.
11. Zosimus 5,26,4.
12. Chronica Gallica 52, MGH AA 9, 652.
13. Consularia Italica 405, MGH AA 9, 299; Marcellinus Comes, MGH AA 11, 69.
14. Marcellinus Comes, ebd.
15. Olympiodor, Fragment 9; vgl. Zosimus 5,26,4.
16. Augustinus, Über den Gottesstaat 5,23.
17. Orosius 7,37,12. J. Vogt, Kulturwelt und Barbaren. Zum Menschheitsbild der spätantiken Gesellschaft, Akademie der Wissenschaften und der Literatur, Abhandlungen der Geistes und Sozialwissenschaftlichen Klasse 1967, Nr. 1, 51–55.
18. Orosius 7,37,1.
19. Zosimus 5,37,1; 45,6.
20. Zosimus 5,34,1; S. 75–76.
21. Claudianus, Gotenkrieg 419–423.
22. Jordanes 161, wo vom gotischen Druck die Rede ist. Claudianus, 363–364. Cameron, Claudian 376–377.
23. Hieronymus, Brief 123,15.
24. Mócsy, Pannonia and Upper Moesia 347.

25. Orosius 7,38,3; 40,3; Zosimus 6,3,1.
26. Procopius, Vandalenkrieg 1,3,1, wo der Maeotissee fälschlich als die Heimat der Vandalen genannt wird.
27. Orosius 7,38,1–4.
28. Claudianus, Gotenkrieg 568–573.
29. Gregor von Tours, Zehn Bücher Geschichten 2,9. Gregors Quelle war ein sonst nicht weiter bekannter Renatus Profuturus Frigiretus oder Frigiredus.
30. Fasti Vindobonenses, Chronica minora 1, MGH AA 9, 299.
31. Marcellinus Comes, MGH AA 11, 76.
32. Einen ausführlichen Bericht bietet Sozomenus 9,5,1–7.
33. Gomolka–Fuchs, Spätrömische Limeskastelle 215.
34. Sozomenus 9,4,3.
35. CTh 5,6,3. Ulrich, Barbarische Gesellschaftsstruktur 166–169.
36. Sozomenus 9,5,7.
37. Ammianus Marcellinus 31,2,10.
38. Marcellinus Comes, MGH AA 11,70.
39. Zosimus 5,50,1.
40. Zosimus, ebd.
41. Sozomenus 9,8,6; Zosimus 6,8.
42. Olympiodorus, Fragment 18. Alle Fragmente des Historikers stammen aus der «Bibliothek», die der Patriarch Photius im 9. Jahrhundert zusammen gestellt hat. Seine Exzerpte sind nicht immer wörtlich, und ihre Subjektivität erschwert dem Leser bisweilen ein umfassenderes Verständnis: T. Stickler, Das Geschichtswerk des Olympiodor von Theben, in: Bleckmann – Stickler, Griechische Profanhistoriker 85–102. Zu Fragment 18 vgl. MaenchenHelfen, Die Welt der Hunnen 53–54.
43. Das vermutete MaenchenHelfen, ebd. 54, der von der falschen Annahme aus ging, Olympiodorus habe sich nur mit dem Westreich beschäftigt.
44. Olympiodorus, Fragment 36.
45. Priscus 8,94–103; S. 164–165.
46. Unter Kaiser Constantius II. floh der Ofizier Antoninus, dem mächtige in nenpolitische Gegner zugesetzt hatten, mit seiner Familie zu den Persern und wurde 359 dank seiner Ortskenntnis zu einem wichtigen Berater des Per serkönigs Sapor II. auf seinem Eroberungszug ins römische Mesopotamien: Ammianus Marcellinus 18,5,6–8 u. ö. PLRE 1, 74–75.
47. Socrates 7,1,3.

48. CTh 7,17: De lusoriis Danuvii. Zu den folgenden Termini technici der Kriegsmarine: navis lusoria, navis iudiciaria und navis agrariensis grundlegend Iacobus Gothofredus, Codex Theodosianus 2, Leipzig 1737, Nachdruck Hildesheim – New York 1975, 407–410. E. Sander, Die Quellen des Buches IV 31–46 der Epi tome des Vegetius, Rheinisches Museum für Philologie 99, 1956, 169: Die naves iudiciariae waren die Schiffe, die von Staats wegen gestellt wurden, die naves agrarienses mußten die Anlieger aufbringen. Gegen diese Deutung spricht im Folgenden das Zahlenverhältnis der beiden Schiffstypen.
49. CTh 9,40,24.
50. Strabo 7,4,4,309. Godofredus, ebd. 4,350 zog das Chersonesus in der Moesia inferior an der Westküste des Schwarzen Meeres vor. Doch der kleine Ort die ses Namens lag mehr als 200 Kilometer südlich der Donau, und es ist nicht einzusehen, wie man von dort aus mit den Hunnen konspirieren konnte.
51. Zosimus 1,31–35.
52. Ebd. 1,31,1.
53. K. Rosen, Augustinus. Genie und Heiliger. Eine historische Biographie, Darmstadt 2015, 143–144; 178–179.
54. CTh 7,1,1 vom 28. April 323.
55. CI 8,10,10.
56. Procopius, Bauten 4,22.

第八章　第一次匈人双王共治：奥克塔和卢阿

1. Jordanes 35,180 mit der Namensform Roas. Priscus 1,3; 1.1,1 nennt den König Rua. Jordanes' Octar heißt bei Socrates 7,30,6 Uptar.
2. Jordanes 35,180 nennt den Vater Mundzucus, Priscus 12,2 Mundiuchos. Zu den griechischen und lateinischen Verformungen der drei Namen aus der Attila-Sippe: Schramm, Ein Damm bricht 48–50.
3. Priscus 8,180. Zur Herkunft und Deutung des Namens Oëbarsius: Maen chen-Helfen, Die Welt der Hunnen 283–284; Pritsak, The Hunnic Language 442; Schramm, Ein Damm bricht 105.
4. Socrates 7,30,6; S. 104.
5. Marcellinus Comes, Chronicon, MGH AA 11, 75.
6. Socrates 7,18,1–19,1.
7. Marcellinus Comes, ebd. 75.
8. Theodoretus 5,37,4.

9. Socrates 7,43,1–4.
10. Auf den Vertrag verweist Priscus 1,1, auf die Goldzahlung 1.1,3. Croke, Evidence for the Hun Invasion 347–352.
11. Priscus 1,1 erwähnt den diplomatischen Verkehr. Zum Namen Esla: Pritsak, The Hunnic Language 457. Der erfahrene Diplomat diente später Attila: S. 157.
12. Priscus 1,1; Jordanes 24,126; S. 50. Zu den unterschiedlichen Namensformen: Maenchen-Helfen, Die Welt der Hunnen 272.
13. S. 83.
14. Priscus 1,2–3.
15. S. 100–101.
16. Priscus 1.1,3.
17. Gregor von Tours 2,8, der hier erneut den Historiker Renatus Profuturus Frigeridus benutzt hat; vgl. S. 277, 29. Aëtius hatte unter Johannes die *cura palatii* (Gregor) als sein «Unterfeldherr» (Philostorgius 12,14).
18. Stickler, Aëtius 88.
19. Gregor von Tours 2,8; Jordanes 34,176.
20. Priscus 8,140.
21. Der Vertrag von 425 bietet eine Parallele: S. 102.
22. Philostorgius 12,14. Die Zahl 60 000 wurde angezweifelt, obwohl auch Socrates 7,23,8 von vielen Zehntausenden Barbaren sprach. Andererseits erklärt sie, warum Aëtius zu spät kam. Chronica Gallica 100, MGH AA 9, 658.
23. Socrates 7,23,9.
24. Philostorgius 12,13–14.
25. Philostorgius 12,14; Prosper Tiro, MGH AA 9, 470–471.
26. Heermeister für Gallien 429: Stickler, Aëtius 40, 191.
27. Gregor von Tours, Zehn Bücher Geschichten 2,8.
28. Procopius, Vandalenkrieg 1,3,15. Bonifatius: K. Rosen, Augustinus. Genie und Heiliger. Eine historische Biographie, Darmstadt 2015, 193–203.
29. Gregor von Tours, Zehn Bücher Geschichten 2,8.
30. Philostorgius 12,14.
31. Prosper Tiro 1288, MGH AA 9, 471.
32. Chronica Gallica 100; 102, MGH AA 9, 658. Zu Gaudentius und den Goten findet sich ein vager Hinweis bei Merobaudes, Panegyricus 2, 110–115, MGH AA 14, 15.
33. Cassiodorus, Variae 11,1,9; Jordanes, Römische Geschichte 329. J. Weiler, Zur Frage der Grenzziehung zwischen Ost und Westteil des Römischen Reiches in

der Spätantike, in: Bratož, Westillyricum und Nordostitalien 136–137.
34. Marcellinus Comes MGH AA 11, 76; Jordanes 32,166. Alföldi, Der Untergang der Römerherrschaft 94–97, der die Hilfe der Goten für unhistorisch hält; Maenchen-Helfen, Die Welt der Hunnen 56–59; Mócsy, Pannonia and Upper Moesia 349.
35. Prosper Tiro 1310, MGH AA 9, 473–474; PLRE 2, 23–24. Aus Priscus 7,1 hat man fälschlich immer wieder geschlossen, Aëtius habe Rua zum Dank Pannonien abgetreten. Maenchen-Helfen, Die Welt der Hunnen 64–66 hat nachgewiesen, dass das erst unter Attila der Fall war (S. 130).
36. PLRE 2, 983.
37. Bischoff – Koehler, Eine illustrierte Ausgabe 128 = Un'edizione illustrata 6 (vgl. S. 276, 8).
38. Socrates 7,30,2.
39. Priscus 8,63; 72; 83; S. 163.
40. S. von Schnurbein, Römische Handwerker in der Germania Magna – Diskussionsbeitrag, in: C. von CarnapBornheim, Beiträge zu römischer und barbarischer Bewaffnung in den ersten vier nachchristlichen Jahrhunderten, Veröffentlichung des Vorgeschichtlichen Seminars Marburg, Sonderband 8, Lublin – Marburg 1994, 377–378.
41. Socrates 7,30,6.
42. S. 45–46.
43. Socrates 7,30,6.
44. Socrates 7,30,2-5; übernommen von Cassiodorus, Historia ecclesiastica tripartita 12,4,11–14 (CSEL 71, 665).
45. Chronica Gallica 116, MGH AA 9, 660.
46. Priscus 1.1,1.
47. CTh 1,1,6,2; Novellae Theodosianae 1,7.
48. Priscus 1.1,3.

第九章　第二次匈人双王共治：布列达与阿提拉

1. Priscus 1.1,1; Jordanes 35,180.
2. Jordanes 35,180–181.
3. Priscus 1.1,2 mit der maskulinen Form Margus; auch das Neutrum Margum ist überliefert.
4. Ammianus Marcellinus 27,5,9.

5. Priscus, ebd.; vgl. S. 36–37.
6. Ammianus Marcellinus 17,10,3; 12,9–10.
7. Priscus 1.1,3.
8. Institutionen 1,3,2–4.
9. M. Kaser, Das römische Privatrecht. Erster Abschnitt: Das altrömische, das vorklassische und klassische Recht, München 1971, 419, 9.
10. Priscus 8,176–177.
11. Priscus 14,3.
12. S. 98.
13. Priscus 1.1,3.
14. K. BiróSey, Beziehungen der Hunnen zu Byzanz im Spiegel der Funde von Münzen des 5. Jahrhunderts in Ungarn, in: Popoli delle steppe 413–435; E. Istvánovits, Die Region an der oberen Theiß während der Hunnenzeit, in: Burgenländische Landesausstellung 105: Funde von Goldsolidi.
15. Cassius Dio, Römische Geschichte 71 (72), 11,2.
16. CTh 7,18,1–17.
17. Priscus 1.1,5.
18. Marcellinus Comes 442,2, MGH AA 11, 80.
19. Ammianus Marcellinus 31,2,6; Priscus 1.1,3.
20. Vegetius, Abriß des Militärwesenes 2,5,3.
21. Priscus 1.1,4; Vegetius 2,5,3. Claudianus, Gegen Rufinus 1,328. Die Quaden: Ammianus Marcellinus 17,12,21. Schwur mit Handschlag: Priscus 2,6. Ein wei terer Schwur: ebd. 5,15.
22. Lippold, Theodosius II. 985–986; K. Vössing, Das Königreich der Vandalen 44–45.
23. Priscus 1.1,6.
24. Nach Stickler, Aëtius 111–112 könnten sie überhaupt das Söldnerkontingent ausgemacht haben, das sich in den folgenden Jahren in Gallien befand.
25. Hydatius 108; 110, MGH AA 11, 22; 23, wo die beiden Feldzüge auf 436 und 437 datiert werden.
26. Prosper Tiro 1322, MGH AA 9, 475 datiert die beiden Feldzüge auf 435 und 437. Chronica Gallica 118, MGH AA 9, 660 spricht nur von einem Krieg 436. Gun dichars Angriff auf die Belger: Sidonius Apollinaris, Gedicht 7 (Panegyricus auf Avitus) 234–235.
27. Überblick über die reiche Literatur und den Forschungsstand: H. Rosenfeld, Burgunden, RGA 6 (1981), 231–235; S. 252.

28. Chronica Gallica 128, MGH AA 9, 660; Jordanes 36,191.
29. Zosimus 6,5,3.
30. Rutilius Namatianus, Über seine Rückkehr 1, 213–216.
31. Chronica Gallica 117, MGH AA 9, 660. Zur Diskussion um die Hintergründe: Stickler, Aëtius 195–198.
32. Ebd. 119, 660.
33. PLRE 2, 119.
34. Sidonius Apollinaris, Gedicht 7,245–247.
35. Prosper Tiro 1290, MGH AA 9,471; S. 102–103.
36. Hydatius 92, MGH AA 11, 21.
37. Eine Verherrlichung Narbonnes und seines Umlands bei Sidonius Apollina ris, Gedicht 23, 37–47.
38. PLRE 2,177.
39. Prosper Tiro 1324, MGH AA 9, 475. Die Schäden der Belagerung: Sidonius Apollinaris, Gedicht 23,59–62.
40. Hydatius 110, MGH AA 11, 23; Prosper Tiro ebd. 1335, 476.
41. Die hunnischen *desertores*: Prosper Tiro 1330, MGH AA 9, 476. Eine blumige Schilderung von Avitus' Abwehr: Sidonius Apollinaris, Gedicht 7,148–294. Prosper Tiro 1335, MGH AA 9, 476; Hydatius 116, MGH AA 11, 23. Cassiodorus, Chronica 1232, MGH AA 11, 156.
42. Prosper Tiro, ebd.; Salvianus, Über die Herrschaft Gottes 7,40–42. Nach Salvianus 7,43 ist Litorius im Gefängnis gestorben.
43. Sidonius Apollinaris, Gedicht 7,299–300; 344–345.
44. Merobaudes, Panegyricus 2,148–186, MGH AA 14, 17–18 mit dem Kommentar des Herausgebers F. Vollmer.
45. Ebd. 2,186–194; Prosper Tiro 1338, MGH AA 9, 477; Hydatius 116, MGH AA 11, 23.
46. Sidonius Apollinaris, Gedicht 7,306–309; 344–346.
47. Ebd. 344–346.
48. Novellae Theodosianae 5,3 vom 26. Juni 441.
49. Marcellinus Comes zum Jahr 441, MGH AA 11, 80.
50. Marcellinus Comes, ebd.
51. Priscus 1.1,6.
52. Priscus 1.1,3.
53. Priscus 2,1–7 bietet über das Folgende einen zuverlässigen Bericht.
54. Laterculus Veronensis 5,3; Notitia dignitatum, Oriens 41,39.

55. Priscus 2,4.
56. Selbst Priscus 1b,1 spricht nicht vom Geburtsort Konstantins, sondern nennt den Kaiser den Gründer der Stadt.
57. Notitia dignitatum, Oriens 11,37; 39.
58. Marcellinus Comes, MGH AA 11,80. Arnigisculus: PLRE 2,151; Johannes (13): PLRE 2,597.
59. Priscus 1b,1–8.
60. Blockley, The Fragmentary Classicising Historians 1,54; vgl. Thukydides 2,75–78.
61. Priscus 8,99–100; S. 164–165.
62. Priscus 8,61; 94.
63. Priscus 8,176; S. 178.
64. Zerlumpte Kriegsgefangene: Priscus 8,95; Sekretär: ebd. 8,175; Baumeister: ebd. 8,85–86; Teilnahme an Feldzügen: ebd. 8,99.
65. Priscus 8,13–14. Homer, Ilias 1,1–5: Die Folge von Achills Zorn waren viele Tote, der Fraß für Hunde und Vögel. Die bleichenden Gebeine auf einem Schlachtfeld: Vergil, Aeneis 12,35–36; Tacitus, Annalen 1,62,2; Historia Augusta, Vita des Claudius Gothicus 8,5; Ennodius, Panegyricus auf Theoderich 8,47. Auch das Schlachtfeld von Adrianopel, das voll von bleichenden Gebeinen war (Ammianus Marcellinus 31,7,16), hat man fälschlich für einen Topos gehalten: Richter, Die Darstellung der Hunnen 366–367. Das Zelten der Ge sandtschaft erwähnte Priscus auch 8,66–67.
66. Priscus 7,3.
67. Priscus 8,4.
68. Procopius, Über die Bauten 4,5,13.
69. Marcellinus Comes, MGH AA 11, 80.
70. Procopius, Perserkrieg 1,2,12–15; 16,6.
71. Die PriscusAusgaben ordnen den Artikel der Suda an verschiedenen Stellen ein, Carolla zur späteren Fortsetzung der Anekdote 8,169–170.
72. Der Name Zerkon: Pritsak, The Hunnic Language 457. Die Niederlage Aspars, dem die Generäle Ariobindus und Arnegisclus zur Seite standen, erwähnte auch Theophanes, datierte sie aber ins Jahr 443 (A. M. 5942). Groß sei damals die Beute der Hunnen gewesen.
73. S. 126–127; 178.
74. Prosper Tiro 1346, MGH AA 9, 479; Marcellinus Comes, MGH AA 11, 81.
75. Theophanes A. M. 5942 mit der Analyse von Maenchen-Helfen. Die Welt der

Hunnen 83.
76. Iustiniani Novellae 11,1. Die Zerstörung erwähnt auch Priscus 8,77. Die Waffenfabrik: Notitia dignitatum, Occidens 9,18. Die Flottenstation: ebd. 32,50.
77. Procopius, Über die Bauten 4,5,6; vgl. 4,5,13.
78. Priscus 8,98.
79. Priscus, ebd. 8,78–82.
80. Priscus 8,96–100; S. 165
81. Priscus 4 ohne weitere Einzelheiten; auch die Chronologie ist nicht ganz sicher.
82. Priscus 8,149; vgl. 8,6–7.
83. Prosper Tiro 1353, MGH AA 9, 480: im Jahr 441; Marcellinus Comes, MGH AA 11, 81: im Jahr 445; Chronica Gallica 131, MGH AA 9, 660: im Jahr 446. Jordanes 35,181 betont Attilas Machttrieb.
84. Priscus 8,72.
85. Priscus 5,8.

第十章　独裁者阿提拉

1. Priscus 8,167–177.
2. Priscus 8,171–172.
3. Suda Z 29 zu Priscus 8,169.
4. Excerpta Valesiana 8,38; Bratož, Die Auswanderung der Bevölkerung aus den pannonischen Provinzen 605–606.
5. Priscus 7,1. MaenchenHelfen, Die Welt der Hunnen 65–66 hat den Barbaren überzeugend mit Attila identifziert und damit die übliche Annahme widerlegt, Pannonien sei Rom schon unter Rua verloren gegangen.
6. Priscus 7,8; 8,8; 11; 23; 32; 76; 8.1.7. Edekon ist ein hunnischer, kein germanischer Name, wie man häufig angenommen hat: Pritsak, The Hunnic Lan guage 456–457. Aus Edekons Ehe mit einer Skirin stammte der Sohn Odoa cer: PLRE 2, 791; Thompson, The Huns 171.
7. Excerpta Valesiana 8,37. Zur Parallelüberlieferung: PLRE 2,792.
8. S. 123.
9. Priscus 8,36; 76–77; 181.
10. Excerpta Valesiana 8,38: *notarius*; Priscus, 8,76; 77: *hypographeús*. Schreiben Attilas an Theodosius: Priscus 3,1; 7,2; an den Gotenkönig Theoderid: Jorda nes 36,186; ferner: Priscus 5,13.

11. Priscus 6,1–3.
12. Procopius, Gotenkrieg 4,19,8. Sandils Gesandtschaft: S. 245.
13. Chronica Gallica 127–128, MGH AA 9, 660.
14. Prosper Tiro 1347, MGH AA 9, 479. Vössing, Das Königreich der Vandalen 50–51. Gesetze Valentinians belegen, dass der römische Hoheitsanspruch nicht aufgegeben wurde: O. Seeck, Geiserich, RE 7,1 (1910/1971), 939.
15. Excerpta Valesiana 8,38.
16. Priscus 7,1; 8,135. Dreivölkerkoalition: S. 68–69. Fünfzig Jahre: Marcellinus Comes 427, MGH AA 11, 76. Fast fünfzig Jahre: Jordanes 32,166.
17. Demandt, Magister militum, 730.
18. A. Otto, Die Sprichwörter und sprichwörtlichen Redensarten der Römer, Leipzig 1890, Nachdruck Hildesheim – New York 1971, 118.
19. Priscus 8,145.
20. Zosimus 5,29,5–9; Olympiodor, Fragment 5. Innerhalb des griechischen Tex tes zitiert Zosimus den empörten Ruf der Senatoren im lateinischen Origi nal: *non est ista pax, sed pactio servitutis.*
21. S. 107–108.
22. Priscus 8,45.
23. S. 127.
24. Jordanes 36,185. Zur völkerrechtlichen *amicitia* in der Spätantike: Schulz, Die Entwicklung des römischen Völkerrechts 158–170. Theodosius ging nicht so weit, weshalb Priscus Attila nie *philos* des Kaisers nannte.
25. Ravennatis anonymi cosmographia 4,20, in: J. Schnetz (Hg.), Itineraria Romana 2, Leipzig 1940, Nachdruck Stuttgart 1990, 57.
26. E. Tóth, Provincia Valeria Media, AAASH 41, 1989, 197–226.
27. Novellae Valentinianae 6,3.
28. Novellae Valentinianae 15.
29. Priscus 7,5. PLRE 2,295–297. In den Excerpta de legationibus des Konstanti nos Porphyrogennetos, denen wir die Mehrzahl der PriscusFragmente ver danken, folgt auf die Gesandtschaft von Senator und Theodulus das Exzerpt über Chrysaphius' Mordkomplott. Ungeachtet des chronologischen Zwischen raums von sechs Jahren verweist die Abfolge der zwei Exzerpte auf einen Zusammenhang zwischen der Gesandtschaft und der nachfolgenden Zah lungsverweigerung in Priscus' Darstellung.
30. S. 144–145.
31. Priscus 3,1.

32. S. 109–110; 123.
33. Priscus 8,5; S. 125.
34. S. 121.
35. L. Schnorr von Carolsfeld, Transfuga, RE 6 A 2 (1937/1958), 2153–2154.
36. Die kleinen pseudoquintilianischen Deklamationen 274; vgl. Markus 15,22; Lukas 23,27; Johannes 19,20.
37. Priscus 8,17–18.
38. Priscus 3,2.
39. S. 122.
40. Jordanes, Römische Geschichte 331.
41. Marcellinus Comes, MGH AA 11, 82.
42. Marcellinus Comes, ebd.; Jordanes, Römische Geschichte 331.
43. H. Dessau, Inscriptiones Latinae Selectae 1, Nachdruck Berlin 1962, 183, Nr. 823.
44. Jordanes, ebd.; Theophanes A. M. 5942 = Priscus 61.
45. Priscus 5,1; Theophanes, ebd.
46. Kallinikus, Leben des Hypatius 50,2; Theodoretus, Brief 41; Nestorius, Das Buch des Herakleides 497–501 (französische Übersetzung aus dem Syrischen: F. Nau, Nestorius. Le livre d'Héraclide de Damas, Paris 1910, 317–319); Euagrius, Kirchengeschichte 1,17.
47. Kallinikus, ebd. 52,1–9.
48. Priscus 5,1–3. Die langwierigen Verhandlungen: ebd. 5,13.
49. PLRE 2,84–86.
50. Priscus 5,5.
51. Priscus 5,6–7.
52. Priscus 5,8. Der hunnische Name Skottas: Pritsak, The Hunnic Language 460.
53. Priscus 5,9–16 mit der Namensform Asēmus. Der heutige Name des Flusses ist Osum. Für die Festung überliefert ist auch Anasamus: W. Tomaschek, RE 1,2 (1894/1958), 2064.
54. Notitia dignitatum, Oriens 40,19.
55. Priscus 5,16.
56. Theodoretus, Brief 41 der Collectio Sirmondiana (SCh 98, 106–107).
57. Priscus 14,4.
58. Priscus 6,2–3.
59. Priscus 7,11.
60. S. 123.

61. Priscus 6,4–5.
62. Priscus 7,2. Zur Interpretation der Stelle: Maenchen-Helfen, Byzantinische Zeitschrift 61, 1968, 270–276, gegen Wirth, ebd. 60, 1967, 41–69.
63. Novae: Notitia dignitatum, Oriens 40,23; 30; 31. Identifiziert wurde Novae mit dem bulgarischen Svishtov: Talbert, Map-by-Map Directory 1,338.
64. Herodot 8,74,2; 9,4,2. Zum Hellenismus: W. Schmitthenner, Über eine Form veränderung der Monarchie seit Alexander d. Gr., Saeculum 19, 1968, 31–46.
65. Caesar, Gallischer Krieg 4,3,1–2; 6,23,1; vgl. Tacitus, Germania 40,1.
66. Der rüstige Mann: Priscus: 7,3.
67. Priscus 14,2.
68. Priscus 7,3; S. 119.
69. Strabo 11,2,3,493; 2,12,496.
70. Priscus 7,4.
71. Priscus ebd.
72. Zu diesen und zahlreichen ähnlichen Epitheta: E. Schwartz – J. Straub (Hgg.), Acta conciliorum oecumenicorum 4,3,2 Index generalis tomorum I–III. Pars secunda: Index prosopograhicus, congessit R. Schieffer, Berlin 1982, 468–471.
73. P. Maas, Metrische Akklamationen der Byzantiner, in: ders., Kleine Schriften, München 1973, 400. Die zitierte Akklamation ist für Theodosius' Nachfolger Marcianus überliefert. Sie unterschied sich nicht groß von der für seinen Vor gänger.
74. Priscus 7,6–8,1. Der Gewährsmann für seinen ausführlichen Bericht dürfte der Dolmetscher Vigilas gewesen sein.
75. Die Geschenke: Priscus 8,9.
76. Prosper Tiro 1348, MGH AA 9, 479. Das Los eines künftigen Verräters ließ Vi gilas an Edekons Zuverlässigkeit glauben: Priscus 8,51.
77. S. 105; 130–140.
78. Priscus 7,12–14; 8,1–4.
79. Cassiodorus, Variae 1,4,1; Johannes Lydus, Über die Ämter des römischen Vol kes 3,43; Priscus 8,138; 144; Jordanes 34,178.
80. Priscus 8,51–52; 8.1,1–6; 14,3.
81. Priscus 12,1–4.

第十一章　拜访阿提拉

1. S. 131–132.

2. S. 161–162.
3. Variae 1,4,11–12.
4. Priscus 8,6–8; S. 152.
5. Priscus 8,60; S. 193.
6. Zum Datum 449, nicht 448: Thompson, The Huns 273–274.
7. Suda und Euagrius 1,17 werden in der Ausgabe von Carolla XLVIII zitiert. Zu Priscus' Biographie und Werk: Baldwin, Priscus of Panium; H.G. Nesselrath, RGA 23 (2003), 466–468. Zur umstrittenen Frage, ob Priscus Christ oder – viel wahrscheinlicher – Heide war: Baldwin, ebd. 45–46.
8. S. 107–111.
9. Ein Index locorum bei Carolla 126–131. Zu Priscus' Klassizismus: H. Hunger, Die hochsprachliche profane Literatur der Byzantiner. Bd. 1: Philosophie – Rhetorik – Epistolographie – Geschichtsschreibung – Geographie, München 1978, 283–284; D. Brodka, Pragmatismus und Klassizismus im historischen Diskurs des Priskos von Panion, in: A. Goltz – H. Leppin – H. SchlangeSchö ningen, Jenseits der Grenzen. Beiträge zur spätantiken und frühmittelalterlichen Geschichtsschreibung, Berlin – New York 2009, 11–23.
10. Herodot 1,8,1.
11. Priscus 7,14; 8,5.
12. Priscus 1.1,1; S. 105; 107.
13. Priscus 8,16; 20; 22; 26,2. Priscus' Eingreifen in einem kritischen Augenblick in Attilas Lager: 8,36–39; S. 155–156.
14. Zur byzantinischen Epistolographie umfassend Hunger, ebd. 197–239.
15. Auf das Frühjahr 449 deuten die Jagd, bzw. Kriegsvorbereitungen Attilas: S. 135.
16. Priscus 8,6–12.
17. Priscus 8,32.
18. S. 120.
19. S. 146.
20. Priscus 8,15–18.
21. Priscus 8,19–21.
22. Priscus 8,23–32.
23. Priscus 8,33.
24. Priscus 8,34–35.
25. Priscus 8,56; 99. Zu den hunnischen Namen Ellac, Onegesius und Skottas: Pritsak, The Hunnic Language 445–446; 459–460. Die hunnischen Akatiren:

Priscus 30,5.
26. Priscus 8,36–41.
27. Priscus 8,42–45.
28. Priscus 8,45–47.
29. Priscus 8,48–53.
30. Priscus 8,54–55.
31. Priscus 8,45; 62; vgl. 1,1. Onegesius: 8,84.
32. Priscus 8,63; S. 226.
33. Priscus 8,66–71.
34. Priscus 8,66–72. Herodot 5,18,2.
35. Priscus 8,72–73.
36. Priscus 8,75–76.
37. Priscus 8,78–82; 135; S. 123.
38. F. Vámos, Attilas Hauptlager und Holzpaläste, Seminarium Kondakovianum 5, 1932, 131–148.
39. Priscus 8,83–86. Jordanes 34,178–179 ergänzt Priscus' Schilderung der Attila Residenz.
40. Die ausführlichste und eindrucksvollste Beschreibung eines *adventus* bietet Ammianus Marcellinus 16,10,4–12: Der Einzug Constantius' II. in Rom im Jahr 357. Zum *adventus*: S. Mac Cormack, Art and Ceremony in Late Antiquity, Berkeley – Los Angeles 1981.
41. Priscus 8,87–89.
42. Priscus 8,90–93.
43. Priscus 8,94–99. Wieweit sich Priscus in der Erinnerung an den Wortlaut des folgenden Dialogs gehalten hat, ist umstritten: Baldwin, Priscus of Panium 40–41. Die literarischen Reminiszenzen und Topoi in seiner Antwort sind kein Beweis, dass er den Dialog erst am Schreibtisch verfasst hat. Einem gewieften Rhetor standen sie aus dem Stegreif zur Verfügung.
44. Priscus 8,100.
45. Priscus 8,101. Belege für den Topos: H. Berve, Die Tyrannis bei den Griechen 2, München 1967, 766: Entwaffnung der Bürger.
46. Priscus 8,101. Synesius forderte Arcadius auf, sich an die Spitze seiner Truppen zu stellen: Rede über das Kaisertum 12–15. Rosen, Völkerwanderung 101–102.
47. Priscus 8,102–103.
48. Salvianus, Über die Herrschaft Gottes 5,21–35 (MGH AA 1, 59–62); vgl. Oro

sius, Sieben Bücher Geschichte gegen die Heiden 7,41,7.
49. Salvianus, ebd. 4,68.
50. Priscus 8,104–108.
51. *De defensoribus civitatis* lautet der *titulus* 1,29 im Codex Theodosianus, der mehrere Einzelgesetze enthält. Die Gesetze zu den *sportulae* verteilen sich über verschie dene *tituli*: O. Gradenwitz, Heidelberger Index zum Theodosianus 1970², 237.
52. Priscus 8,108.
53. Codex Theodosianus 11,30: De appellationibus et poenis earum et consultati onibus.
54. Hesiod, Werke und Tage 279.
55. Priscus 8,110. Pindar, Fragment 169 Snell.
56. Priscus 8,111–113. Tötungsverbot: Historia Augusta, Das Leben Hadrians 18,7. Freilassungsbeschränkungen: M. Kaser, Das römische Privatrecht 1, Mün chen 19712, 296–297; 681,42; 2, München 1975², 137; 309,9. Testierbeschränkun gen: ebd. 1,682; 2,485–486.
57. Priscus 8,114; Cicero, Über den Staat 1,69.
58. S. 121.
59. Priscus 8,115–116.
60. Priscus 8,118–126.
61. Priscus 8,127.
62. Priscus 8,128. Ellacs Tod: Jordanes 50,267; S. 232. Das Mahl bei Adamis: Pris cus 8,178. Die hunnischen Namen Adamis und Kreka: Pritsak, The Hunnic Language 453–455; 457–459.
63. Priscus 8,133; 151.
64. Priscus 8,129–132.
65. Priscus 8,133–134.
66. Priscus 8,135–136.
67. Priscus 8,137–144. Basich und Kursich: S. 78–91.
68. Priscus 8,144–146 mit Jordanes 35,183; S. 21. Die beiden Texte ergänzen einan der und belegen, dass Priscus' byzantinischer Exzerptor den Text des Histori kers nicht immer wörtlich übernommen hat.
69. Priscus 8,147–150.
70. Priscus 8,152–156.
71. Priscus 8,157–163.
72. S. 185.

73. Priscus 8,164–168; Jordanes 39,203.
74. Priscus 8,169–172; S. 127.
75. Priscus 8,173–174.
76. Priscus 8,175–179.
77. Priscus 8,180–186. Die Verlobung: 8,183; 12.1. Die Heirat: 18,1.
78. Priscus 8,192–193.
79. Priscus 8,187–196.
80. Priscus 8.1,1–6.
81. Priscus 12,1–4.
82. Priscus 12.1,1.
83. Priscus 12.1,2–13,1. Dagegen O. Seeck, Chrysaphios, RE 3,2 (1899/1970), 2486: Der Grund ist unbekannt. PLRE 2,296: Zenon lehnte die von Chrysaphius betriebene Gesandtschaft zu Attila ab.
84. Priscus 12,3–4.
85. Priscus 14,1–4. Der sonst unbekannte Fluss Drenkon (14,1) ist möglicherweise eine Verschreibung des 8,64 genannten Drekon, der heutigen Bega, die Jordanes 34,178 Dricca nennt. Zum Gebiet von fünf Tagesreisen: S. 142–144.

第十二章　阿提拉帝国

1. Jordanes 35,182.
2. S. 205.
3. Jordanes 35,180–182.
4. Priscus 8,23.
5. Priscus 7,1; 8,8.
6. Priscus 8,9–10.
7. Priscus 7,8.
8. Jordanes 38,199.
9. Tausend, Die *logades* der Hunnen.
10. Priscus 8,191–192.
11. Priscus 8,188.
12. Priscus 8,63.
13. Priscus 8,72; S. 160.
14. Bebilderter Abriss über das Karpatenbecken: S. Frisnyak, Das Karpatenbecken, in: A. Wieczorek (Hgg.), Europas Mitte um 1000. Beiträge zur Geschichte, Kunst und Archäologie 1, Stuttgart 2000, 81–84. Die Zonen des

Karpatenbeckens und ihre Vegetation: Parducz, Reiternomaden 757–758. Zur Tisia, zur Schreibweise Tigas bei Priscus 8,64 und zu weiteren Namensformen: M. Fluss, Tisia, RE 6 A 2 (1937/1958), 1469–1470.
15. S. 154.
16. Die Stammessage: S. 19–20; Großjagd: S. 135; Handel: S. 144.
17. Priscus 39,4.
18. Jordanes 35,181.
19. S. 20.
20. S. 64.
21. Priscus 8,65; Schramm, Ein Damm bricht 100–102.
22. Mócsy, Pannonia 28; 298–299.
23. Ilias 7,467–475.
24. Asterius, Predigt 14, PG 40, 381 A–B.
25. Jordanes 34,179.
26. Priscus 8,56–62.
27. S. 90–91.
28. S. 165.
29. Priscus 8,60.
30. S. 149–150.
31. Jordanes 53,272.
32. Jordanes 35,182.
33. S. 208.
34. Priscus 8,138. Dagegen Th. Mommsen, Aetius, Hermes 36, 1901, 525, 3 = ders., Gesammelte Schriften 4 = Historische Schriften 1, Berlin 1906/19652, 539, 5:

    «Es kann nur Britannien gemeint sein.»
35. Priscus 8,138; 143; 12,2; 15,2; Procopius, Vandalenkrieg 1,4,29.
36. Priscus 8,134; S. 173.
37. Jordanes, Römische Geschichte 331, MGH AA 5, 42.
38. Chroncia Gallica 133, MGH AA 9, 662.
39. Priscus 16,1–3.
40. Jordanes, Römische Geschichte 328; Johannes Antiochenus, Fragment 199,2 FHG 4,613; Marcellinus Comes 434, MGH AA 11, 79.
41. Priscus 16,3; Jordanes, Getica 42,224; Johannes Antiochenus ebd. Widersprüchlich ist MaenchenHelfen, Die Welt der Hunnen 98; 337: Die Geschichte «trägt ganz den Stempel byzantinischen Hofklatsches». An der späterer Stelle nimmt

er sie jedoch für bare Münze. Zur Historizität: Wirth, Attila 93–94.
42. Priscus 16,4.
43. Johannes Antiochenus, Fragment 199,2, FHG 4,614.
44. A. Kiss, »Die barbarischen« Könige des 4.–7. Jahrhunderts im Karpaten becken, als Verbündete des Römischen bzw. Byzantinischen Reiches, in: F. Vallet – M. Kazanski (Hgg.), La noblesse romaine et les chefs barbares du IIIe au VIIe siècle, Association Française d' Archéologie Mérovingienne et Musée des Antiquités Nationales 1995, 182. Der byzantinische Staatsschatz 457: Johannes Lydus, Über die Ämter des römischen Volkes 3,43.
45. Priscus 8,6–8; S. 149–150.
46. Priscus 7,4; 8,147–150; 18,2.
47. E. K. Chrysos, The Title ΒΑΣΙΛΕΥΣ in Early Byzantine International Rela tions, Dumbarton Oaks Papers 32, 1978, 58–59.
48. Priscus 12,2–4; S. 182.
49. Cassiodorus, Variae 1,4,11; Priscus 8,137–146; Jordanes 35,183 (mit dem genann ten Zitat); 36,184; S. 174.
50. Pritsak, Der Titel Attila 419; ders., The Hunnic Language 444.
51. Pritsak, ebd. 404,5.
52. Bei «Väterchen» bleiben u. a.: Scardigli, Die Goten 74; 76; Doerfer, Zur Spra che der Hunnen 29–32; Schramm, Ein Damm bricht 118–119.
53. Zu Ermanarich und germanischen Parallelen: G. Schramm, Namenschatz und Dichtersprache. Studien zu den zweigliedrigen Personennamen der Ger manen, Göttingen 1957, 102–103.

第十三章　与西方的战争

1. PLRE 2, 714–715: Marcianus (8); ebd. 929: Aelia Pulcheria.
2. Priscus 15,1–2.
3. Priscus 8,137; 150.
4. Priscus 18,2; vgl. 3,3; 8,126.
5. Priscus 15,3.
6. Priscus 18,1; 3.
7. Priscus 19.
8. Prosper Tiro 1364; MGH AA 9, 481; Jordanes 36,185.
9. Jordanes 36,186 mit der Namensform Theoderid statt Theoderich.
10. Priscus 15,3; Jordanes 36,184–185. Vössing, Das Königreich der Vandalen

53–55; 163,24.
11. Jordanes 36,187; Sidonius Apollinaris, Gedicht 7,332–356; vgl. S. 114.
12. Prosper Tiro, Continuatio 21, MGH AA 9, 490. Euagrius, Kirchengeschichte 2,1 verschweigt Valentinians Zögern.
13. Marcianus' Schreiben: PL 54,900.
14. Papst Leo, Brief 39: ACO 2, 4, 41.
15. Jordanes 38,198–199.
16. Sidonius Apollinaris, Gedicht 7,321–325.
17. A. Loyen, Recherches historiques sur les panégyriques de Sidoine Apollinaire, Paris 1942, Nachdruck Rom 1967, 52.
18. Jordanes 35,182; vgl. S. 186.
19. Bachrach, The Hun Army 67.
20. Hydatius 150, MGH AA 11, 26; Chronica Gallica 139, MGH AA 9, 662; Gregor von Tours, Zehn Bücher Geschichten 2,5, wo der Name Servatius in einigen Handschriften zu Arravatius verschrieben ist.
21. Gregor von Tours, ebd. 2,6.
22. S. 195–196.
23. Sidonius Apollinaris, Gedicht 7,325–326. Die burgundischen Zimmerleute: S. 104.
24. Sidonius Apollinaris, ebd. 327–328. Den Rheinübergang hat man in der Forschung an den verschiedensten Orten zwischen Oberrhein und Neuwieder Becken lokalisiert: H. Castritius, Katalaunische Felder, RGA 16 (2000), 329.
25. MaenchenHelfen, Die Welt der Hunnen 98.
26. Gregor von Tours, ebd. 2,6.
27. Prosper Tiro 1364, MGH AA 9, 481; Gregor von Tours, ebd. 2,7.
28. Vita Lupi episcopi, Trecensis 5, MGH Scriptores rerum Merovingicarum 7 (1920), 297–298. E. Ewig, Bemerkungen zur Vita des Bischofs Lupus von Troyes, in: H. Hauck – H. Mordek (Hgg.), Geschichtsschreibung und geistiges Leben im Mittelalter. Festschrift für H. Löwe zum 65. Geburtstag, Köln – Wien 1978, 14–26.
29. Sidonius Apollinaris, Brief 8,15,1, MGH AA 8, 147.
30. Gregor von Tours, ebd. 2,7.
31. Jordanes 37,194.
32. Vita Aniani episcopi Aurelianensis 9, MGH Scriptores rerum Merovingica rum 3 (1896), 114–115. Zur Überlieferung und zum Kult des Anianus und sei ner politischen Bedeutung in der französischen Geschichte: J.C. Poulin, Ani anus,

LdMA 1 (1980/1999), 644.
33. Jordanes 37,194–195.
34. Vita Genovefae virginis Parisiensis 12–13, MGH Scriptores rerum Merovingicarum 3 (1896), 219–220. M. Heinzelmann – J. C. Poulin, Les Vies anciennes de sainte Geneviève des Paris. Études critiques, Paris 1986.
35. Schmidt, Die Ostgermanen 475, 2.
36. Sidonius Apollinaris, Gedicht 7,329–330.
37. Novellae Valentinianae 33 vom 31. Januar 451.
38. Sidonius Apollinaris, ebd. 330–356.
39. Jordanes 36,191.
40. Ammianus Marcellinus 17,8,3–4.
41. Consularia Italica, MGH AA 9, 302. Ausführlich zu den Franken: Stickler, Aëtius 170–180. Der Adoptivsohn: S. 195.
42. Hoffmann, Das spätrömische Bewegungsheer 1, 140; 2, 48.
43. S. 112.
44. Hoffmann, ebd.
45. Stickler, ebd. 141 und Anm. 755.
46. Jordanes 36,191.
47. Jordanes 37,195–196.
48. S. 127. Attilas Glück. S. 198.
49. Attilas Fluchtgedanken: Jordanes 37,195
50. Jordanes 36,192. Maurica: Consularia Italica 567, MGH AA 9, 302. Lieblingshobby: MaenchenHelfen, Die Welt der Hunnen 98.
51. Jordanes 38,197; 201.
52. Jordanes 41,217.
53. Jordanes 39,202–206.
54. Jordanes 38,197–198.
55. Jordanes 40,210.
56. Jordanes 40,209.
57. Jordanes 40,211–212.
58. Jordanes 40,212–213.
59. Jordanes 41,217; Hydatius 150, MGH AA 11, 26.
60. Jordanes 41,214–215.
61. Prosper Tiro 1364, MGH AA 9, 482.
62. Jordanes 41,216. Der Königshort: D. Claude, LdMA 5 (1991/1999), 1329–1330.

63. Theoderids Königssippe: Wolfram, Die Goten 206–207.
64. Consularia Italica, MGH AA 9, 302; Gregor von Tours, Zehn Bücher Geschich ten 2,7; Jordanes 41,215–216.
65. Jordanes 41,216.
66. S. 112.
67. Jordanes 41,218.
68. Prosper Tiro, Additamenta 567, MGH AA 9, 302; ders. 1369, ebd. 481–482; ders. Continuatio 19, ebd. 490; Chronica Gallica 139, ebd. 662; Cassidorus, Chro nica 1253, ebd. 11,157.
69. Paulus Diaconus, Römische Geschichte 14,6, MGH AA 2, 202.
70. S. 54.
71. Jordanes 40,201.
72. Jordanes 43,225–228.
73. Marcianus' zwei auf Griechisch verfasste Briefe: ACO II 1,1,28–29, Nr. 14; 30–31, Nr. 16. Ort und Datum des zweiten Briefes sind nur in dessen lateinischer Fas sung erhalten: J. D. Mansi, Sacrorum conciliorum nova et amplissima collectio 6, Nachdruck Graz 1960, 562. In der ersten Hälfte des 6. Jahrhunderts zitierte der Kirchenschriftsteller Theodorus Anagnostes den Brief in seiner Kirchenge schichte 360 (Die griechischen christlichen Schriftsteller des ersten Jahrhun derts, Berlin (Ost) 1971, 101); MaenchenHelfen, Die Welt der Hunnen 98.
74. Jordanes 42,223–224.
75. S. 128–131.
76. S. 209.
77. MaenchenHelfen, Die Welt der Hunnen 99.
78. Prosper Tiro 1367, MGH AA 9, 482; Chronica Gallica 141, ebd. 662.
79. Cassiodorus, Chronica 1255, MGH AA 11, 157.
80. Bei Prosper Tiro ebd. findet sich der Vorwurf. MaenchenHelfen, Die Welt der Hunnen 101–102.
81. Jordanes 42,219. Der Flussname lautet bei ihm Natissa.
82. Ammianus Marcellinus 21,12,4–20.
83. Priscus 66 a = Jordanes 42,220–221; Priscus 66 b = Procopius, Vandalenkrieg 1,4,30–35; Paulus Diaconus, Römische Geschichte 14,9. MaenchenHelfen, Die Welt der Hunnen 99–100 widerlegt die Anekdote. Er verbessert die dreijährige Belagerung bei Paulus Diaconus, der den Hunger der Hunnen betont, zu drei Monaten: ebd. 377, Anm. 628.

84. Paulus Diaconus, ebd. 14,10.
85. Marcellinus Comes 452,3, MGH AA 11, 84; Gregor von Tours, Zehn Bücher Ge schichten 2,7.
86. Papst Leo, Brief 159, PL 54, 1136–1139. Courcelle, Histoire littéraire 165–166. Zum Verzehr von Opferfleisch: Paulus, 1 Kor 8.
87. S. 101.
88. Prosper Tiro 1367, MGH AA 9, 482.
89. Jordanes 42,222.
90. Paulus Diaconus, Römische Geschichte 14,10; ders., Geschichte der Lango barden 2,14: «die wenigen Inseln, die wir jetzt Venedig nennen». Es ist die erste Erwähnung der Stadt. Die übliche römische Form für Pergamum ist Bergomum.
91. Paulus Diaconus, Römische Geschichte ebd. Eine Karte zum Weg der Hun nen: M. Calzolari, L'itinerario di Attila nella pianura padana: Aspetti topogra fici, in: Blason Scarel, Attila *Flagellum Dei*? 121.
92. Jordanes, ebd.
93. Die Predigt wird nach dem Text bei F. Dell'Oro zitiert: Il discorso »In repara tione Ecclesiae Mediolanensis« per la solenne dedicazione della »Ecclesia Maior« nell'anno 453, in: Il Duomo, cuore e simbolo di Milano. IV centenario della dedicazione (1577–1977), Mailand 1977. Appendice 294–301.
94. Jordanes, ebd.
95. Die beiden Ausgräber: A. BüsingKolbe – H. Büsing, Stadt und Land in Ober italien, Mainz 2002, 93.
96. Tacitus, Historien 2,90,1.
97. In einem komprimierten Satz bietet Hydatius'Chronik 154 die Angaben: MGH AA 11, 26–27.
98. Marcellinus Comes zum Jahr 454, MGH AA 11, 86.
99. S. 217.
100. Jordanes 42,222, wo Priscus zitiert wird; Paulus Diaconus, Römische Ge schichte 14,11.
101. Die Gesandtennamen: Prosper Tiro 1367, MGH AA 11, 482. Ambuleius: Jorda nes 42,223.
102. Prosper Tiro, ebd. Als der Chronist diese Worte niederschrieb, wusste er, dass Gott den Papst nicht enttäuscht hatte.
103. St. Karwiese, Aguntum – das Ende einer Stadt im Spiegel der Münzfunde. Eine numismatischarchäologischhistorische Untersuchung, Beiträge zur

römerzeitlichen Bodenforschung in Österreich 2, 1974, 77–82.
104. Jordanes 43,225 nach Priscus 19.

第十四章　尾声

1. Jordanes 49,254.
2. Jordanes, ebd. mit Verweis auf Priscus.
3. Jordanes, ebd.
4. Jordanes 48,253.
5. ACO 2,4,81,Nr. 72.
6. Jordanes 49,255.
7. Jordanes, 49,254.
8. Jordanes 49,255–257. Zur Totenfeier: MaenchenHelfen, Die Welt der Hunnen 200–203 mit zahlreichen ethnographischen Parallelen.
9. Scardigli, Die Goten 90.
10. Malalas 14,10.
11. Marcellinus Comes 454, MGH AA 11, 86; Malalas ebd., der allerdings auch den Blutsturz erwähnt und nur von dem Verdacht spricht, eine hunnische Nebenfrau habe den Schlafenden ermordet, was das Chronicon paschale (CSHB 1832, Bd. 1, 558) übernimmt.
12. Jordanes 49,258. *Strava* ist ein gotisches Wort, das die Hunnen von ihren Nachbarn entlehnt haben: Schramm, Ein Damm bricht 98; 102–105.
13. Jordanes, ebd.
14. P. Tomka, Der hunnische Fürstenfund von Pannonhalma, AAASH 38, 1986, 423–488; ders., Über die Bestattungssitten der Hunnen, in: Attila, Historisches Museum der Pfalz 253–257. Den dreifachen Sarg hält Tomka für einen Über setzungsfehler; vielmehr seien die Sargwände aus drei verschiedenen Metal len zusammengesetzt gewesen (254). Doch Jordanes spricht von Särgen (*coper-cula*).
15. Bóna, Das Hunnenreich 140–146; Schmauder, Die Hunnen 103–107.
16. Jordanes 49,258.
17. Jordanes 30,158.
18. S. 126–127; 176.
19. Jordanes 50,259.
20. Jordanes 50,266 (wo die beiden Erstgenannten jedoch nur Blutsverwandte, nicht Brüder Ernacs genannt werden); 52,272. Zu den Namen: Pritsak, The

Hunnic Language 445–448.
21. Jordanes 50,259.
22. Prosper Tiro 1370, MGH AA 9, 482–483.
23. Eugippius, Commemoratorium vitae sancti Severini 1,1.
24. Jordanes 50,260; 262.
25. W. Pohl, Die Gepiden und die gentes an der mittleren Donau nach dem Zerfall des Attilareiches, in: Wolfram – Daim, Die Völker an der mittleren und unteren Donau 259–260: Der Nedao liegt nördlich der Donau in der Theißgegend; Pannonien sei für Jordanes nicht mehr mit der römischen Provinz identisch. Doch eben dieses römische Pannonien definierte der Historiker ausdrücklich 50,264.
26. Die Goten auf hunnischer Seite: Pohl, ebd. 258–259. Die Alanen: Alemany, Sources of the Alans 137.
27. Jordanes 50,262–263.
28. Jordanes 50,261.
29. Jordanes 5,33; 12,74.
30. Jordanes 50,263–264.
31. Jordanes 50,264. Jahrgelder: ebd. 52,270.
32. Jordanes 50,265. Cemandri und Castramartena werden nur hier erwähnt.
33. Jordanes 50,266; MaenchenHelfen, Die Welt der Hunnen 113.
34. Jordanes 50,265.
35. Eugippius, Commemoratorium 1,4: Die Barbaren (= die Rugier) «waren mit den Römern ein *foedus* eingegangen».
36. Jordanes 50,263.
37. Jordanes 52,268–269. Ob das altenglische Gedicht *Widsith* auf diesen Kampf anspielt, ist trotz der ausführlichen Begründung von MaenchenHelfen fraglich: Die Welt der Hunnen 114–117.
38. Jordanes 53,272–273. Die SadagariiSadages: MaenchenHelfen, Die Welt der Hunnen 301. Bas(s)iana: Mócsy, Pannonia and Upper Moesia 166; 168. Dintzics Angriff ist nicht eindeutig zu datieren.
39. Priscus 36,1–2.
40. Priscus 28. Schäfer, Balamber und Balamer: Die Hunnen des Balamer waren ein kleiner Stamm im Kaukasus.
41. Priscus 30,5. Pohl, Die Awaren 24; 29.
42. Priscus 36,3.
43. Priscus 38,2–3.

44. Marcellinus Comes und Chronicon paschale: MGH AA 11, 90. Das Xylokirkon: Dagron, Naissance d'une capitale 305.
45. Priscus 39,3–7. Tacitus, Germania 33,1–2; Rosen, Die Völkerwanderung 40–41.
46. Zu den Hintergründen: Stickler, Aëtius 70–83.
47. Priscus 29,1.
48. Hydatius 234, MGH AA 11, 34; PLRE 2, 708–710.
49. Marcellinus Comes 468, MGH AA 11, 90.
50. Sidonius Apollinaris, Gedicht 2: Lobgedicht auf Anthemius 235–242; 269–298. Eingeschoben ist das Hunnenporträt: S. 44–45. Zum Namen Hormidac oder Hormizdac: MaenchenHelfen, Die Welt der Hunnen 265.
51. Euagrius, Kirchengeschichte 3,2; Theophanes, A. M. 5966.
52. Johannes Antiochenus, Fragment 211,4–5, der zunächst die Bulgaren, dann im nächsten Satz die Hunnen nennt, die beide identisch sind: Maenchen Helfen, Die Welt der Hunnen 293.
53. Procopius, Perserkrieg 1,13,20; 14,40–42. Procopius nennt die Hunnen mit dem alten literarischen Ethnikon «Massageten».
54. Procopius, Vandalenkrieg 1,11,11–12.
55. Procopius, Gotenkrieg 1,5,4; 1,10,29–34.
56. Priscus 30,5.
57. Malalas 16,17. Eine kurze Notiz bei Marcellinus Comes 515, 5, MGH AA 11, 99.
58. Priscus 30,5.
59. Malalas 17,10.
60. Procopius, Perserkrieg 1,12,6–9.
61. Zu den Namensformen: Moravcsik, Byzantinoturcica 2, 107–108.
62. Malalas 18,13.
63. Malalas 18,14; Theophanes A. M. 1620 mit den Namensformen Gordas und Muageres statt Grod und Mugel.
64. Procopius, Über die Bauten 3,7,10–12. Zur Archäologie: M. Schmauder, Die Goten und das Schwarze Meer, in: Die Krim 209.
65. Zacharias Rhetor 12,7; Thompson, Christian Missionaries among the Huns 77–79; Engelhardt, Mission und Politik in Byzanz 162–167.
66. Zacharias Rhetor 9,7; PLRE 3, 1206–1207; vgl. S. 239–240.
67. Malalas 18,70.
68. Procopius, Perserkrieg 1,22,3; Malalas 18,76.

69. Procopius, Perserkrieg 2,1,13–15.
70. Agathias 5,24,2.
71. Die Belege: Moravcsik, Byzantinoturcica 2, 171–172; 238–239.
72. Justinians Bündnis mit den Langobarden: Procopius, Gotenkrieg, 2,22,12.
73. Procopius, Gotenkrieg 4,18,14–18.
74. Procopius, ebd. 4,18,19.
75. Procopius, ebd. 4,18,18–21.
76. Procopius, ebd. 4,19,1–2; 6–7. Eine Nebenform zu Sandil ist Sandilichus.
77. Procopius, ebd. 4,19,3–5.
78. Kritik an Justinians ‹Geldverschwendung› an die Barbaren: Procopius, Geheimgeschichte 8,31; 11,3–11; 19,5–10; Agathias 5,14,1. Synesius' Kritik: S. 82. Die angeschwollene Armee Justinians: Procopius, Gotenkrieg 4,30,17.
79. Menander Protector, Fragment 2. Das Jahr 557 für die Verhandlungen ist umstritten: PLRE 3, 2, 1410.
80. Agathias 5,14,5.
81. Agathias 5,11,6–7; 12,4–7.
82. Agathias 5,13,2–4.
83. Agathias 5,15,7–20,8; 21,2–23,4.
84. Agathias 5,23,8.
85. Agathias 5,25,4–5.
86. Agathias 5,11,3–4.

第十五章　回忆没有尽头

1. Umfassend: Pohl, Die Awaren.
2. Malalas 18,125; Theophanes A. M. 6050.
3. Menander Protector, Fragment 12,6.
4. Gregor von Tours 4,29. Zum umstrittenen Datum 562: Pohl, Die Awaren 45–46.
5. M. Heinzelmann, Gregor von Tours (538–594), «Zehn Bücher Geschichte». Historiographie und Gesellschaftskonzept im 6. Jahrhundert, Darmstadt 1994, 35.
6. Gregor von Tours, 4,29.
7. Paulus Diaconus, Geschichte der Langobarden 1,27; 2,10, MGH, Scriptores rerum Germanicarum in usum scholarum, Hannover 1878, 80; 92.
8. MGH, Epistolae Karolini aevi 2, Berlin 1974², Nr. 20, S. 528.

9. R. Rau (Hg.), Quellen zur karolingischen Reichsgeschichte 1, Darmstadt 1955, 66: Reichsannalen 796. Angilberts Gedicht Über den Awarensieger Pippin; in: Einhard, Vita Karoli Magni, MGH, Scriptores rerum Germanicarum in usum scholarum 25, Nachdruck 1947, Appendix 42–43.
10. Rau, ebd. 42 (782); 54–56 (788); 58–60 (791); 64 (795); 66 (796); 70 (798): Avari/ Avares. 80 (805); 98 (811): Hunni. Zu den verschiedenen Verfassern der Reichs annalen: R. McKitterick, Karl der Grosse, Darmstadt 2008, 42–53.
11. Rau, ebd. 226: Anonymi Vita Hludowici imperatoris 6.
12. Corippus, In laudem Iustini, Praefatio 4, MGH AA 3, 115. Theodulfus, Ad Carolum regem, Carmen 25, 39, MGH, Poetae Latini aevi Carolini 1.
13. Einhard, Vita Karoli Magni, 13; vgl. 11.
14. M. Manitius, Geschichte der lateinischen Literatur des Mittelalters 1, Mün chen 1911, Nachdruck 1974, 543; 545.
15. 15 Anianus: J.C. Poulin, LdMA 1 (1980/1999), 644; Lupus: M. Heinzelmann, ebd. 6 (1993/1999), 15.
16. Gregor von Tours, Zehn Bücher Geschichten 2,5.
17. MGH, Scriptores rerum Merovingicarum 3, Hannover 1896, Nachdruck 1977, 85.
18. W. Wattenbach, Über eine bisher unbenutzte Handschrift Oesterreichischer Annalen, Neues Archiv der Gesellschaft für ältere deutsche Geschichtskunde 7, 1882, 139; W. Levison, Das Werden der UrsulaLegende, Bonner Jahrbücher 132, 1927,1–164.
19. Einhard, Vita Karoli Magni 29.
20. Das Totenlied: S. 228–229.
21. Waltharius 40; 555; 1404. Zur umstrittenen Verfasserfrage: R. Schieffer, Silius Italicus in St. Gallen. Ein Hinweis zur Lokalisierung des «Waltharius», Mit tellateinisches Jahrbuch 10, 1975, 7–19; D. Schaller, Von St. Gallen nach Mainz? Zum Verfasserproblem des Waltharius, ebd. 24/25, 1989/1990, 423–437.
22. Notker Balbulus, Die Taten Karls des Großen 1,17; 27; 34 (der Gewährsmann); 2,1; 12; 13: R. Rau (Hg.), Quellen zur karolingischen Reichsgeschichte 3, Darm stadt 1982, Register 439.
23. H. de Boor, Das Attilabild in Geschichte, Legende und heroischer Dichtung, Bern 1932, Nachdruck Darmstadt 1963; J. William, Etzel der rîche, Bern u. a. 1981; U. Schulze – H. Uecker, Etzel/Atli, LdMA 4 (1989/1999), 61–62.
24. Zusammenfassung einer riesigen Forschung: U. Schulze, Nibelungenlied (und

Klage). LdMA 6 (1993/1999), 1120–1125; C. Brinkervon der Heyde, Nibelungenlied, RGA 21 (2002), 131–135.
25. Paulus Diaconus, Römische Geschichte 14,5, MGH AA 2, 202.
26. H. Kunstmann, Baiern, Ungarn und die Nibelungen 18–32; Schramm, Ein Damm bricht 76–83.
27. G. Holz (Hg.), Die Gedichte vom Rosengarten zu Worms, Halle 1893, Nachdruck 1982.
28. Die Ungarn als Hunnen: Moravcsik, Byzantinoturcica 2, 235; J. Darkó, Die auf die Ungarn bezüglichen Volksnamen bei den Byzantinern, Byzantinische Zeitschrift 21, 1912, 479–480.
29. B. Mombritius, Sanctuarium sive Vitae Sanctorum 1, Paris 1910, Nachdruck Hildesheim – New York 1978, 601.
30. G. C. Zimolo (Hg.), Boncompagni, Liber de obsidione Ancone [A. 1173] = L. A. Muratori, Rerum Italicarum Scriptores 6,3,9,6–7.
31. Agnellus, Liber pontificalis ecclesiae Ravennatis 37, MGH, Scriptores rerum Langobardicarum, Hannover 1878, Nachdruck 1964, 299–301.
32. MGH, Poetae Latini medii aevi 1, Berlin 1881, Nachdruck München 1878, 142–144. Umstritten ist, ob der Verfasser der Patriarch Paulinus von Aquileia ist.
33. J. Schnetz (Hg.), Itineraria Romana 2, Leipzig 1940, Nachdruck Stuttgart 1990, 67; 138.
34. Attila *flagellum Dei*. Poemetto in ottava rima, Pisa 1864.
35. Legenda aurea Nr. 83; Mombritius, ebd. 2, 102. Zur Legenda aurea und ihrer Verbreitung: LdMA 5 (1991/1999), 1801.
36. Th. Mommsen, Jordanes, MGH AA 5, LXX. Mommsen hatte gerade seine JordanesAusgabe fertiggestellt, als am 12. Juli 1880 in seinem Arbeitszimmer ein Feuer ausbrach und auf sein Haus in BerlinCharlottenburg übergriff. Es vernichtete eine Handschrift des Jordanes, die ihm die Stadtbibliothek Bres lau zur Verfügung gestellt hatte: MGH ebd., LXXI–LXXII; L. Wickert, Theo dor Mommsen. Eine Biographie 4: Größen und Grenzen, Frankfurt am Main 1980, 42–45.
37. Moravcsik, Byzantinoturcica 1, 360; 493.
38. May, Attila *Redivivus* 98–131. Corneilles Quellen: J. DelaporteArnal, Attila de Pierre Corneille, in: Marin, Attila 157.
39. Zitiert nach der Ausgabe von G. Truc, Classiques Garnier, Paris 1954, 106–112.
40. S. 182.

41. D. J. Womersley (Hg.), Edward Gibbon, The History of the Decline and Fall of the Roman Empire 1–3, London 1994.
42. Womersley 2, 310, Anm. 38.
43. S. 245.
44. Womersley 2, 320.
45. Womersley 2, 310.
46. Womersley 2, 351.
47. G. Filippone, Le relazioni tra lo Stato pontificio e la Francia revoluzionaria. Storia diplomatica del Trattato di Tolentino, Parte seconda, Mailand 1967, 629–632.
48. J. und W. Grimm, Deutsches Wörterbuch, Bd. 4, 1, 2 (1897), Nachdruck Bd. 5, 1984, 2614.
49. M. M. Grewenig (Hg.), Napoleon. Feldherr, Kaiser, Mensch, Historisches Museum der Pfalz Speyer, Speyer 1998, 110.
50. H. Zbinden (Hg.), Benjamin Constant, Über die Gewalt. Vom Geist der Erobe rung und von der Anmaßung der Macht, Bern 1942, XVI.
51. F. M. Kircheisen (Hg.), Gespräche Napoleons I. 3, Stuttgart 1913^2, 187.
52. Henri de Bornier, in: May, Attila *Redivivus* 103.
53. P. Ganz (Hg.), Jacob Burckhardt, Über das Studium der Geschichte. Der Text der ‹Weltgeschichtlichen Betrachtungen›, München 1982, Begriffs und Sach register 569: «Größe», wo Attila allerdings fehlt.
54. Ein Verzeichnis mit zahlreichen Titeln: E. Heinzel, Lexikon historischer Er eignisse und Personen in Kunst, Literatur und Musik 1, Wien 1956, 33–34.
55. J. W. Porter, Verdi's *Attila*, an Ethnomusicological Analysis, in: Bäuml – Birn baum 45–54; J.J. Bertaux, Le mythe d'Attila, Verdi et le Risorgimento, in: Marin, Attila 165–168.
56. Heinzel, ebd. 34.
57. Anonymi (P. Magistri) Gesta Hungarorum 1, in: E. Szentpétery (Hg.), Scripto res rerum Hungaricarum tempore ducum regumque stirpis Arpadianae ge starum 1, Budapest 1937, 35.
58. Kunstmann, Baiern, Ungarn und die Nibelungen 28. J. Laudage, Friedrich Barbarossa. Eine Biographie, Regensburg 2009, 321–322.
59. Simon de Keza, Gesta Hungarorum 4, in: Szentpétery, ebd. 1, 144–145.
60. L Szörényi Attila's Image in the Fetry ld Historiograpl η of the Central Europe 1Baroquein: Bäuml- BirnbaumAttila 99-105
61. Victor de Laprade zitiert nach: R. Girardet, Le nationalisme français.

Anthologie 1871–1914, Paris 1983, 54–56. Weitere Einzelheiten: Ch. Amalvi, Le mythe d'Attila et les Huns dans la societé française, in: Marin, Attila 169–183.
62. H. Münkler, Die Deutschen und ihre Mythen, Reinbek 2010, 69–107.

缩 写

AAASH	Acta Antiqua Academiae Scientiarum Hungaricae, Budapest 1, 1951 ff.
ACO	E. Schwartz u.a, Acta Conciliorum Oecumenicorum, Berlin – Leipzig 1914 ff.
CCL	Corpus Christianorum, Series Latina, Turnhout 1954 ff.
CI	P. Krueger, Corpus iuris civilis volumen secundum: Codex Iustinia nus, Berlin 1877, Nachdruck Dublin – Zürich 1970.
CSEL	Corpus scriptorum ecclesiasticorum Latinorum («Wiener Kirchen vätercorpus»), Wien 1866 ff.
CSHB	Corpus Scriptorum Historiae Byzantinae («Bonner Corpus»), Bonn 1828–1897.
CTh	Th. Mommsen – P. M. Meyer, Theodosiani libri XVI cum constitutio nibus Sirmondianis, Berlin 1905, Nachdruck Dublin – Zürich 1970.
FGrHist	F. Jacoby, Die Fragmente der griechischen Historiker, Berlin 1923 ff., Leiden 1957 ff.
FHG	C. Müller, Fragmenta Historicorum Graecorum IV, Paris 1851, Nachdruck Frankfurt am Main 1975.
GCS	Die griechischen christlichen Schriftsteller der ersten drei Jahrhun derte, Leipzig 1897 ff.; Die griechischen christlichen Schriftsteller der ersten Jahunderte, Neue Folge, Berlin 1956 ff.
GGM	C. Müller, Geographi Graeci Minores 1–2, Paris 1855–1861.
ILCV	E. Diehl, Inscriptiones Latinae Christianae veteres 1–3, Berlin 1925–1931, Nachdruck Dublin – Zürich 1961.
LdMA	Lexikon des Mittelalters 1–9, Stuttgart – Weimar 1980–1998, Registerband 1999; Studienausgabe 1999.

LThK	Lexikon für Theologie und Kirche 1–12, 3. Auflage, Freiburg – Basel – Wien 1993–2001; Sonderausgabe 2006.
MGH AA	Monumenta Germaniae historica, Auctores Antiquissimi 1–15, Berlin 1877–1919, Nachdruck 1961.
PG	J.P. Migne, Patrologiae cursus completus, Series Graeca 1–166, Paris 1857–1868.
PL	J.P. Migne, Patrologiae cursus completus, Series Latina 1–221, Paris 1844–1865.
PLRE 1	A. H. M. Jones – J. R. Martindale – J. Morris, The Prosopography of the Later Roman Empire I: A. D. 260–395, Cambridge 1971.
PLRE 2	J. R. Martindale, The Prosopography of the Later Roman Empire II: A. D. 395–527, Cambridge u. a. 1980.
PLRE 3	J. R. Martindale, The Prosopography of the Later Roman Empire III A–B: A. D. 527–641, Cambridge 1992.
RAC	F. J. Dölger u. a., Reallexikon für Antike und Christentum, Stuttgart 1950 ff.
RE	A. Pauly – G. Wissowa u. a., Realencyclopädie der classischen Altertumswissenschaft, Stuttgart 1893–1978; Register 1–2, 1997–2000; Nachdruck 1958 ff.
RGA	H. Beck u. a. (Hgg.), Reallexikon der Germanischen Altertumskunde, 2. Auflage 1–35, Register 1–2, Berlin – New York 1973–2008.
SCh	H. de Lubac, s. j. – J. Daniélou, s. j. u. a. (Hgg.), Sources chrétiennes, Paris 1941 ff.

资料来源

Agathias	R. Keydell (Hg.), Agathiae Myrinaei Historiarum libri quinque, Corpus Fontium Historiae Byzantinae, Series Berolinensis 2, Berlin 1967.
Ambrosius	Sancti Ambrosii Opera, CCL 14 ff., 1957 ff.
Ammianus Marcellinus	W. Seyfarth (Hg.), Ammianus Marcellinus 1–2, Leipzig 1978.
Ausonius	C. Schenkel (Hg.), D. Magni Ausonii Opuscula, MGH AA 5,2, Berlin 1883, Nachdruck 1961.
Cassiodorus	Th. Mommsen (Hg.), Cassiodori Senatoris Variae, MGH AA 12, Berlin 1894, Nachdruck 1961.
CI	P. Krueger, Corpus iuris civilis volumen secundum: Codex Iustinianus, Berlin 1877, Nachdruck Dublin – Zürich 1970.
Claudianus	Th. Birt (Hg.), Claudii Claudiani Carmina, MGH AA 10, Berlin 1892, Nachdruck 1961.
Consularia	Constanti nopolitana – Chroni con Paschale Th. Mommsen (Hg.), Consularia Constantinopoli tana, accedunt Consularia Chronici paschalis, Chronica minora 1, MGH AA 9, Berlin 1892, Nach druck 1961, 197–247.
CTh	Th. Mommsen – P. M. Meyer, Theodosiani libri XVI cum constitutionibus Sirmondianis, Berlin 1905, Nachdruck Dublin – Zürich 1970.
Epitome de Caesaribus	M. Festy (Hg.), PseudoAurélius Victor, Abrégé des Césars. Texte établi, traduit et commenté, Paris 2002[2].
Eunapius	Eunapius Sardianus, FHG 4, 7–56.

Eutropius	J. Hellegouarc'h (Hg.), Eutrope, Abrégé d'histoire romaine. Texte établi et traduit, Paris 2002².
Euagrius	J. Bidez – L. Parmentier (Hgg.), The Ecclesiastical History of Euagrius with the Scholia. Introduction, Critical Notes, and Indices, London 1898, Nachdruck Amsterdam 1964.
Excerpta Valesiana	J. Moreau – V. Velkov (Hgg.), Excerpta Valesiana, Leipzig 1968.
Gregor von Tours	R. Buchner (Hg.), Gregor von Tours, Zehn Bücher Geschichten 1–2, Darmstadt 2000⁸.
Hieronymus	J. Labourt (Hg.), Saint Jérôme, Lettres, Texte établi et traduit, Tome 1–8, Paris 1949–1963. S. Hieronymi ‹Presbyteri› Opera, CCL 72 ff, 1959 ff.
	Hydatius Th. Mommsen (Hg.), Hydatii Lemici continuatio chronicorum Hieronymianorum ad a. CCCCLXVIII, Chronica minora 2, MGH AA 11, Berlin 1894, Nach druck 1961, 1–36.
Isaak von Antiochien	C. Moss (Hg.), Isaac of Antioch. Homily on the Royal City: Translation, Zeitschrift für Semitistik und verwandte Gebiete 8, 1930, 61–73.
Johannes Antiochenus	Ioannis Antiocheni Fragmenta, FHG 4, 535–622.
	Jordanes Th. Mommsen (Hg.), Iordanis Romana et Getica, MGH AA 5,1, Berlin 1882, Nachdruck 1961 (die Getica werden ohne Titel zitiert).
Kallinikus	G. J. M. Bartelink (Hg.), Callinicos, Vie d'Hypatios. Introduction, Texte critique, Traduction et Notes, SCh 177, Paris 1971.
Malalas	I. Thurn (Hg.), Ioannis Malalae Chronographia, Corpus Fontium Historiae Byzantinae, Series Berolinensis 35, Berlin 2000.
Marcellinus Comes	Th. Mommsen (Hg.), Marcellini V. C. Comitis Chronicon, Chronica minora 2, MGH AA 11, Berlin 1894, Nachdruck 1961, 37–108.
Menander Protector	R. C. Blockley (Hg.), The History of Menander the Guardsman, Introductory Essay, Text, Translation and Historiographical Notes, ARCA. Classical and

	Medieval Texts, Papers and Monographs 17, 1985.
Nestorius	G. R. Driver – L. Hodgson (Hgg.), Nestorius. The Bazaar of Heracleides. Newly translated from the Syriac and edited with an Introduction, Notes an Appendices, Oxford 1925.
Olympiodorus	Olympiodori Thebaei Fragmenta, FHG 4, 57–68. Orosius C. Zangemeister (Hg.), Pauli Orosii Historiarum adversus paganos libri VII, CSEL 5, Wien 1882, Nachdruck New York – London 1966.
Panegyrici Latini	R. A. B. Mynors (Hg.), XII Panegyrici Latini, Oxford 1964, Nachdruck 1973.
Paulus Diaconus	H. Droysen (Hg.), Pauli Historiae Romanae libri XI–XVI, MGH AA 2, Berlin 1879, Nachdruck 1961, 183–244. Pauli Historia Langobardorum in usum scholarum ex Monumentis Germaniae Historicis recusa, Hannover Philostorgius J. Bidez – F. Winkelmann, Philostorgius, Kirchen geschichte. Mit dem Leben des Lucian von Antiochien und den Fragmenten eines arianischen Historio graphen, GCS 21, Berlin 1981^3.
Priscus	P. Carolla (Hg.), Priscus Panita, Excerpta et Frag menta, Berlin – New York 2008.
Procopius	J. Haury (Hg.), Procopius Caesariensis, Opera omnia 1–4, Leipzig 1905–1913; G. Wirth (Hg.), Nachdruck München – Leipzig 2001.
Prosper Tiro	Th. Mommsen (Hg.), Prosperi Tironis Epitoma chronicon, Chronica minora 1, MGH AA 9, Berlin 1892, Nachdruck 1961, 341–485.
Ptolemaeus	C. F. A. Nobbe (Hg.), Claudii Ptolemaei Geographia 1–3, Leipzig 1843–1845, Nachdruck Hildesheim 1966. Rufinus E. Schwartz–Th. Mommsen–F. Winkelmann (Hgg.), Eusebius, Werke 2, 2: Rufinus, Historiae ecclesiasticae X–XI, GCS, Neue Folge 6, 2, Berlin 1999^2, 957–1040.
Salvianus	C. Halm (Hg.), Salviani de gubernatione Dei libri VIII, MGH AA 1, Berlin 1877, Nachdruck 1961,

	1–108. Sidonius Apollinaris Ch. Luetjohann (Hg.), Gai Sollii Apollinaris Sidonii Epistulae et Carmina, MGH AA 8, Berlin 1887, Nachdruck 1961.
Socrates	G. Ch. Hansen (Hg.), Sokrates, Kirchengeschichte, GCS, Neue Folge 1, Berlin 1995.
Sozomenus	J. Bidez – G.Ch. Hansen (Hgg.), Sozomenus, Kirchen geschichte, GCS 50, Berlin 1960.
Strabo	St. Radt (Hg.), Strabons Geographica mit Übersetzung und Kommentar 1–10, Göttingen 2002–2011.
Synesius	A. Garzya (Hg.), Opere di Sinesio di Cirene. Epistole, Operette, Inni, Turin 1989.
Theodoretus	L. Parmentier – G.Ch. Hansen (Hgg.), Theodoret, Kirchengeschichte, GCS Neue Folge 5, Berlin 1998[3].
Theophanes	Carolus de Boor (Hg.), Theophanis Chronographia, 1–2, Leipzig 1883–1885, Nachdruck Hildesheim 1963.
Vegetius	A. Önnerfors, Vegetius, Epitoma rei militaris, Stuttgart – Leipzig 1995.
Zacharias Rhetor	K. Ahrens – G. Krüger (Hgg.), Die sogenannte Kirchengeschichte des Zacharias Rhetor in deutscher Übersetzung, Leipzig 1899.
Zonaras	L. Dindorf (Hg.), Ioannis Zonarae Epitome Historia rum 3, Leipzig 1870.
Zosimus	F. Paschoud (Hg.), Zosime, Histoire nouvelle, Texte établi et traduit, Tome 1, Paris 2002[2]; tome 2–3, Paris 1979–1989.

参考文献

A. Alemany, Sources on the Alans. A. Critical Compilation, Leiden – Boston – Köln 2000.

A. Alföldi, Der Untergang der Römerherrschaft in Pannonien 1, Berlin 1924; 2, Berlin 1926.

F. Altheim, Geschichte der Hunnen 1–3, Berlin 1969–1975^2; 4–5, Berlin 1962.

F. Altheim – R. Stiehl, Das erste Auftreten der Hunnen. Das Alter der JesajaRolle. Neue Urkunden aus DuraEuropos, BadenBaden 1953.

B. Anke, Studien zur reiternomadischen Kultur des 4. bis 5. Jahrhunderts 1–2, Beiträge zur Ur und Frühgeschichte Mitteleuropas 8, Weissbach 1998.

D. W. Anthony, The Horse, the Wheel and Language. How BronzeAge Riders from the Eurasian Steppes Shaped the Modern World, Princeton – Oxford 2007.

B. S. Bachrach, The Hun Army at the Battle of Chalons (451): An Essay in Military Demography, in: K. Brunner – B. Merta (Hgg.), Ethnogenese und Überlieferung. Angewandte Methoden der Frühmittelalterforschung, Wien – München 1994, 59–67.

F. H. Bäuml – M. D. Birnbaum (Hgg.), Attila. The Man and His Image, Budapest 1993.

B. Baldwin, Priscus of Panium, Byzantion 50, 1980, 18–61.

Ch. I. Beckwith, Empires of the Silk Road. A History of Central Eurasia from the Bronze Age to the Present, Princeton – Oxford 2009.

V. Bierbrauer, Ethnos und Mobilität im 5. Jahrhundert aus archäologischer Sicht: Vom Kaukasus bis Niederösterreich, Bayerische Akademie der Wissenschaften, Philosophischhistorische Klasse. Abhandlungen, Neue Folge 131, 2008.

– Zur archäologischen Nachweisbarkeit der ‹Alatheus-Safrax-Gruppe› in Pannonien, in: Konrad – Witschel, Römische Legionslager 113–142.

– Ostgermanen im mittleren und unteren Donauraum. Die hunnische Herrschaft, in: Historisches Museum der Pfalz Speyer, Attila und die Hunnen 96–105.

S. Blason Scarel (Hg.), Attila *Flagellum Dei*? Convegno internazionale di studi sto rici sulla figura di Attila e sulla discesa degli Unni in Italia nel 452 d. C., Studia Historica 129, Rom 1994.

B. Bleckmann, Attila, Aetius und das ‹Ende Roms›. Der Kollaps des Weströmi schen Reiches, in: M. Meier (Hg.), Sie schufen Europa. Historische Portraits von Konstantin bis Karl dem Großen, München 2007, 93–110; 346.

B. Bleckmann – T. Stickler (Hgg.), Griechische Profanhistoriker des fünften nach christlichen Jahrhunderts, Historia Einzelschriften 228, 2014.

R. C. Blockley, The Fragmentary Classicising Historians of the Later Roman Empire I: Eunapius, Olympiodorus, Priscus and Malchus, ARCA. Classical and Medieval Texts, Papers and Monographs 6, 1981.

– II: Text, Translation and Historiographical Notes, ebd. 10, 1983.

I. Bóna, Das Hunnenreich, Stuttgart 1991.

R. Bratož (Hg.), Westillyricum und Nordostitalien in der spätrömischen Zeit, Ljubljana 1996.

– Die Auswanderung der Bevölkerung aus den pannonischen Provinzen während des 5. und 6. Jahrhunderts, in: Konrad – Witschel, Römische Legionslager 589–614.

D. Brodka, Attila, Tyche und die Schlacht auf den Katalaunischen Feldern. Eine Untersuchung zum Geschichtsdenken des Priskos von Panion, Hermes 136, 2008, 227–245.

Burgenländische Landesausstellung 1996: Reitervölker aus dem Osten. Hunnen + Awaren. Begleitbuch und Katalog, Eisenstadt 1996.

J. B. Bury, History of the Later Roman Empire from the Death of Theodosius I to the Death of Justinian 1–2, London 1889, Nachdruck New York 1958.

Al. Cameron, Claudian. Poetry and Propaganda at the Court of Honorius, Oxford 1970.

Av. Cameron, Agathias, Oxford 1970.

A. Chauvot, Opinions romaines face aux barbares au IVe siècle ap. J.C., Paris 1998. D. Christian, A History of Russia and Central Asia and Mongolia I: Inner Eurasia from Prehistory to the Mongol Empire, Malden, MA – Oxford 1998.

P. Courcelle, Histoire littéraire des grandes invasions germaniques, Paris 1964[3].

B. Croke, Evidence for the Hun Invasion of Thrace in A. D. 442, Greek, Roman and Byzantine Studies 18, 1977, 347–367.

G. Dagron, Naissance d'une capitale. Constantinople et ses institutions de 330 à 451, Paris 1974.

Y. A. Dauge, Le barbare. Recherches sur la conception romaine de la barbarie et de la civilisation, Collection Latomus 176, 1981.

A. Demandt, Magister militum, RE Supplementband 12 (1970), 553–790.

– Die Spätantike. Römische Geschichte von Diocletian bis Justianian 284–565 n. Chr., München 2007².

E. Demougeot, La formation de l' Europe et les invasions barbares. De l' avènement de Dioclétien (284) à l' occupation germanique de l' Empire romain d' Occident (début du VIe siècle) 1–2, Paris 1979.

G. Doerfer, Zur Sprache der Hunnen, Central Asiatic Journal 17, 1973, 1–50.

I. Engelhardt, Mission und Politik in Byzanz. Ein Beitrag zur Strukturanalyse byzantinischer Mission zur Zeit Justins und Justinians, Miscellanea Byzantina Monacensia 19, München 1974.

Th. Fischer – G. Precht – J. Tejral (Hgg.), Germanen beiderseits des spätantiken Limes, Köln – Brünn 1999.

H. Freisinger – F. Daim (Hgg.), Typen der Ethnogenese unter besonderer Berücksichtigung der Bayern, Teil 2, Österreichische Akademie der Wissenschaften, Philosophischhistorische Klasse, Denkschriften, 204. Band, Wien 1990.

J. Fündling, Horden gegen das Abendland? Attila (ca. 400–453), in: S. Förster – M. Pöhlmann – D Walter, Kriegsherren der Weltgeschichte. 22 historische Portraits, München 2006, 93–109.

V. F. Gajdukevič, Das Bosporanische Reich, Berlin u. a. 1971.

Germanisches Nationalmuseum Nürnberg, Germanen, Hunnen und Awaren. Schätze der Völkerwanderungszeit. Die Archäologie des 5. und 6. Jahrhunderts an der mittleren Donau und der östlichmerowingische Reihengräberkreis, Nürnberg 1988.

J. Gießauf, Barbaren – Monster – Gottesgeisseln. Steppennomaden im europäischen Spiegel der Spätantike und des Mittelalters, Graz 2006. H. Göckenjan, Nomaden, LdMA 6, 1217–1222.

G. GomolkaFuchs, Zur Militärbesatzung im spätrömischen Limeskastell Iatrus vom 4. bis zum zweiten Viertel des 5. Jahrhunderts, Eurasia Antiqua 5, 1999, 509–521.

– Spätrömische Limeskastelle an der mittleren und unteren Donau im Licht des ostgermanischen und reiternomadischen Fundstoffs, in: Attila und die Hunnen, Historisches Museum der Pfalz 209–217.

C. D. Gordon, The Age of Attila, FifthCentury Byzantium and the Barbarians, University of Michigan Press 1960.

G. Greatrex – M. Greatrex, The Hunnic Invasion of the East of 395 and the Fortress of Ziatha, Byzantion 69, 1999, 65–75.

B. Gutmann, Studien zur römischen Aussenpolitik in der Spätantike (364–395 n. Chr.), Diss. Bonn 1991.

Handbuch der Orientalistik. Erste Abteilung, fünfter Band, fünfter Abschnitt: Geschichte Mittelasiens. Mit Beiträgen von Karl Jettmar, Hans Wilhelm Haussig, Bertold Spuler, L. Petech, Leiden–Köln 1966.

J. Harmatta, The Dissolution of the Hun Empire, AAASH 2, 1952, 277–304.

P. Heather, The Huns and the End of the Roman Empire in Western Europe, English Historical Review 110, 1995, 4–41.

– Der Untergang des römischen Weltreiches, Stuttgart 2008².

– Invasion der Barbaren. Die Entstehung Europas im ersten Jahrtausend nach Christus, Stuttgart 2009.

W. B. Henning, Rezension zu Altheim – Stiehl, Das erste Auftreten der Hunnen, Gnomon 26, 1954, 476–480.

Historisches Museum der Pfalz Speyer, Attila und die Hunnen, Stuttgart 2007.

– Hunnen zwischen Asien und Europa. Aktuelle Forschungen zur Archäologie und Kultur der Hunnen, Beiträge zur Ur und Frühgeschichte Mitteleuropas 50, Langenweissbach 2008.

– Amazonen. Geheimnisvolle Kriegerinnen, Speyer – München 2010.

D. Hoffmann, Das spätrömische Bewegungsheer und die Notitia dignitatum, Epigraphische Studien 7, 1–2, Düsseldorf 1969–1970.

A. H. M. Jones, The Later Roman Empire 284–602. A Social, Economic, and Administrative Survey 1–3, Oxford 1964 (zitiert wird die zweibändige Ausgabe, Norman, Oklahoma 1964).

M. Kazanski, Les Goths et les Huns. A propos des relations entre les Barbares sédentaires et les nomades, Archéologie Médiévale 22, 1992, 191–229.

– L'archéologie de «l'empire» hunnique. À propos d'un livre récent, Francia 20, 1993, 127–145 (Rezension zu Bóna, Das Hunnenreich, mit ausführlicher Bibliographie).

Ch. Kelly, Attila the Hun. Barbarian Terror and the Fall of the Roman Empire, London 2008.

H. J. Kim, The Huns, Rome and the Birth of Europe, Cambridge 2013.

M. Konrad – Ch. Witschel, Römische Legionslager in den Rhein und Donauprovinzen – Nuclei spätantikfrühmittelalterlichen Lebens?, Bayerische Akademie der Wissenschaften, Philosophischhistorische Klasse, Abhandlungen, Neue

Folge, Heft 138, 2011.

St. Krautschick, Hunnensturm und Germanenflut. 375 – Der Beginn der Völker wanderung?, Byzantinische Zeitschrift 92, 1999, 10–67.

Die Krim. Goldene Insel im Schwarzen Meer. Griechen – Skythen – Goten, hrsg. vom Landschaftsverband Rheinland – Landesmuseum Bonn 2013.

H. Kunstmann, Baiern, Ungarn und die Nibelungen, Zeitschrift für Balkanologie 43, 2007, 18–40.

P. Kuosmanen, The Nature of Nomadic Power. Contacts between the Huns and the Romans during the Fourth and Fifth Centuries, Annales Universitatis Tur kuensis, Humaniora Tom. 373, Turku 2013.

H. H. Lamb, Climate, history and the modern world, London – New York 1982. E. de la Vaissière, Huns et Xiongnu, Central Asiatic Journal 49, 2005, 3–26.

R. P. Lindner, Nomadism, Horses and Huns, Past and Present 92, 1981, 3–19. A. Lippold, Theodosius I., RE Supplementband 13 (1973) 838–961.

– Theodosius II., ebd. 961–1044.

B. A. Litvinsky u. a. (Hgg.), History of Civilizations of Central Asia, Volume III. The Crossroads of Civilizations: A. D. 250 to 750, Unesco Publishing, Paris 1996.

F. Lotter – R. Bratož – H. Castritius, Völkerverschiebungen im OstalpenMitteldo nauRaum zwischen Antike und Mittelalter (375–600), Ergänzungsbände zum Reallexikon der Germanischen Altertumskunde 39, Berlin 2003.

M. Maas (Hg.), The Cambridge Companion to the Age of Attila, Cambridge 2015. O. J. MaenchenHelfen, Attila, ΛΗΣΤΑΡΧΟΣ oder Staatsmann mit höheren Zie len? Byzantinische Zeitschrift 61, 1968, 270–276.

– Die Welt der Hunnen. Herkunft, Geschichte, Religion, Gesellschaft, Kriegfüh rung, Kunst, Sprache, Wien – Köln – Graz 1978, Nachdruck Wiesbaden 1997 (englische Originalausgabe: The World of the Huns. Studies in Their History and Culture, Berkeley – Los Angeles – London 1973).

J.Y. Marin (Hg.), Attila, les influences danubiennes dans l'ouest de l'Europe au Ve siècle, Caen 1990.

R. W. Mathisen, Roman Aristocrats in Barbarian Gaul. Strategies for Survival in an Age of Transition, Austin 1993.

J. Matthews, The Roman Empire of Ammianus Marcellinus, London 1989.

G. May, Attila *Redivivus*, in: J.J. Demorest (Hg.), Studies in Seventeenth-Century French Literature, Ithaca, New York 1962, 98–131.

M. McCormic u. a., Climate change during and after the Roman Empire: Recon structing the Past from Scientific and Historical Evidence, Journal of Interdis ciplinary History 13, 2, 2012, 169–220.

W. M. McGovern, The Early Empires of Central Asia. A Study of the Scythians and the Huns and the part they played in world history. With special reference to the Chinese sources, Chapel Hill 1939.

A. Mócsy, Pannonia and Upper Moesia. A History of the Middle Danube Provinces of the Roman Empire, London – Boston 1974.

G. Moravcsik, Byzantinoturcica 1: Die byzantinischen Quellen der Geschichte der Türkvölker, Berlin 1958².

– Byzantinoturcica 2: Sprachreste der Türkvölker in den byzantinischen Quellen, Berlin 1958.

– Byzantinische Mission im Kreise der Türkvölker an der Nordküste des Schwar zen Meeres with Supplementary Paper by L. Müller, in: J. M. Hussey (Hg.), Pro ceedings of the XIIIth International Congress of Byzantine Studies, Oxford, 5.–10. September 1966, London u. a. 1967, 13–38.

– Studia Byzantina, Amsterdam 1967.

T. Nagy, Les campagnes d'Attila aux Balkans et la valeur du témoignage de Jor danès concernant les Germains, AAASH 4, 1956, 251–260.

– Reoccupation of Pannonia from the Huns in 427. (Did Jordanes use the Chroni con of Marcellinus Comes at the Writing of the Getica?), AAASH 15, 1967, 159–186.

– The Last Century of Pannonia in the Judgement of a New Monograph, AAASH 19, 1971, 299–345 (Rezension zu Várady, Das letzte Jahrhundert Pannoniens). Nomaden, Aus Politik und Zeitgeschichte, Beilage zur Wochenzeitung «Das Parla ment» 65. Jahrgang 26–27, 2015.

E. Norden, Die germanische Urgeschichte in Tacitus' Germania, Leipzig 1920, Darmstadt 1974⁵.

St. J. Oost, Galla Placidia Augusta. A Biographical Essay, Chicago – London 1968.

M. Párducz, Frühe Reiternomaden im Karpatenbecken, in: W. Fischer u. a. (Hgg.),

Handbuch der europäischen Wirtschafts und Sozialgeschichte Bd. 1: Europäi sche Wirtschafts und Soziageschichte in der römischen Kaiserzeit, hrsg. von F. Vittinghoff, Stuttgart 1990, 753–769.

H. Parzinger, Die frühen Völker Eurasiens. Vom Neolithikum bis zum Mittelalter, München 2006.

W. Pohl, Konfliktverlauf und Konfliktbewältigung: Römer und Barbaren im frü hen

Mittelalter, Frühmittelalterliche Studien 26, 1992, 165–207.
— Die Awaren, Ein Steppenvolk in Mitteleuropa 567–822 n. Chr., München 2002².
— Die Völkerwanderung. Eroberung und Integration, Stuttgart – Berlin – Köln 2002.
W. Pohl – H. Reinitz, Strategies of Distinction. The Construction of Communities, 300–800. The Transformation of the Roman World 2, Leiden – Boston – Köln 1998.
Popoli delle steppe: Unni, Avari, Ungari, Settimane di studio del Centro italiano di studi sull'Alto Medioevo 35, 1–2, Spoleto 1988.
O. Pritsak, Der Titel Attila, in: Festschrift für Max Vasmer zum 70. Geburtstag, Wiesbaden 1956, 404–419.
— The Hunnic Language of the Attila Clan, Harvard Ukrainian Studies 6,4, 1982, 428–476.
W. Richter, Die Darstellung der Hunnen bei Ammianus Marcellinus (31,2,1–11), Historia 23, 1974, 343–377.
J. D. Rogers, Inner Asian States and Empires: Theories and Synthesis, Journal of Archaeological Research 20, 2012, 205–256.
R. Rolle u. a., Gold der Steppe. Archäologie der Ukraine, Neumünster 1991.
K. Rosen, Ammianus Marcellinus. Erträge der Forschung 183, Darmstadt 1982.
— Wege und Irrwege der römischen Gothenpolitik in Ammianus' 31. Buch, in: J. den Boeft – D. den Hengst – H. C. Teitler (Hgg.), Cognitio Gestorum. The Historiographic Art of Ammianus Marcellinus, Amsterdam u. a. 1992, 85–90.
— Die Völkerwanderung, München 2009⁴.
— Konstantin der Große. Kaiser zwischen Machtpolitik und Religion, Stuttgart 2013.
P. Scardigli, Die Goten. Sprache und Kultur, München 1973.
T. Schäfer, Untersuchungen zur Gesellschaft des Hunnenreiches auf kulturanthropologischer Grundlage, Hamburg 1998.
— Balamber und Balamer: Könige der Hunnen, Historia 63, 2014, 243–256.
Th. Schieffer (Hg.), Handbuch der europäischen Geschichte, Bd. 1: Europa im Wandel von der Antike zum Mittelalter, Stuttgart 1996⁴.
F. Schlütz – F. Lehmkuhl, Climatic change in the Russian Altai, southern Siberia, based on palynological and geomorphological results, with implications for climate teleconnections and human history since the middle Holocene, Vegetation History and Archaeobotany 16, 2007, 101–118.
M. R. W. Schmauder, Oberschichtgräber und Verwahrfunde in Südosteuropa im 4. und 5. Jahrhundert. Zum Verhältnis zwischen spätantikfrühbyzantinischem Reich und barbarischer Oberschicht aufgrund der archäologischen Quellen,

Diss. Bonn 1998.

M. Schmauder, Die Hunnen. Ein Reitervolk in Europa, Darmstadt 2009.

L. Schmidt, Geschichte der deutschen Stämme bis zum Ausgang der Völkerwande rung. Die Ostgermanen, München 1941², Nachdruck 1969.

G. Schramm, Die nordöstlichen Eroberungen der Russlandgoten (Merens, Mor dens und andere Völkernamen bei Jordanes, Getica XXIII 116), Frühmittelalter liche Studien 8, 1974, 1–14.

– Ein Damm bricht. Die römische Donaugrenze und die Invasion des 5.–7. Jahr hunderts im Lichte von Namen und Wörtern, Südosteuropäische Arbeiten 100, 1997.

H. Schreiber, Die Hunnen. Attila probt den Weltuntergang, Wien – Düsseldorf 1976.

R. Schulz, Die Entwicklung des römischen Völkerrechts im vierten und fünften Jahrhundert n. Chr., Hermes Einzelschriften 61, 1993.

– Feldherren, Krieger und Strategen. Krieg in der Antike von Achill bis Attila, Stuttgart 2012.

O. Seeck, Regesten der Kaiser und Päpste für die Jahre 311 bis 476 n. Chr., Stuttgart 1919, Nachdruck Frankfurt am Main 1964.

D. Sinor (Hg.), The Cambridge History of Early Inner Asia, Cambridge u. a. 1990. E. Stein, Histoire du BasEmpire 1: De l'état romain à l'état byzantin (284–476), Paris – Brüssel 1959; 2: De la disparition de l'empire d'occident à la mort de Jus tinien (476–565), Paris – Brüssel 1949; Nachdruck Amsterdam 1968.

T. Stickler, Aëtius. Gestaltungsspielräume eines Heermeisters im ausgehenden Weströmischen Reich, Vestigia 54, 2002.

– Die Hunnen, München 2007.

U. Täckholm, Aetius and the Battle on the Catalaunian Fields, Opuscula Romana 7, 1969, 259–276.

R. J. A. Talbert (Hg.), Barrington Atlas of the Greek and Roman World; Mapby Map Directory 1–2, Princeton – Oxford 2000.

K. Tausend, Die *logades* der Hunnen, in: H. Heftner – K. Tomaschitz, Ad Fontes! Festschrift für G. Dobesch, Wien 2004, 819–828.

E. A. Thompson, Christian Missionaries among the Huns, Hermathena 67, 1946, 73–79.

– Barbarian Invaders and Roman Collaborators, Florilegium 2, 1980, 71–87.

– The Huns. Revised and with an afterword by P. Heather, Malden, MA u. a. 1996, Nachdruck 1999.

P. Tomka, Der hunnische Fürstenfund von Pannonhalma, AAASH 38, 1986, 423–

488.

– Zwischen Hsiungnu und Hunnen aus archäologischer Sicht, in: Historisches Museum der Pfalz, Hunnen zwischen Asien und Europa, 91–100.

K. Trüdinger, Studien zur Geschichte der griechischrömischen Ethnographie, Basel 1918.

J. Ulrich, Barbarische Gesellschaftsstruktur und römische Aussenpolitik zu Beginn der Völkerwanderung. Ein Versuch zu den Westgoten 365–377, Diss. Bonn 1995.

L. Várady, Das letzte Jahrhundert Pannoniens (376–476), Amsterdam 1969.

G. Vernadsky, The Eurasian nomads and their impact on medieval Europe, Studi medievali serie III, 4, fasc. 2, 1963, 401–434.

K. Vössing, Das Königreich der Vandalen. Geiserichs Herrschaft und das Impe rium Romanum, Darmstadt 2014.

R. Wenskus, Stammesbildung und Verfassung. Das Werden der frühmittelalterli chen gentes, Köln – Wien 1977[2].

J. Werner, Beiträge zur Archäologie des AttilaReiches, Bayerische Akademie der Wissenschaften, Philosophischhistorische Klasse, Abhandlungen, Neue Folge Heft 38 A, München 1956.

G. Wirth, Attila und Byzanz. Zur Deutung einer fragwürdigen Priscusstelle, Byzan tinische Zeitschrift 60, 1967, 41–69.

– Attila. Das Hunnenreich und Europa. UrbanTaschenbücher 467, Stuttgart 1999.

H. Wolfram, Die Goten. Von den Anfängen bis zur Mitte des sechsten Jahrhun derts. Entwurf einer historischen Ethnographie, München 2009[5].

H. Wolfram – F. Daim, Die Völker an der mittleren und unteren Donau im fünften und sechsten Jahrhundert, Veröffentlichungen der Kommission für Frühmit telalterforschung, Bd. 4, Österreichische Akademie der Wissenschaften, Philo sophischhistorische Klasse, Denkschriften, 145. Band, Wien 1980.

H. Wolfram – W. Pohl (Hgg.), Typen der Ethnogenese unter besonderer Berück sichtigung der Bayern, Teil 1, Österreichische Akademie der Wissenschaften, Philosophischhistorische Klasse, Denkschriften, 201. Band, Wien 1990.

G. Zecchini, Aezio: L' ultima difesa dell' occidente romano, Rom 1983.

时间表

4 世纪前	匈人骑兵从阿尔泰山区穿越哈萨克斯坦草原向西行进。
4 世纪 50—70 年代	遭遇在高加索北边定居的阿兰人。匈人军队第一次进攻顿河西边厄尔曼纳里克的东哥特人王国。
375 年	巴兰比尔带领匈人和阿兰人联合进攻东哥特人,大获全胜。厄尔曼纳里克自杀,王国瓦解,匈人占据了东哥特人的家园。
378 年	阿德里安堡战役,东哥特人–匈人–阿兰人联军击败东罗马军队,东罗马皇帝瓦伦斯战死。
380 年	东哥特人–匈人–阿兰人三民族联军从西罗马皇帝格拉提安手中获得多瑙河南边上潘诺尼亚和瓦雷瑞亚的土地。
383 年	西罗马最高指挥官包拓召集匈人和阿兰人攻打高卢篡权者马格努斯·马克西姆斯。
388 年	皇帝狄奥多西一世在三民族联军的帮助下在潘诺尼亚击败篡权者马格努斯·马克西姆斯。
394 年	三民族联军帮助狄奥多西一世在冷河击败篡权者尤吉尼厄斯。西罗马最高指挥官斯提里科和东罗马最高指挥官鲁菲努斯给自己配备了匈人卫兵。
395 年	巴西克和库尔西克带领匈人横穿高加索,扫荡小亚细亚和两河流域。

396 年；398 年	匈人再度入侵小亚细亚和两河流域。
400—401 年	匈人国王乌尔丁击败哥特反叛者盖伊纳斯，东罗马皇帝阿卡狄乌斯和他签订盟约。
406 年	乌尔丁帮助斯提里科在佛罗伦萨打败哥特人拉达盖苏斯。西罗马帝都拉韦纳接收了 300 名匈人卫兵。
408 年	乌尔丁入侵色雷斯。东罗马策反了他的部分军队，将其收为雇佣兵。
412—413 年	奥林匹奥多鲁斯派遣使者出使多瑙河对岸的匈人部族。
约 420—430 年	第一次匈人双王共治：奥克塔和卢阿。 匈牙利平原成为匈人的核心定居区域。
422 年	卢阿入侵色雷斯；皇帝狄奥多西二世承诺向他支付每年 350 磅黄金后，卢阿撤军。
425 年	埃提乌斯带领 6 万名匈人雇佣兵干涉西罗马皇位之争。
430 年	奥克塔在袭击了几次莱茵河右岸的勃艮第人后去世；他的匈人在接下来的一次战役中败于勃艮第人。
430—434 年	卢阿独裁时期。
434—445 年	第二次匈人双王共治：布列达与阿提拉。
434 年	匈人使者和东罗马使者团在多瑙河边的马格努斯签订条约。匈人国王每年会获得 700 磅黄金。
435—439 年	最高指挥官埃提乌斯带领匈人雇佣兵巩固西罗马在高卢的地位。
437 年	匈人在莱茵河边击败勃艮第人。这次胜利是尼伯龙根传说的核心原型。
441 年	布列达与阿提拉大规模入侵伊利里亚。重要城市比如纳伊苏斯和辛吉多努姆被摧毁。

442 年	在一年的和平条约后,匈人军队再次蹂躏多瑙河南岸。
445 年（？）	阿提拉谋杀了布列达,成为独裁者,入侵意大利北部。皇帝瓦伦提尼安三世将行省上潘诺尼亚和瓦雷瑞亚割让给了阿提拉,授予他最高指挥官的称号。
447 年	阿提拉再次进攻巴尔干,在乌图斯河边获胜;堡垒阿萨姆斯成功地进行了抵御。阿提拉一路行军到温泉关和君士坦丁堡。狄奥多西二世支付高额贡金后,阿提拉撤军。
448 年	新的和平条约。君士坦丁堡宫廷计划在艾德肯的帮助下谋杀阿提拉。
449 年	历史学家布里斯库斯跟随使者团一起去拜访阿提拉,谋杀计划失败,因为艾德肯对阿提拉依然忠心耿耿。
450 年	阿提拉在谋杀计划败露后更新了 448 年的和约,为了在进攻高卢时不会腹背受敌。瓦伦提尼安三世的姐姐霍诺莉亚向他求婚,他要求罗马拿出半壁江山作为嫁妆。他认为自己将要成为世界之主。
451 年	阿提拉和众多盟军一起开拔高卢。他攻下了特里尔、梅斯和特鲁瓦,还有很多小城市。但是他没有拿下奥尔良。因为埃提乌斯和西哥特人以及阿兰人在最后一刻及时来援。在卡塔隆尼平原上爆发了一场多民族会战,阿提拉战败,被迫撤军。
452 年	阿提拉入侵意大利。阿奎莱亚在三个月的包围后陷落了。意大利北部的其他城市,包括米兰在内,相继陷落。阿提拉与教宗利奥一世谈判后撤军。
453 年	阿提拉计划进攻拒绝支付贡金的东罗马皇帝马尔西安。他娶了少女伊笛可,但在新婚之夜因鼻出血暴毙身亡。阿提拉的儿子争夺王位,众多部族纷纷背叛。

454 年	阿提拉长子艾拉克在潘诺尼亚的内道败于反叛的部族。阿提拉王国瓦解。
5 世纪 /6 世纪	新的匈人部族涌向黑海北部和多瑙河下游区域。他们时而侵袭东罗马,时而接受皇帝的纳贡同东罗马结盟。6 世纪下半叶,阿瓦尔人继承了阿提拉王国的遗产。

帝王姓名表

西罗马皇帝	东罗马皇帝	东哥特人			西哥特人	匈人
瓦伦提尼安一世（364—375）	瓦伦斯（364—378）	厄尔曼纳里克（350—375）			阿塔纳里克（365—381）	巴兰比尔（375年起）
格拉提安（367—383）	狄奥多西一世（379—395）	韦迪米尔（375—376）			弗里提格（376—约380）	乌尔丁（400—410）
瓦伦提尼安二世（375—392）	阿卡狄乌斯（395—408）	韦德瑞克（376年起）	葛西蒙德	维尼塔留斯	阿拉里克（391—410）	查拉通（412）
马格努斯·马克西姆斯（383—388）[1]	狄奥多西二世（408—450）	胡尼蒙德			阿陶尔夫（410—415）	奥克塔和卢阿（约420—430）
尤吉尼乌斯（392—394）	马尔西安（450—457）	托尼斯蒙德			瓦利亚（415—418）	卢阿（430—434）
霍诺留（393—423）	利奥一世（457—474）	40年空位期			狄奥多里克（418—453）	布列达和阿提拉（434—445）
君士坦提乌斯三世（421）	利奥二世（474）	维拉米尔（约447—468）			托里斯蒙德（451—453）	阿提拉（445—453）
约翰（423—425）	芝诺（474—491）	提乌迪米尔（468—474）			库里达克斯	
瓦伦提尼安三世（425—455）	阿纳斯塔修斯（491—518）				艾拉克（449—454）	
阿维图斯（455—456）	查士丁一世（518—527）				邓吉西克（453—469）	
马约里安（457—461）	查士丁尼一世（527—565）				厄尔纳克（453—约470）	
利比乌斯·塞维鲁（461—465）	查士丁二世（565—578）					
安特米乌斯（467—472）						
奥利布里乌斯（472）						
格利凯里乌斯（473—474）						
尤里乌斯·尼波斯（474—475）						
罗慕路斯·奥古斯都路斯（475—476）						

[1] 篡位者名字为斜体。

出版后记

在古代历史上，阿提拉仿佛一颗耀眼的流星，从黑暗中匆匆而来，匆匆而逝。他恶名昭彰，战绩卓著，一手建立了威名远扬的庞大帝国，但却没能构建起合理的长效统治机制，导致匈人的帝国在他死后很快分崩离析。与这位霸主相似的是，追随阿提拉的匈人也是一个神秘的游牧民族，他们在4世纪忽然出现，又在6世纪倏然消失。这个民族留下了诸多疑团——他们是谁？从何而来？他们是如何肆虐欧洲的？本书就深入探讨了这些问题。

德国古代历史学教授克劳斯·罗森以详尽的史料为基础，为读者描绘了自4世纪以来匈人的历史，并介绍了阿提拉的生平。此外，他还叙述了以匈人为首的欧洲蛮族和罗马帝国之间的恩怨冲突，为读者阐明了复杂的权力关系，深度刻画了阿提拉其人的形象。

由于书中许多译名今日尚无固定译法，因此后面注明了德文或拉丁文原文，方便读者参阅。由于编者能力所限，本书如有纰漏，希望读者批评指正。

服务热线：133-6631-2326　188-1142-1266
读者信息：reader@hinabook.com

后浪出版公司
2018年11月

图书在版编目（CIP）数据

匈人王阿提拉：席卷欧洲的东方游牧领袖 /（德）克劳斯·罗森著；万秭兰译 . -- 北京：北京联合出版公司 , 2019.7（2023.9 重印）
　　ISBN 978-7-5596-3190-9

　　Ⅰ. ①匈⋯ Ⅱ. ①克⋯ ②万⋯ Ⅲ. ①匈奴—民族历史—研究 Ⅳ. ① K289

中国版本图书馆 CIP 数据核字 (2019) 第 080039 号

Attila: Der Schrecken der Welt by Klaus Rosen
© Verlag C.H.Beck oHG, München 2016
Simplified Chinese language edition arranged through HERCULES Business & Culture GmbH, Germany
本书简体中文版权归属于银杏树下（北京）图书有限责任公司。

匈人王阿提拉：席卷欧洲的东方游牧领袖

著　　者：[德] 克劳斯·罗森
译　　者：万秭兰
出 品 人：赵红仕
选题策划：后浪出版公司
出版统筹：吴兴元
特约编辑：孙　宇　姚涵之
责任编辑：肖　桓
营销推广：ONEBOOK
装帧制造：墨白空间
封面设计：徐睿绅 xuxgraphic@gmail.com

北京联合出版公司出版
（北京市西城区德外大街 83 号楼 9 层　100088）
北京盛通印刷股份有限公司印刷　新华书店经销
字数 247 千字　889 毫米 ×1194 毫米　1/32　11 印张　插页 16
2019 年 7 月第 1 版　2023 年 9 月第 3 次印刷
ISBN 978-7-5596-3190-9
定价：78.00 元

后浪出版咨询(北京)有限责任公司　版权所有，侵权必究
投诉信箱：editor@hinabook.com　fawu@hinabook.com
未经书面许可，不得以任何方式转载、复制、翻印本书部分或全部内容
本书若有印、装质量问题，请与本公司联系调换，电话 010-64072833